该著作受到教育部人文社科青年基金项目"强关系社交网络中风险信息扩散机制与治理研究"（项目号17YJC860022）以及浙江理工大学2022年度繁荣计划人文社科学术专著出版资金项目资助

U0368002

社交媒体中企业社会责任传播机制与效果研究

管理 MANAGEMENT

王丽丽　著

Research on the Communication Mechanism and Effect of Corporate Social Responsibility in Social Media

上海交通大學出版社
SHANGHAI JIAO TONG UNIVERSITY PRESS

内容提要

　　企业社会责任成为企业与竞争对手进行区隔并且形成独特竞争力的重要手段,而企业社会责任传播则是影响企业社会责任成败的重要环节。本书旨在将企业社会责任传播中的传播性因素与社交媒体的相关特征要素相结合,以争议性企业与普通性企业为样本进一步分别探究企业社会责任信息在社交媒体中传播的影响因素、扩散路径、传播机制以及传播效果,并用社交媒体中真实数据对相关结果进行验证,最后在此基础上提出企业在社交媒体进行企业社会责任传播的提升策略。

图书在版编目(C I P)数据

　　社交媒体中企业社会责任传播机制与效果研究 / 王
丽丽著. — 上海:上海交通大学出版社,2022.5
　　ISBN 978 - 7 - 313 - 27139 - 6

　　Ⅰ.①社… Ⅱ.①王… Ⅲ.①企业责任-社会责任-
研究-中国 Ⅳ.①F279.2

　　中国版本图书馆 CIP 数据核字(2022)第 140394 号

社交媒体中企业社会责任传播机制与效果研究
SHEJIAO MEITIZHONG QIYE SHEHUI ZEREN CHUANBO JIZHI YU XIAOGUO YANJIU

著　　者:	王丽丽		
出版发行:	上海交通大学出版社	地　　址:	上海市番禺路 951 号
邮政编码:	200030	电　　话:	021 - 64071208
印　　刷:	上海天地海设计印刷有限公司	经　　销:	全国新华书店
开　　本:	710mm×1000mm　1/16	印　　张:	15.5
字　　数:	237 千字		
版　　次:	2022 年 5 月第 1 版	印　　次:	2022 年 5 月第 1 次印刷
书　　号:	ISBN 978 - 7 - 313 - 27139 - 6		
定　　价:	69.00 元		

前　言

　　2020 年,习近平总书记在企业家座谈会上指出"企业既有经济责任、法律责任,也有社会责任、道德责任"①,从社会战略高度充分肯定了企业社会责任的重要性。除了国家与社会对企业的要求等外部动力之外,企业也越来越具有履行企业社会责任的内部自觉性。积极履行企业社会责任也成为企业可持续发展的重要途径。但企业履行社会责任过程中却面临两大问题:一是利益相关者很难意识到企业社会责任行为,二是对企业行为信任度较低。因此企业不仅须致力于社会责任实践还须积极开展企业社会责任传播。目前企业社会责任的研究主要集中于营销管理与财务视角,从信息传播及消费者信息加工视角分析企业社会责任传播显得尤为重要。社交媒体为企业社会责任传播提供了与利益相关者进行深度对话的互动平台,也为企业社会责任传播创造了无限可能。但也有观点担心,社交媒体中消费者在线反馈的异质性评论或质疑会使企业社会责任传播陷入困境。

　　本书从媒体的角色与作用出发,提出社交媒体中企业社会责任传播面临的机遇与挑战,融入社交媒体传播特征重新建构了在社交媒体中企业社会责任传播效果评价指标体系。基于信息传播过程重新梳理了企业社会责任传播的各类影响因素。在此基础上进一步分析了企业社会责任信息在社交媒体中的扩

---

① 习近平:在企业家座谈会上的讲话[C]. 中国企业改革发展 2020 蓝皮书.中国企业改革与发展研究会,2020:319 - 321.

散路径以及传播模式。最后运用实验法与调查法探究在社交媒体中企业社会责任信息传播的影响因素、作用机制及传播效果。

本书突破传统企业社会责任传播研究范式的局限,将研究对象分为普通性企业与争议性企业两类企业进行跨学科研究,同时将研究背景聚焦于社交媒体。本学术观点具有以下创新:企业的社会责任传播效果具有多维度性,除了企业声誉度、品牌态度、购买意愿外,还有传播学中的点赞量、转发量、阅读量;伪善感知与动机归因在相关因素影响企业社会责任传播效果起中介作用;消费者对企业社会责任信息进行启发式与系统式双路径加工;社会事业的选取对企业社会责任传播效果具有重要作用。在研究方法上将心理实验方法引入到企业社会责任传播机制与传播效果研究中,很好地探究了在控制实验条件下相关因素对信息扩散及企业的影响。

本书的成稿受到众多老师与同学的帮助。感谢上海交通大学出版社的提文静编辑,在我的拖延症下还不厌其烦地帮我修改稿件;感谢上海交通大学与湖州师范学院的同学们,帮我完成了各类问卷;感谢上海交通大学的薛可教授、上海工程技术大学的刘尊礼、郑州大学的邓元兵、上海交通大学的何佳,在你们的鼓励和鞭策指导下整本书稿才能得以成文与完善。

目　录

第一章

绪 论

第一节　研究背景与研究问题

履行企业社会责任逐渐成为全球趋势,并逐渐成为企业不可分割的一部分。企业社会责任也成为企业展示形象的一道"无形窗口"。在突如其来的新冠疫情(新型冠状病毒肺炎)期间,众多企业积极履行社会责任,在物资捐赠、防疫物资供应、复工复产、稳定就业等方面作出了贡献,充分体现了企业的社会责任感和使命感。在 2021 年的 7·20 郑州特大暴雨中各类企业更是纷纷解囊为灾区捐款捐物,向社会展示了良好的企业公民形象。

企业社会责任对当前处于竞争激烈的市场环境中的企业十分重要(Korschun, Bhattacharya & Swain, 2014),这不仅是社会对企业的要求,也是企业应有的自觉性。李(Lee, 2007)指出企业社会责任行为已经由过去二十年前一个模糊、晦涩甚至无关的想法变成一个在学术界与业界被普遍认可的概念。对于企业的利益相关者而言,企业履行社会责任变得非常重要(Aguinis & Glavas, 2012)。之前的研究表明利益相关者会希望企业履行社会责任,并会对履行企业社会责任的企业公民予以奖励,同时惩罚那些不履行的企业(Greening & Turban, 2000; Maignan & Ferrell, 2004; Sen Bhattacharya & Korschun, 2006)。在 2021 年郑州暴雨事件中,鸿星尔克等品牌因为积极履行企业社会责任,为暴雨中的灾民捐钱捐物而成功"出圈",消费者也积极回应了企业这种履行企业社会责任的行为,如不仅品牌捐赠的相关信息数次冲上微博热搜,甚至引发了众多网友冲入直播间进行"野性消费",出现直播间与专卖店产品都被抢购一空的景象。甚至有消费者为鸿星尔克微博会员充值 100 年,鼓励该品牌成为百年老品牌。相反也有的企业甚至会因为其不履行企业社会责任而被控诉(Lange & Washburn,2012)。如在 2018 年的汶川地震事件中,万科因为捐赠数额过低被消费者所诟病。同样是在郑州暴雨事件中,部分地产商家为推销楼盘或营销车位打出"居住高地,让风雨只是风景""给爱车一个家,不要让其暴露在风雨之中"之类的广告语,迅速引起了大家的反感与斥责,重创了品牌形象。

道金斯和刘易斯(Dawkins & Lewis,2003)指出,许多企业虽然致力于企业社会责任实践,但他们没能成功开展有效的传播和宣传,从而没能使利益相关者知晓或者信服。甚至由于传播滞后,很多消费者意识不到企业开展了社会责任行为(Öberseder et al.,2013)。现在众多企业开始逐步意识到利用一定的媒介或者渠道传播他们的企业社会责任行为的重要性。在美国众多企业宣传部门将企业责任传播的预算列为仅次于广告与基金的第三大资金支出项目(Hutton et al.,2001)。毕马威(KPMG,2013)的调查显示,全球 4 100 家企业中超过 70% 都会主动传播他们的企业社会责任行为,以此来最大限度地降低甚至消除负面效应,并进一步最大化突出其对社会的有益影响(Mohr,Webb & Harris,2001)。然而企业开展社会责任活动或者进行企业社会责任传播时也面临一定的风险,会引发消费者的质疑进而对品牌产生损害。如 2001 年知名的烟草公司菲利普莫里斯(Philip Morris Companies Inc.简称 PM)在全球 70 多个国家开展了"预防青少年吸烟"的活动,然而这场企业社会责任传播活动并未取得预期的效果,其既无法有效劝诫青少年吸烟,反而变相地提醒甚至鼓励了青少年进行吸烟,引发了人们对该品牌的反感,进而导致了该品牌的危机。耐克(Nike)在亚洲生产工厂针对里面的工人开展的慈善活动,也遭到了利益相关者的驳斥,认为耐克仅仅是为了获得廉价的劳动力,其慈善行为是伪善的,最终导致整个品牌形象受到损伤。

企业社会责任主体根据类型的不同,可以分为普通行业的企业与争议性企业。前者是当前企业社会责任履行者的重要主体,如汶川地震中王老吉向灾区捐款 1 亿元,新冠肺炎期间五菱汽车打出"人民需要什么五菱就制造什么"并及时改造生产线制造口罩,该类企业社会责任行为为企业赢得了良好的口碑。目前的研究也更多聚焦于普通行业(Samu & Wymer,2009,2014),从营销与管理、财务等视角探究企业社会责任开展的边界条件以及影响效果。除此之外在开展企业社会责任中还有一类重要的企业——争议性企业,基利安和亨尼希斯(Kilian & Hennigs,2014)指出争议性企业是企业社会责任传播的重要主体。该类企业或是其产品或者服务被看做是有害于社会的,如会违背社会道德规范的,或具有成瘾性,或其他潜在的意想不到的负面性结果(Cai,Jo,& Pan,2012;Yoon,Gurhan-Canli & Schwarz,2006),或者是因为危机性事件使企业陷入争议之中。采取积极的行动降低甚至消除企业的争议性成为众多争议性企业的重要选择,其中履行社会责任是其中重要的一项活动(Palazzo & Richter,2005)。因此众多的争议性企业纷纷卷入到企业社会责任行为中(Givel,2007;Barraclough & Morrow,2008),并通过各类传播活动将自身与各类社会事业联系在一起(Kilian & Hennigs,2014),如保乐力加酒业集团(Pernod Ricard Mindset)在中国联合上海市精神文明建设委员会、上海市公安局交通警察总队开展的"文明交通远离酒驾"宣传,习酒开展的"知识改变命运"的大学生助学活动。争议性企业自身会给社会带来负面效应(Byrne,2010),这种负面效应与企业社会责任的冲突性使企业社会责任传播的作用变得尤为突出。普通性企业与争议性企业作为履行企业社会责任的主体,本身具有显著的差异性,也导致其在履行企业社会责任面临不同的问题,因此对这两类企业分开进行探讨显得尤为重要。

企业在履行企业社会责任的同时,还需要进行企业社会责任传播。当前企业社会责任传播面临着两大重要问题:一是利益相关者对此意识较低,即未意识到企业开展了企业社会责任行为(poor awareness),二是利益相关者对企业社会责任传播持有较低的信任度(low trust)(Du et al.,2010;Argenti,2007)。而这两大问题都会受到企业社会责任传播渠道的影响。企业进行企业社会责任行为传播的渠道众多,如社会、环境与可持续报告(Gray,2006)、企业网站(Moreno & Capriotti,2009;Schröder,2021)、企业社会责任广告(Perks et al.,2013)、公关与社交媒体(Dawkins,2004;Korschun & Du,2012)。其中向利益相关者提供社会、环境与可持续报告等是企业的义务,在报告中企业需勾勒出企业整体的综合表现及其为社会做出的贡献(Gray,2006)。此外,企业也会通过企业网站(Zhao,2020)等自身信源以及非营利性组织、报纸、各类组织开展的社会责任排名等第三方信源进行自愿性企业社会责任传播(Du et al.,2010)。格雷(Gray,2006)和毕马威(KPMG,2011)指出这些自愿性的企业社会责任传播活动每年持续增长。传播渠道成为企业社会责任传播的重要影响因素(Sun et al.,2017)。

传统传播媒介由于消费者面窄而传播效果有限(Pomering & Dolnicar,2009),而伴随着媒体技术的发展,社交媒体开始成为企业社会责任传播的重要渠道,其为企业社会责任传播创造了无限可能(Karpf,2012)。社交媒体是基于用户关系的内容生产与交换平台(Mangold & Faulds,2009),其主要特征是可以使企业与利益相关者进行双向的互动(Kaplan & Haenlein,2009)。以社交媒体为载体的企业社会责任传播既可以有效提高消费者的卷入程度并表明企业的开明程度(Korschun & Du,2012;Mangold & Faulds,2009),也使信息具有较高的传播面、可信度及说服力(Kane et al.,2009;Kaplan & Haenlein,2009)。由此认为,社交媒体为企业进行社会责任传播提供了一个互动性较强的平台以供企业与其利益相关者进行持续的深度的对话(Du & Vieira,2012)。因此探究社交媒体中的企业社会责任传播具有重要的现实意义。

企业社会责任传播效果研究一直是企业社会责任相关研究的重点。目前的理论与研究对于企业责任传播的效果并无一致性的结论。形象转移理论指出消费者会将其对社会事业良好的态度转移到企业上,因此企业社会责任传播会给企业带来积极的影响。但是海德的平衡理论则指出在传播中任何不一致性的信息都可能会导致负面的效果(Beirne,2003)。对于社交媒体中的企业社会责任传播效果也是如此,尽管很多学者对其给予厚望并持肯定态度(Ackland,2009;Karpf,2012),然而也有部分学者对此提出质疑(Kim & Ferguson,2014)。因此需要进一步探究企业社会责任信息在社交媒体中的传播效果。

本研究将普通性企业与争议性企业分开讨论,探究社交媒体中的两类企业社会责任传播影响因素以及传播效果,明确企业如何运用好社交媒体,实现在社会媒体中的企业社会责任传播效果最大化。具体而言,本研究的研究问题将集中于以下几点：

(1)社交媒体为企业社会责任传播带来了怎样的机遇与挑战？社交媒体中企业社会责任传播的效果指标有哪些？

(2)社交媒体中的企业的社会责任信息的传播机制是什么，如何实现信息扩散？重要影响因素之间如何共同作用于二次传播？

(3)争议性企业与普通性企业在社交媒体中的最终传播效果如何？有哪些影响因素？这些影响因素如何作用于利益相关者对于企业的响应？

(4)争议性企业与普通性企业在社交媒体中的企业社会责任传播中企业社会责任传播提升策略有哪些？

第二节 研究对象与理论基础

一、研究对象

本研究旨在将企业社会责任传播中的传播性因素与社交媒体的相关特征相结合探究企业社会责任信息在社交媒体中的影响因素、扩散路径、传播机制以及传播效果，并在此基础上对争议性企业与普通性企业在社交媒体中发布企业社会责任信息进行研究，进而提出社交媒体中企业社会责任传播提升策略。

首先，确认研究问题。采用文献分析法从传播与市场营销等多学科视角对企业社会责任传播重新进行界定，同时对企业社会责任传播的维度进行划分与梳理；然后将社交媒体传播特点与企业社会责任传播特征相结合，提出媒体在企业社会责任传播中的角色与作用以及社交媒体为企业社会责任传播提出的机遇与挑战。

其次，探究传播要素。基于现有传播效果理论、消费者加工理论以及说服理论基础，提出企业社会责任传播效果指标体系，有效增加社交媒体特征的二次传播效果指标；同时基于传播过程理论对影响企业社会责任传播效果的因素进行分析与归类。

再次，建构传播机制。在消费者精细加工可能性模型（ELM 模型）基础上分别探究争议性企业与普通性企业社会责任信息的传播动力因素（消费者对社会事业卷入度——高与低；转发的条件性有与无）、信息扩散路径（互动强度——如互动频率、互动类型）；信任机制——权威型信任、技术型信任、熟悉型信任，进而建构社交媒体中企业社会责任传播机制。

然后，确认传播效果。利用实验法从普通性企业与争议性企业视角分别探究企业社会责任传播效果，同时利用强弱关系社交媒体中的真实数据进行方差分析与回归研究，确认相关影响因素及传播效果。

最后，提出提升策略。在传播影响要素、传播机制以及传播效果探究的基础上，按照传播前、中、后顺序基础上提出相应的传播提升策略。

二、相关理论基础

（一）归因理论

海德（Heider，1958）提出归因理论，认为人们会使用所获得的信息去解释周围事件发生的原因，并根据相应的原因做出后续的态度与行为。海德将归因分为两类即内归因与外归因，其中内归因更多从个体自身出发比如情绪、能力等；而外归因更多从外部环境出发，比如外界压力、情境等。

在企业社会责任传播中，归因理论是指在遇到企业社会责任活动时，消费者会试图找寻企业参与的原因（Bhattacharya & Sen，2004）。归因理论为解释企业社会责任传播取得不同效果提供了重要视角，其常被用来解释消费者对社会责任行为作出的响应（Godfrey，2005）。当消费者接触到企业提供的社会责任传播时，其常常无法直接确定对方的动机（Horne，2013；Yen & Hu，2012），反而会寻找信息线索来解释为什么该类事情会发生，进而对企业的动机进行归因（Andreu，Casado-Díaz & Mattila，2015）。消费者对企业动机的归因会分为内归因与外归因（Wymer & Samu，2009）。消费者内归因是认为企业本身非常关心该类社会事业，外归因就是认为企业为了提升企业声誉创造更多利润（Becker-Olsen，Cudmore & Hill，2006）。消费者对企业参与企业社会责任的动机归因不同会导致其对企业评价不同，当消费者发现其参与的主要动机是利他动机会提升企业的信誉度以及产生积极的品牌态度。当其对企业参与的利他动机感到怀疑，即企业只是为了自身的利益，消费者的购买动机会减弱（Karaosmanoglu，Altinigne & Isiksal，2016；Becker-Olsen et al.，2006），对企业社会责任行为反应也越为消极（Skarmeas & Leonidou，2013）。当前有一半的消费者对企业的社会责任行为持怀疑态度,认为企业的动机是利己的(Werbel & Wortman,2000)。

（二）信息加工双路线理论

信息加工理论认为认知过程就是对信息的加工过程,包括信息的输入、编码、加工储存、提取和使用的过程,涉及选择性注意和接收信息,对信息进行解码与编码,以及如何利用这些信息做出决策和指导自己的行为等。信息的丰富程度、消费者对信息卷入程度、消费者信息处理的能力与自我效能感都会影响消费者对相关信息的加工。其中系统启发式加工模型与精细加工可能性模型是当前被普遍认可的双路线信息加工模型。

1. 系统启发式加工模型

启发式—系统式模型(heuristic-systematic model,简称 HSM 模型)试图解释人们如何接收和处理说服性信息,适用于广泛的有效的寻求上下文(Chaiken & Eagly,1989),能够更好地解释个人在在线社区背景下信息处理行为(Zhang & Watts,2008),为网络环境下信息的说服提供了良好的指导(Chaiken & Ledgerwood,2012)。

HSM 模型中有两个信息处理模式——启发式和系统式,个体的信息加工受启发式和系统式线索的影响。其中动机与能力是消费者进行两种信息加工处理重要的决定因素(Chaiken,Liberman & Eagly,1989)。当人们进行信息加工的动机和能力水平较低时,其会进行启发式加工。受“最小认知努力原则”的影响此时消费者通常使用一些线索,如依据简单的决策规则、认知启发式方法或所学的知识结构快速形成对信息的态度(Todorov,Chaiken & Henderson,2002;Kahneman,2012)。例如,高可信度的信源会有效触发“信誉意味着正确性”的规则,进而使信息接收者信任该信息(Sparks,Perkins & Buckley,2015)。

而动机和能力水平较高时个体进行的是系统式加工,此时个体对所有潜在相关的信息都进行审慎的与有意识的深入加工从而形成态度。比起启发式处理,系统加工通常需要更多的努力和资源(Chaiken & Eagly,1989)。信息接收者会整合所有相关的信息片段以形成最终的决策(Chaiken & Eagly,1989;Chaiken & Ledgerwood,2012)。启发式和系统式处理过程可能独立发生,但是当条件与系统式和启发式信息处理均相符时,两个处理模式可以同时发生(Zhang & Watts,2008)。

当企业在社交媒体中进行企业社会责任传播时,无论是信息的发布者、信息内的社会事业抑或是社交媒体的某些特征都成为消费者进行信息加工的重要线索。

2. 精细加工可能性模型

精细加工可能性模型(the elaboration likelihood model,简称 ELM 模型)是解释信息说服效应的双加工模型,也是当前被普遍应用的说服性信息传播效果理论,由佩蒂和卡西奥波(Petty & Cacioppo,1986)提出。ELM 模型将说服过程中消费者的态度改变分为两个基本路径:中心路线(central route)和边缘路线(peripheral route),消费者进行哪条信息加工路线或者信息加工程度主要依赖于消费者信息加工动机、能力以及卷入程度。在消费者具有较高信息卷入度,或者具有信息加工动机或者能力时进行中心加工路线,消费者会仔细审查信息论据和其他相关线索形成持久的态度。而在消费者缺乏信息加工动机和能力,或者信息卷入程度较低时则会依据边缘性线索(信源的可靠性、信息所产生的联想以及情感刺激等)形成临时的态度及购买意愿(Petty & Cacioppo,1986;Petty et al.,1997),这是更为便捷与快速的加工路径。同时信息中的任何一个因素都能够在不同的精细可能性水平下(高—低)通过不同的心理加工过程影响态度(Pierro et al.,2004)。

(三)信息说服理论

说服是一个极其复杂的过程,影响说服的因素不仅仅有信息的传递和接受,更重要的是传播者和接受者。

霍夫兰和詹尼斯(Hovland & Janis,1959)提出的说服传播模型基于传播过程的每个环节都指出了影响态度改变所关联的重要因素:说服信息、注意信息、理解信息、接受信息。只有当他人注意到了说服信息,理解信息内容,并且接受了这些信息的时候,说服才能产生。注意,理解,接受三个阶段任何一个阶段出现问题,说服都不能引发态度改变。后来,希尔斯等(Sears et al.,1965)在此基础上提出新的说服模型,更加全面地解释各种过程以及影响因素。该模型包括四个因素:说服情境、信源、信息内容以及信息接收者,前三个要素是说服的外部刺激,而后者则是内部要素,经过学习信息、情感转移、一致性和反驳等形成说服的作用过程,最终产生态度改变或贬低信息、歪曲信息、拒绝信息的结果。其中每个环节均包含了众多影响因素,如说服情境,主要涉及警告与分心,如消费者之前的态度;信源涉及可信度、客观性与无私性;而信息内容则既包含了信息本身,也包含了信息说服的方式如一面说服与两面说服、正面说服与负面说服;接收者是被说服的对象,其中心问题是卷入、信念与人格。

(四)海德平衡理论

海德于 1958 年从人际关系的协调性出发,提出了态度改变的平衡理论(heider's balance theory)。该理论认为人类普遍地有一种平衡、和谐的需要,一旦人们在认识上有了不平衡和不和谐性,就会在心理上产生紧张的焦虑,从而促使他们的认知结构向平衡和和谐的方向转化。人们可以用"最小努力原则"来预计不平衡所产生的效应,使个体尽可能少地改变情感关系以恢复平衡结构。

该理论涉及一个认知对象与二个态度对象之间的三角形关系,又被称为"P-O-X 理论",P 代表认知主体,O 为与 P 发生联系的另一个人;X 则为 P 与 O 发生联系的另一个任意对象。与认知失调理论不同,海德的平衡理论考虑的是一个人会在自己的认知架构内,组合彼此间对人和对物的态度。该理论指出一个人对某一认知对象的态度,常常受他人对该对象态度的影响,强调了人际关系对态度的影响力。

社交网络中企业社会责任信息传播主体以及传播内容呈现多元化的状态,平衡理论为传播效果提供了重要的理论支持。

(五)利益相关者理论

利益相关者理论是企业社会责任相关研究中应用最为广泛的理论。斯坦福研究所最早定义了利益相关者的概念,他们认为利益相关者是指"那些如果没有他们的支持企业组织将不复存在的群体"。弗里曼(Freeman,1984)在《战略管理:利益相关者管理的分析方法》一书中明确提出了利益相关者管理理论。与传统的股东至上主义相比较,该理论认为企业除了追求利润对股东负责之外,还必须厘清其他关系密切的利益相关者,如债权人、员工、顾客、竞争者、政府、社会及环境等。企业是利益相关者之间的联结体。企业不仅要重视股东的权益,还应重视其他利益相关者对经营者的监控;不仅注重经营者的权威,还要关注其他利益相关者的实际参与(杨瑞龙,2019)。

威勒尔(Wheeler, 1998)从利益相关群体是否具备社会性以及与企业的关系是否直接由真实的人来建立两个角度,比较全面地将利益相关者分为四类:①主要的社会性利益相关者,他们具备社会性和直接参与性两个特征;对于普通消费者,企业应该严格履行产品或服务质量的承诺、保证提供优质产品和满意服务、不得有欺诈或谋取暴利行为。对于债权人,应该确保股东不能非法获利,使债权人利益得以保证。②次要的社会利益相关者,他们通过社会性的活动与企业形成间接关系,如政府、社会团体、竞争对手。对于政府与社会,企业应该提供安全的产品给社会大众、尽可能协助推广社会公益或慈善事业、促使社会能为公民提供良好的服务、适度增加身障人士就业机会以改善社会大众与社区之生活条件;企业与同业竞争者之间应本着和平共处的原则。③主要的非社会利益相关者,他们对企业有直接的影响,但却不作用于具体的人,如自然环境等。④次要的非社会利益相关者,他们不与企业有直接的联系,也不作用于具体的人,如环境压力集团、动物利益集团等。

科斯春和都(Korschun & Du, 2012)将利益相关者理论引入到企业社会责任传播研究中,界定了企业社会责任对话的框架,并激励企业利益相关者参与到企业社会责任活动中。只有针对不同利益相关者并开展不同的策略,以达到彼此间的资源交换而满足其需求,才能令企业、组织或政策长期发展。根据利益相关者理论,企业应根据利益相关各方的不同需求履行企业社会责任并进行信息披露,这不仅仅是对利益相关者需求的零星响应,而是一种长期战略。

第三节　研究意义

一、理论意义

目前有众多学者从市场营销学或者消费心理学的角度对企业开展社会责任活动的影响因素以及效果进行了研究。然而企业仅开展社会责任活动还不够,还要考虑如何更好地与消费者沟通并将相关信息传达给消费者,因此需引入更多的传播学理论与内容的基础上对该问题进行探究。本研究将传播学与市场营销学及消费心理学结合起来,从传播学视角探究在社交媒体中企业社会责任传播的相关因素、传播机制及传播效果,具有以下理论意义。

(1)扩展了企业社会责任传播研究的视角,突破企业社会责任传播研究范式的局限,将社会化媒体与企业社会责任传播相连接,从传播过程的角度分析了在社交媒体中企业社会责任传播中的影响因素,同时将研究背景聚焦于社交媒体。

(2)研究对象不仅集中于普通行业的企业,还扩展到亟须完成行业合法化与塑造良好企业公民形象的争议性企业,进一步扩展了企业责任传播研究的广度。将争议性企业独具的一些特征如争议来源与社会事业的相关性作为变量引入到研究中。

(3)将信息加工理论与企业社会责任传播相结合,基于 HSM 模型与 ELM 模型探究了在社交媒体环境下消费者对企业社会责任传播信息的加工及响应机理。

(4)将伪善感知这一中介变量引入到争议性企业社会责任传播研究中,其既契合了核心企业的特殊性,同时也突破了当前将中介变量仅聚焦于动机归因的局限。

二、现实意义

履行社会责任推动企业与社会、环境的和谐共同发展,担负更多的社会责任成为各界对企业的普遍期望和要求,也是现代企业适应复杂动态环境求得长期生存发展的战略选择。普通性企业希望能够通过企业社会责任传播与利益相关者建立和谐的关系,并进一步提升企业形象。而争议性企业在消费者心中存在着负面性与非合法性的刻板印象,需要通过企业社会责任传播与利益相关者进行良性沟通,以此争取合法性并树立良好的企业公民形象。如何利用社交媒体这个平台进行企业社会责任传播实现企业效益与社会效益双赢成为企业面临的重要问题。

(1)将社交媒体传播特点与企业社会责任传播特征相结合,提出媒体在企业社会责任传播中的角色与作用以及社交媒体为企业社会责任传播提出的机遇与挑战。

（2）基于社交媒体特征建构了企业社会责任传播效果的指标体系，便于系统掌握企业社会责任效果的全面性与体系性，有效增加社交媒体特征的二次传播效果指标。

（3）传播机制与传播效果的建构。利用实验法从普通性企业与争议性企业视角分别探究企业社会责任传播机制与效果，便于企业更好地在社交媒体中对相关因素进行控制与选择。

（4）利用强弱关系社交媒体中的真实数据进行方差分析与回归研究，确认相关影响因素及传播效果。

第四节　研究目的与方法

一、研究目的

（1）确认媒体在企业社会责任传播中的角色与作用，以及社交媒体为企业社会责任传播提出的机遇与挑战。

（2）建构在社交媒体环境下的企业社会责任传播效果体系，融入更多社交媒体传播效果指标。

（3）从传播影响因素的视角探究企业社会责任传播内容与传播策略对转发意愿等二次传播的影响机制，如社会事业的选择（消费者对社会事业的卷入度、争议来源与社会事业的相关性）、内容的条件性以及企业信息信源类型等因素对转发意愿的主效应及交互效应，确定相关因素的作用机制。

（4）探究企业的社会责任传播效果即传播行为对品牌态度以及购买意愿的影响。分别明确争议性企业与普通性企业在传播主体、传播内容与传播策略对品牌态度以及购买意愿的交互影响。

（5）从信息传播过程的视角分析我国当前主要的企业在以微博与微信为代表的社交媒体中进行社会责任传播的传播效果及其影响因素，并运用线性回归的方式探究具有显著影响作用的因素。

二、研究方法

本研究主要使用了文献分析法、内容分析法、控制实验法以及问卷调查方法,并在获取相关数据的基础上,利用 SPSS 与 AMOS 等统计软件进行了独立样本 t 检验、方差分析、回归分析、结构方程模型建构等方法对数据进行分析处理。

(1)文献分析法。对国内外企业社会责任传播、社交媒体、争议性企业、传播效果、传播影响因素等相关领域研究进行了全面的梳理,在明确该领域的研究前沿的基础上提出研究问题,同时也是在文献梳理与分析的基础上确定争议性企业的定义以及企业社会责任传播的影响因素。

(2)内容分析法。对获取样本的微博与微信中的企业社会责任传播的信源、传播内容、传播策略、传播效果等进行内容分析,根据所建构类目进行数据分析,既可以了解我国争议性企业利用社交媒体进行企业社会责任传播时所使用信源、传播内容以及传播策略等方面下子类目的分布,同时也为传播影响因素与传播效果之间的线性分析获得基础数据。

(3)控制实验法。在明确研究影响因素的基础上,将各个自变量与调节变量通过实验前与实验中的合理控制,再将实验被试进行随机分组,进行双盲实验。通过量表测试的方式获取每个实验组的实验数据,最后通过方差分析、线性回归分析等数据处理方式得出各个实验组在因变量(转发意愿、品牌态度、购买意向)的差异,进而获得各个影响因素对传播效果的独立或者交互影响,获取影响因素的传播机制与作用效果。

(4)问卷调查法。传播机制与传播效果的实验结果测试均是使用问卷调查的方式,问卷中变量的测量基本都是来自成熟的量表。通过问卷测量的方式获取各个自变量、调节变量、中介变量以及因变量的具体数值。

以上方法的综合运用相互配合,得以获取争议性企业在社交媒体中传播的影响因素、传播机制及传播效果。

第五节　研究创新与价值

一、研究创新

(1)研究视角创新:突破传统企业社会责任传播研究范式的局限,将研究对象分为普通性企业与争议性企业两类企业进行跨学科比较研究,同时将研究背景聚焦于社交媒体。

（2）学术观点创新：企业的社会责任传播效果具有多维度性，除了企业声誉、品牌资产、品牌态度、购买意愿外，还有传播学中的点赞量、转发量、阅读量，财务学中的企业股价变动等。伪善感知与动机归因在相关因素影响企业社会责任传播效果中起中介作用。消费者对企业社会责任信息进行启发式与系统式双路径加工。社会事业的选取对企业社会责任传播效果具有重要作用。

（3）研究方法创新：将心理实验方法引入企业社会责任传播机制与传播效果研究中，很好地探究了在控制实验条件下相关因素对信息扩散及企业的影响。

二、研究价值

（1）扩展了企业社会责任传播研究的视角，将社交媒体与企业社会责任传播相连接，从传播过程的角度分析了在社交媒体中企业社会责任传播中的影响因素，而这些传播影响因素的引入可以进一步扩展企业社会责任研究的视野。

（2）将信息加工理论与企业社会责任传播相结合，基于 HSM 模型与 ELM 模型探究了在社交媒体中企业社会责任传播影响因素的传播机理。这些因素的作用机制探究可以很好地帮助现实中企业社会责任传播取得良好效果。

（3）将伪善感知引入企业社会责任传播研究中，其既契合了消费者对于企业社会责任的担忧，同时也突破了当前研究将中介变量仅聚焦于动机归因的局限。

（4）多视角探究了企业社会责任传播效果，探究了消费者的转发意愿、品牌态度及购买意向。

第二章
社交媒体中企业社会责任传播面临的
机遇与挑战

第一节　融合建构主义和功能主义观点的企业社会责任传播范畴

一、企业社会责任

企业社会责任的概念由谢尔顿（Sheldon，1924）在《管理的哲学》首次提出，他强调把企业社会责任与经营者满足产业内外各种人类需要的责任联系起来，并认为企业社会责任含有道德因素在内。到目前为止，由于关于"什么样的行为属于企业社会责任行为"和"企业应该对谁负责"这两个问题的探讨仍在继续，所以学术界依然没有得出统一的、明确的关于"企业社会责任"的定义（徐尚昆，杨汝岱，2007）。

按照企业社会责任内容的范围性企业社会责任有广义与狭义之分。广义性的企业社会责任指企业在对股东利益负责的同时，还要承担对员工、消费者、社区和环境的社会责任。1970 年至 21 世纪初，社会各界对企业社会责任进行了广泛讨论，将企业由过去单纯追求利润最大化不断地将社会责任的内涵进行拓展与充实。广义性的社会责任具有代表性的观点是"三个同心圆""金字塔"和"三重底线"（见图 2-1）。

戴维斯（Davis，1971）提出"三个同心圆"概念，认为企业社会责任按照范围大小可以由三个同心圆构成，内圆表示企业需要履行的经济功能的基本责任，包括对顾客、雇员和股东等相关方的责任；中间圆表示企业所承担的社会价值的体现，包括环境问题、员工健康问题和回应顾客期望等；外圆则包含企业更大范围地促进社会进步的其他无形责任，如消除社会贫困和防止城市衰败等。

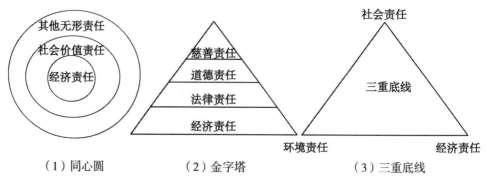

（1）同心圆　　　　（2）金字塔　　　　（3）三重底线

图 2-1　三个广义的企业社会责任定义模型

将企业社会责任内涵扩展为经济责任、环境责任、社会价值等方面。卡罗尔(Carroll,1979)则指出企业社会责任内容是类似于金字塔,由下到上依次为经济责任、法律责任、道德责任和慈善责任,经济责任属于企业最底层的责任,此外企业还需要法律责任及道德责任的约束和保护,而在金字塔顶端部分的是慈善责任。该金字塔模型对于企业社会责任的维度及重要程度进行了说明和改进,因此该定义被广泛接纳与应用。企业社会责任的"三重底线"概念由英国学者约翰·埃尔金顿(John Elkington)于 1980 年提出,认为企业行为要满足经济底线、社会底线与环境底线,经济责任也就是传统的,主要体现为提高利润、纳税责任和对股东投资者的分红;环境责任就是环境保护;社会责任就是对于社会其他利益相关方的责任。企业要考虑所有责任对象的需求,如股东、客户、雇员、商业合作伙伴、政府、当地社区以及公众。

　　21 世纪以来伴随着经济发展以及竞争的加剧,企业社会责任得到更多的企业和国际组织等关注,企业社会责任概念与内涵也得到了进一步发展。商务社会责任国际协会(Business for Social Responsibility,简称 BSR,2003)对企业社会责任最新的定义是:企业社会责任是指企业通过尊崇伦理价值和尊重人、社区以及自然环境而取得商业成功。而国际标准化组织在制定 ISO26000 的工作中提出,"组织社会责任,是组织对运营的社会和环境影响采取负责任的行为,即行为要符合社会利益和可持续发展要求,以道德行为为基础,遵守法律和政府间契约,并全面融入企业的各项活动"。贾迈利(Jamali,2007)将企业社会责任分为强制型和自愿型两大类,分别对应于前面所提到的经济、法律、伦理责任(强制型)和慈善责任(自愿型)。古伊多、帕拉佐和里克特(Guido, Palazzo & Richter, 2005)将企业社会责任分为基础型(如为顾客提供满意的产品)、交易型(如遵守国家的法律法规等)、转换型(如参与社会公共事业)。汤普森与扎卡里斯(Thompson & Zakaris, 2004)将企业社会责任细分为环境保护、能源利用、对产品和消费者的责任、社区责任、对员工责任和其他责任等六个方面。李伟阳和肖红军(2008)指出,企业社会责任不仅仅包含了经济责任、社会责任、环境责任,他们还对此进行了细化,加入了股东责任、员工责任、社区责任、公民责任等内容。以上机构与学者从不同的视角将企业社会责任的内涵与类型进行了划分,但是都更加强调企业要对社区、自然环境、员工、股东和利益相关者负责,并要承担法律、经济、道德和伦理等方面责任,同时还强调企业要把企业社会责任融入企业的发展战略运营中,实现企业的长远发展。

狭义的企业社会责任内涵较之广义的企业社会责任范围更小,其不再包含经济责任与法律责任等企业基础的责任,与前面的自愿型的企业社会责任异曲同工,仅指道德责任与慈善责任。如麦克威廉姆斯和西格尔(McWilliams & Siegel, 2001)提出企业社会责任是企业采取的法律规定的超出其自身利益但是能给社会带来益处的行为。巴姆布(Bhambu, 2015)也认为企业社会责任是承担法律规定之外的社会责任。李立清和李燕凌(2007)则将基础责任进一步扩展到经济责任,则认为企业社会责任是企业除经济责任、法律责任之外的"第三种责任"。法尔克和赫布里(Falck & Heblich, 2007)指出企业社会责任是企业自愿做出的超出社会强制赋予其的显性和隐性的义务,但是对社会有益的自愿行为。贝纳布和梯若尔(Benabou & Tirole, 2010)提到了企业社会责任的三层含义,一是双赢,二是企业公民价值观的表达,三是企业的慈善事业。

尽管以上学者给出的狭义的企业社会责任的内涵各不相同,但是都将企业基础的社会责任与高层次的社会责任加以区分,本研究在充分参考利益相关者理论、麦克威廉姆斯和西格尔(2008)的"企业采取的法律规定的超出其自身利益但是能为给社会带来益处的行为",以及法尔克和赫布里(2007)的"企业自愿做出的超出社会强制的自愿行为"的基础上,采用狭义的企业社会责任的定义"企业采取的超出法律与社会规定的但是能社会带来有益影响的行为"。

二、企业社会责任主体类别

企业是开展企业社会责任行为的重要主体,然而企业开展社会责任时受到行业因素或者企业自身形象因素的影响(樊建锋,2011;Yoon et al.,2006)。负面行业形象的企业较之正面行业形象的企业,或者同一行业中的不同形象的企业开展同一种企业社会责任活动的效果往往截然不同。行业性因素使得部分企业陷入争议之中,成为争议性行业的企业。争议性行业的企业是在生产经营过程或产品本身不符合社会规范,存在负面外部效应或对消费者存在成瘾性等潜在危害(樊建锋,2011;Cai et al.,2012;Hong & Kacperczyk,2009;Yoon et al.,2006),如烟草会严重损害消费者的身体健康,烟草行业的负面形象在刻板印象作用下被固定化。此类企业与社会事业的匹配度会影响到企业社会责任的效果(Yoon et al.,2006)。例如预防青少年吸烟的公益活动,由烟草企业与食品企业同时开展,会取得不同的效果,因为前者是造成青少年吸烟的重要实施者与获利者。除了企业的行业性因素,也有企业个体行为因素——企业是否处于品牌危机情境即是否发生了对品牌造成危害并大肆曝光的事件(Dawa,2016),其可以分为价值型与功能型危机。品牌危机与企业社会责任紧密相连、相互影响(陈通等,2018)。如国内 2008 年牛奶行业爆出了三聚氰胺事件,举国哗然,此时三鹿牛奶企业再开展公益宣传活动,与事件之前效果相比也会存在一定差异性。因此将企业社会责任实施主体分开讨论显得尤为重要。

以上企业中无论是由于行业因素还是危机因素,都会导致企业处于争议之中。本研究按照企业是否引起争议性将其分为普通性企业与争议性企业(controversial industry)(Jo & Na,2012;Du & Vieira,2012)。争议性企业也被称之为低道德声誉度企业(poor ethical reputation)(Tao & Ferguson,2015)或者罪恶性行业(sinful industries)(Cai,Jo & Pan,2012)、污名行业(樊建锋,2011)。

汉德森(Husdon,2008)基于企业造成争议性来源的角度将企业分为先天型争议性企业与事件型争议性企业。前者指组织因为是谁、做什么和为谁服务等本质性的特征而具有争议性,具体涉及流程、产品以及客户等核心属性。该类企业具有行业的争议性,如烟草企业的产品先天具有成瘾性及损坏身体健康性,该类行业常常被套上社会禁忌、道德辩论和政治压力的代名词,也被视作罪恶的行业。争议性行业的企业中较为典型的有烟草行业(Barraclough & Morrow,2008)、酒类行业(Fam et al.,2009)、垃圾食品行业(Potts & Nelson,2008;Graffeo et al.,2009)、博彩和成人娱乐等传统行业,还有涉及能源环境、社会或伦理问题的行业,即武器、核能、石油、水泥和生物技术、化工行业(Du & Vieira,2012)等。而事件争议性企业则是源于组织特定的行为,由于行为违反基本的社会价值观和制度化规则所引发的争议。如耐克、阿迪达斯、优衣库等企业因为拒绝使用新疆棉而使得企业背负巨大的舆论争议,奔驰汽车因为西安女车主坐在引擎盖上哭诉维权一时间成为舆论讨伐的对象进而成为争议性的企业。研究显示,与品牌陷入争议性事件发生前的企业社会责任活动相比,争议事件后的企业社会责任水平更高;同时品牌发生争议性事件发生后,企业更倾向于以社会责任匹配度较低的慈善捐助方式来开展活动(赵占恒,余伟萍,王春娅,2015)。

　　普通性企业与争议性企业两类企业在履行企业社会责任的目的具有明显的差异性。帕拉佐和里克特(Palazzo & Richter,2005)认为获取社会的认同或者争取企业的合法性是争议性企业与普通性企业在企业社会责任上最大的差异点。争议性企业由于本身行业原因或者典型事件造成消费者对其具有一定"负面"刻板印象,如何去掉"争议性"或者"淡化争议性"进而塑造良好的企业公民形象、争取合法性、重塑企业声誉是企业面临的重要问题。较之普通性企业,很多争议性企业往往会更加积极主动地开展社会责任活动,以消除消费者负面的评价、重建良好的品牌形象,确保其行动的制度合法性(Du, Bhattacharya & Sen, 2011;Maignan & Ferrell, 2004;李彬,谷慧敏,高伟,2011)。以烟草公司为例,英美烟草公司开展了劝阻青少年吸烟的活动,积极解决与烟草种植和加工相关的社会和环境问题,包括综合的作物管理;土壤和水的保护;减少农业化学品的使用;绿色烟叶打叶项目上的环境、健康和安全标准(烟叶加工)。日本烟草公司开展了"清洁吸烟"活动,开设吸烟点,不乱扔烟头,提供烟灰缸,限制吸烟。而普通性企业的企业社会责任则更多处于企业的一般性战略措施,按部就班地进行。对于普通行业的企业,其更多希望通过企业社会责任行为提高企业的销售额(Barone,2000)、提升企业的形象(Andreasen,2000)、内部营销效应(Mullen,1997)、加强消费者与企业的联系(Gupta & Pirsch,2006),提升品牌资产(Windolph,Harms & Schaltegger,2014),履行企业公民的责任。

两类企业典型特征的不同以及履行企业社会责任的目的差异性,导致其在履行企业社会责任时,其选择的社会事业、开展企业社会责任活动的主题、传播策略、信息传播的方式呈现出不同,最后形成的企业社会责任传播的效果也有差异性,因此分开分析显得尤为重要。

三、企业社会责任传播概念范畴

企业仅仅参与社会责任活动还不够,还需要将其传播给利益相关者,与其进行良好沟通(Beckmann,Morsing & Reisch,2006)。越来越多的企业已经意识到不仅实施社会责任行为很重要,向利益相关者进行企业社会责任传播(CSR Communication,也被译为企业社会责任沟通)也很重要(Jasmine & Sameer,2015),传播成为社会责任效果的重要影响因素(Sen,Du & Bhattacharya,2016)。有效的社会责任传播是建立企业良好形象的重要手段(Maignan & Ferrell,2004),也是企业实现企业社会责任预期效果的必要途径。缺乏有效的传播,利益相关者可能并不会意识到该企业在社会事业方面的投入与付出,进而导致企业的社会责任行为"藏在深闺无人识"(即低意识)(Eleanor,2021)。同时企业社会责任传播不当,如传播费用远超过社会责任行为的投入费用,也会导致消费者的反感,甚至对企业产生负面的影响(即低认同度)。因此企业社会责任传播对于企业是一把双刃剑,应该通过企业社会责任传播提高利益相关者对企业社会责任的认知的同时,进一步提升其对企业社会责任活动的认同度。

迈尼昂和罗尔斯顿(Maignan & Ralston,2002)首次将企业社会责任传播与一般企业社会责任行为进行区隔,指出企业社会责任传播研究对象是传播企业社会责任,而不是如何实施企业社会责任。在传播过程中企业可以自我选择传播何种内容(Manetti,2011)。由于传播学、公共关系学、会计学、管理学与经济学对企业社会责任传播都有所涉猎,导致企业社会责任传播的内涵与外延及范式呈现出分散多层面的状态。波德纳尔(Podnar,2008)从过程角度将企业社会责任传播定义为:在符合利益相关者期望的基础上向利益相关者阐明企业社会责任政策和管理各类企业传播工具的过程,其主要目的在于向其利益相关者提供真实、透明的有关企业或品牌的企业社会责任履行情况,表达企业对社会和环境等问题的关注与观念,并与利益相关者进行良好的互动。

目前企业社会责任传播主流研究可以分为功能主义(functionalism)与建构主义(constructionism)(Schultz & Wehmeier,2010;Golob et al.,2017)。功能主义是当前研究的主流,侧重于关注企业社会责任传播如何被企业操作与传播,如何被消费者感知与效果测量,以及如何为企业及其利益相关者创造价值。其认为企业需要通过信息编码将企业已经进行的社会责任信息通过一定的媒介传播给消费者,而消费者通过相关的信息解码了解已发生的事实(Morsing & Schultz,2015)。

功能主义将企业社会责任传播看作是企业的一种信息传播工具,传播的信息是由企业制定的,信息传播沿着由内而外的单向传播方式,传播的目的是告知消费者企业的社会责任行为,以提升企业形象、提高企业声誉和消费者认同感。都等(Du et al.,2010)从企业营销角度出发认为企业社会责任传播是信息内容、传播方式以及传播渠道的集成,来影响消费者对相关信息的信任程度,从而帮助企业达到营销的目的。而为了降低消费者怀疑,企业传播的信息要包括反映企业特征的内容。在此基础上帕尔默(Palmer,2009)将企业社会责任传播定义为用以传播企业形象的广告信息及其结构,能够通过提高信息的诊断性,抑制消费者的怀疑。

建构主义则是围绕企业社会责任意义建构展开,认为企业社会责任传播是企业与利益相关者的意义建构过程。企业应该借助一定的平台与利益相关者进行双向互动传播,一起建构企业社会责任信息。传播的目的是与企业的利益相关者一起建构企业的形象与身份。巴苏和帕拉佐(Basu & Palazzo,2008)定义的企业社会责任传播是为了促使企业内部形成对社会责任的认知,同时对外解释企业社会责任行为以及回应不同利益相关者的质疑。弗里德里克(Friederike,2013)指出企业社会责任传播是企业在与公众关系构建的网络环境中通过不断互动沟通。与功能主义相比,建构主义更加强调传播过程中的互动,与消费者的沟通对话以及价值共创。

功能主义和建构主义的企业社会责任传播对于企业而言都不是完全割裂

或者对立的。功能主义强调传播结果，以结果为导向，其研究核心在于如何设计有效的企业社会责任信息，确保信息具有足够的说服力。而建构主义强调企业社会责任传播过程以保证传播的互动性，通过高效的互动获得利益相关者的支持与参与，其不仅关注企业如何进行企业社会责任信息传播，更强调要关注企业与利益相关者之间的互动与共建。戈洛布、沃瑞克和埃勒鲁普·尼尔森（Golob，Verk & Ellerup-Nielsen，2017）认为虽然功能论和建构论两种企业社会责任传播研究范式的侧重点不同，但并不是互相排斥的。埃尔温等（Elving et al.，2015）认为将两种研究范式整合将是未来的研究主流，应采取两种范式的优点，来更好地研究企业社会责任传播。本研究将两者的观点相结合，指出企业社会责任传播是将企业社会责任的行为通过一定渠道传达到利益相关者，内容涉及企业自身对经济、社会、环境等问题的观点以及带来的影响，同时在传播中不断与消费者沟通互动。

第二节　媒体在企业社会责任传播中的角色与作用

媒体是指传播信息的媒介，是人们借助用来传递信息与获取信息的工具、渠道、载体、中介物或技术手段。也可以把媒体看作为实现信息从信息源传递到信息接收者的一切技术手段。媒体有两层含义，一是承载信息的物体，二是指储存、呈现、处理、传递信息的实体。

媒体具有丰富的功能，拉斯韦尔（Lasswell，1948）将媒介的功能主要分为三个：监视周围环境、联系社会各个部分以及适应周围环境、传承社会文化。除此之外还具有提供娱乐、引导大众、传播资讯的功能。在企业社会责任传播中，媒体也发挥着重要作用。媒体是推动企业承担社会责任传播的重要外部力量，在企业社会责任传播中发挥着举足轻重的作用。媒体在企业社会责任传播中的角色与作用主要体现在以下四个方面：媒体是企业社会责任信息的承载者，通过媒体企业可以顺利将相关信息传达给利益相关者；媒体是企业与利益相关者针对企业社会责任问题的沟通平台，通过媒体这一平台企业可以就社会责任信息的相关问题与利益相关者进行互动沟通，甚至顺利完成内容共建；媒体是企业社会责任传播中的瞭望者与监督者，有利于加强企业的责任意识和道德意识，成为其严于自律的推进器；媒体是影响企业社会责任传播效果中的重要影响因素，合适的媒体渠道可以为企业社会责任传播锦上添花，不合适的媒体渠道则会导致传播效果大打折扣。媒体在企业社会责任传播的功能与作用主要体现在以下几点。

首先，媒体是企业社会责任信息传播的重要载体与渠道，消费者需要借助媒体获取企业社会责任信息。这是媒体在企业社会责任传播中的主要功能。媒体对企业社会责任信息及时、准确地传播，可以有效增加企业社会责任信息的透明度，使社会公众能够了解企业社会责任履行情况，减少企业与利益相关者之间的信息不对称。

通过电视、报纸、广播、杂志等发布企业的社会责任信息或者相关公关稿件是过去企业最为常用的方式。以上传统媒体通过新闻报道选取积极承担社会责任的企业作为示范典型，予以充分的肯定和表扬，在向利益相关者传播相关信息的同时也提升了这些企业的公众形象。这也成为众多企业选择积极履行企业社会责任行为的一大动力，媒体的关注与报道有效提升了传播效果。企业往往愿意选择那些容易引起媒体关注的社会问题来实施社会责任行为。

金（Kim，2016）的研究发现，目前消费者主要通过企业网页或大众传媒来了解企业社会责任。目前企业社会责任报告与企业专有网页中发布企业社会责任信息是当前众多企业选择最多的企业社会责任传播方式，也是利益相关者获取企业社会责任信息的重要渠道。企业社会责任报告指的是企业将其履行社会责任的理念、战略、方式方法，其经营活动对经济、环境、社会等领域造成的直接和间接影响、取得的成绩及不足等信息，进行系统的梳理和总结，并向利益相关方进行披露的方式，是企业与利益相关者沟通的重要桥梁。企业社会责任报告一般通过正式渠道发布或者第三方机构的认证，具有较高的权威性与可信度，同时也是利益相关者获取企业社会责任信息的较为全面的渠道。

伴随着网络技术的发展，企业官方网站逐渐成为企业与消费者沟通社会责任信息的重要平台，其可以全面及时有效地更新企业的社会责任信息，方便目标消费者及时了解企业在履行企业社会责任方面的贡献。同时在企业社会责任宣传中，可以有选择性地确定传播内容以及框架，方便提升企业社会责任传播的效果。研究显示，美国财富500强的公司里面，82%的企业会通过企业网站来传播企业社会责任信息。目前众多大型企业都会在官网单独开设企业社会责任的单独板块,方便与消费者及时进行企业社会责任方面的沟通。但是目前企业社会责任报告却存在其专业性较高,普通消费者主动与被动接收的机会较少的缺陷,企业网站也存在主动传播力度不强、互动性较低的缺点。

其次,媒体是企业社会责任传播过程中企业与利益相关者进行情感沟通的桥梁,这在社交媒体中体现得尤为突出。社交媒体为企业社会责任传播提供了更多的互动机会与黏性。传统媒体时代企业能有效掌握更多的主动权与控制权,可以选择合适的媒介覆盖到目标消费者,同时使其更好地配合企业的整体品牌战略。但是伴随着传统媒体的日渐式微,在传统媒体中发布企业社会责任广告或者相关公关稿件,虽然其达到信息快速扩散并且企业能够有效控制发布内容,但是存在互动性弱、消费者怀疑度高的缺点。如农夫山泉 2004 年的一瓶水一分钱活动曾引发大规模的质疑。

伴随着互联网经济的发展,消费者高参与度、互动性强的社交媒体快速发展,博客、微博、微信、视频分享网站、品牌社区等成为企业社会责任传播的重要载体。现在越来越多的企业开始采取网络等新媒体来进行企业社会责任传播(Etter, 2014; Angeles & Capriotti, 2009; Birth et al., 2008; Rolland & Bazzoni, 2009)。这些社交媒体拥有基数庞大的消费者,同时受众黏性程度高,与受众的互动程度也高。企业利用社交媒体进行企业社会责任传播,企业能够及时获悉利益相关者对企业社会责任信息反馈的意见和建议,同时能够借助社交媒体平台及时对相关问题进行回应与互动,可以进一步增强消费者对企业社会责任行为的认同感。

再次,媒体是企业社会责任传播中的瞭望者与监督者。一方面企业社会责任行为与利益相关者息息相关,企业需要及时关注社会以及利益相关者对企业或者相关社会事业的特定的社会期望。此时媒体是企业获取社会期望的重要途径,媒体扮演着瞭望者的角色。企业可以通过媒体的瞭望获知该类社会期待,并且能够随着社会期望的变化,企业的社会责任行为也应做出相应的调整与积极的回应。如海尔集团在环保方面通过原材料采购、产品研发、节能生产和旧家电回收等多方面努力,实现了低碳承诺,其社会责任活动得到了公众的广泛认可。另一方面,媒体报道能够形成一种"盯住效应",即被报道的公司成为社会舆论关注的焦点,进而发挥舆论监督的作用。媒体可以有效地通过舆论监督的方式对逃避社会责任或者企图利用企业社会责任的行为提出批评和谴责。通过公众舆论对企业形成负面的评价及影响,借助舆论压力迫使问题企业做出积极回应。同时媒体对积极承担社会责任的企业进行表彰,树立企业良好的社会声誉,借此提升企业的社会公众形象,成为企业新的竞争优势。

最后,媒体是企业社会责任传播效果的重要影响因素(Morsing & Schultz, 2006; Morsing et al., 2008; Schlegelmilch & Pollach, 2005)。伴随着媒体技术的发展,媒体形式变得多样化,由过去传统四大媒体(电视、报纸、广播、杂志)发展为网页、社交媒体(如微博、微信)、音频视频(抖音、快手)等。企业社会责任传播也由过去依赖于在传统媒体投放企业社会责任广告或者发布相关公关稿件,逐渐扩展为在企业网站发布企业社会责任信息或者企业社会责任报告(Birth et al., 2008),之后演变为使用各种社交媒体发布相关信息。目前企业的微博账号、微信账号都成为企业传播社会责任的重要载体(Chaudhri & Wang, 2007; Esrock & Leichty, 2000; Fukukawa & Moon, 2004; Pollach, 2003)。

研究显示,媒体类型会影响到企业社会责任传播的效果(Morsing & Schultz, 2006)。可是各个传播载体对传播效果的影响目前却无一致性结论。金和弗格森(Kim & Ferguson, 2014)指出,消费者更为喜欢企业自控一些渠道如企业网站或者企业开展的一些活动,而不喜欢一些非企业控制的媒介如新闻媒体、专家的微博与博客。而其他一些学者则持相反意见。巴塔查里亚和森(Bhattacharya & Sen, 2003)与尹等(Yoon et al., 2006)指出,当媒体对于企业而言越不可控,其发布的企业社会责任信息的可信度越高,反之亦然。波默林和多尔尼恰尔(Pomering & Dolnicar, 2009)指出,企业社会责任报告与企业网站由于能够接触到的消费者有限,所以传播效果有限,而借助传统媒体的广告则不同,其消费者面更加广泛。但是尼尔森与汤姆森(Nielsen & Thomsen, 2012)则指出,广告不是一个发布企业社会责任信息的良好方式,这是因为企业更多的费用支付在广告上而非社会事业上。

媒体在企业社会责任传播中发挥着重要的作用,其是连接企业与利益相关者的重要渠道。在企业社会责任传播中,媒体扮演着传播者、沟通者、监督者与影响者的角色。作为具有互动性、社交化与即时性的社交媒体更是为企业社会责任传播提供了更多的机会与可能性。

第三节　社交媒体环境下企业社会责任传播的机遇

社交媒体(social media)指互联网上基于用户关系的内容生产与交换平台,人们彼此之间用来分享意见、见解、经验和观点的工具和平台,是鼓励社会互动和参与的在线工具(Sweetser,2010),包括社交网站(如 Facebook,脸书)、微博客(如 Twitter,推特)、视频共享网站(如 Youtube,油管)、在线百科全书等(如 Mangold & Faulds,2009)。国内的社交媒体也呈现井喷的发展态势,各类社交媒体层出不穷,如微博、微信、抖音、快手、小红书等。截至 2021 年 1 月,全球手机用户数量为 52.2 亿,互联网用户数量为 46.6 亿,而社交媒体用户数量为 42 亿。社交媒体已成为人们获取信息的重要渠道,不仅制造了人们社交生活中争相讨论的一个又一个热门话题,而且吸引人们争相跟进。

社交媒体不仅具有庞大的用户数量,而且具有互动性、对话性、双向传播性等特征 (Jamali, Moshabaki & Kordnaeij, 2016；Fieseler, Fleck & Meckel, 2010),传播效果具有显著的信息扩散性与聚合性,实现信息爆炸式增长。社交媒体迅速成为企业社会责任传播的重要渠道,也帮助企业社会责任信息获得了大量的关注。如哈根达斯在推特办的一个"帮助蜜蜂"("Help Honeybees")的活动,通过该活动哈根达斯最后七天内得到了 643 748 条相关的推文。哈根达斯不但获得了上千新的粉丝,同时有力地提升了品牌形象。

科恩(Cone,2015)的调查显示,全球 34％的消费者使用社交媒体分享有关企业的社会责任信息,然而,其中 25％更倾向于分享有关企业的负面信息。韦伯(Weber,2011)的一项研究显示,财富 2000 强企业中,多达 72％的企业已经使用社交媒体作为其企业社会责任传播的一种方式。60％的消费者认为社交媒体是企业发布企业社会责任信息的合适平台(Gomez, Chalmeta & Sosa-Varela,2016)。社交媒体获得众多企业社会责任信息传播的青睐,为企业社会责任传播带来了无限机遇。

一、企业社会责任信息传播新渠道的扩展

企业在开展企业社会责任行为的时候,需要借助媒体将相关信息快速传播给消费者,在消费者中树立积极正面的企业形象。而社交媒体信息传播的快速性、公开性以及透明性与企业社会责任传播的特性具有极强的契合度。此外社交媒体有效突破了其他传统的企业社会责任传播载体的局限性,促使企业可以突破时间与空间限制,更加积极主动、具有选择性地传播企业社会责任信息。

社交媒体拓展了企业社会责任传播的渠道,使其不再拘囿于在传统媒体中被动传播的限制,拥有了自主传播的主动性。较之企业社会责任报告和专题网页等被动的信息传播工具(Powering, Johnson & Noble, 2013),社交媒体中企业社会责任传播具有更多的主动性。企业可以在社交媒体中自主选择发布的时机以更好地配合企业整合的营销战略,也可以自主选择发布的内容,企业可以根据自身的特点以及目标及时调整传播内容,创造分享其自认为合适的企业社会责任信息。

社交媒体使得消费者能力边界得到扩展,消费者的多维度"赋权"的一大表现就是多元的资讯获取、创造和分享信息的路径,可以利用社交媒体分享观点和表达忠诚。社交媒体中人们可以轻松通过"分享""转发""评论""点赞"等方式快速告知周围的亲朋好友,该类传播方式使得信息呈现裂变式的增长。这种传播方式使得企业社会责任信息的影响力也进一步扩展。

社交媒体为企业的社会责任传播提供了更大的平台(Lattemann & Stieglitz, 2007; Fieseler et al., 2010),方便企业与消费者进行沟通与互动。社交媒体的双向互动性传播与传统的企业社会责任报告、广告宣传等单向的信息传播活动具有明显的区别。互动策略的分类围绕互动频率、互动方向(单向传播还是双向传播)、形式(正式还是非正式)和内容四种标准展开(Mohr & Nevin, 1990)。社交媒体提供了很多方式以供使用者进行互动(Boyd, Golder & Lotan, 2010; Honeycutt & Herring, 2009),越来越多的企业开始采用互动式的方式来传播企业社会责任行为(Fieseler et al., 2010)。

二、社交媒体的互动性促使消费者理解、对话与传播

互动性成为社交媒体区别于传统媒体的一大重要特征。企业利用社交媒

体进行企业社会责任传播,与消费者进行互动必不可少,此时企业的逃避或者沉默只会适得其反。在双向互动中,消费者可以与企业进行互动甚至参与到传播活动中,其会迅速影响到企业社会责任传播的行为,并促使企业根据消费者的反应采取下一步行为(Beckmann et al.,2006),而在后者中消费者扮演着更多是倾听者的角色(Podnar,2008)。企业需要充分利用互动性进一步提升传播效果。

首先,互动可以增强消费者对社会事业的理解。通过互动的方式,企业可以使消费者主动参与到社会事业中,使其与企业关心同一件事业,增强消费者与企业的共情心理。其次,互动可以降低消费者对企业的怀疑。通过互动的方式实现消费者企业与顾客之间能够有真正的交流与对话,有效消除消费者的疑问,进而减弱其对企业的怀疑——企业是否仅仅是在利用社会事业来作秀。最后,互动可以促使消费者的主动传播。通过互动可以有效参与到整个社会责任活动中,能够让消费者主动传播社会责任信息,进一步扩大企业社会责任信息的影响力。如美体小铺(the Body Shop,英国化妆品牌)从始至终就向消费者传达一个信息:我们的产品都是纯天然的,不会使用动物实验,且所有包装都是可回收材料。该品牌在社交媒体开展反对动物实验的活动,通过互动的方式很好地增强消费者对该事业的深入了解,全面获取动物实验的危害,同时在互动中进一步加深消费者对企业纯天然品牌理念的了解。同时能够通过互动的方式有效及时地了解消费者的反应,进而及时调整企业的社会责任传播策略。

大部分研究认为企业与消费者在社交媒体中进行互动可以显著地正向影响消费者品牌关系(Hennig-Thurau et al.,2010;Kim & Ko,2012;Coyle et al.,2012)。特科维亚克(Plotkowiak,2011)指出,通过互动性的社会责任信息传播可以提高利益相关者对企业履行企业社会责任的意识,降低对企业动机的怀疑。同时,增加社会责任信息的可信度可以使利益相关者认为其传播相关信息是出于好心(Foreh & Grier,2003)。

企业除了与普通消费者进行充分的互动外,还需要与社交媒体中的企业社会责任方面的意见领袖和专家进行互动,与拥有信誉、影响力、专业知识或者与核心业务相关的利益相关方进行互动,获得企业社会责任意见领袖的帮助,保证企业品牌在企业社会责任领域占有一席之地。

三、社交媒体中提升关系强度有效增强消费者对企业社会责任传播的信任

有研究显示,企业社会责任传播过程中互动性与对话性没有为企业赢得更多,消费者依然认为其是一种市场行为(Colleoni,2013),这是因为企业社会责任传播的效果还受到其他因素的影响,如消费者与企业的关系强度。从企业社会责任传播中消费者与企业的关系强度探讨企业使用社交媒体的策略与战略也是目前研究的重点(Etter & Plotkowiak,2011；Kesavan,Bernacchi & Mascarenhas,2013；Tomaselli & Melia,2014)。

在人际交往中,按照关系紧密程度与沟通互动强度、情感强度以及互惠行动可以分两种关系:强连接和弱连接。强连接中的人们有着共同话题、共同的价值观,传递着相同的信息,他们关系较为亲密,互动程度较高,同时情感上具有共鸣性,在行为上也更为一致,如各类亲朋好友。与强连接不同,弱连接多为交流和接触产生、联系较弱的人际交往纽带,表现为:互动次数少、感情较弱、亲密程度低、互惠交换少而窄,比如联系不太多的同学、同事,甚至是偶遇的路人。强连接与弱连接一起在整体社会系统中各司其职,强连接构成了我们的生活半径和可以支配的资源总和,弱连接在社会结构中也起着非常重要的作用,弱连接通过首尾相连彼此交汇,为受众带来新鲜的异质信息和随之而来的新机会。艾唐·巴克什(Eytan Bakshy,2012)的研究报告称,社交网络用户分享的更多信息来自弱关系,弱关系在线社交网络推动了新颖信息和不同观点的传播。

研究显示,在社交媒体的企业社会责任传播中关系强度会正向影响品牌信任(谢毅,彭泗清,2009),这包括基于情感的信任(程鹏飞,2013)和基于信息的信任(罗时鑫,2007),消费者与品牌的关系强度越强,对企业的社会责任信息的信任感越强。企业社会责任传播中面临的一个重要问题便是消费者的信任感较低,即认为企业在过度传播或者存在众多欺瞒问题。无论是在以强连接为主要特征的社交媒体中(如微信)还是弱连接为主要特征的社交媒体中(如微博),一方面企业可以与消费者不断提高彼此的关系强度,加强互动,建立紧密的关系,另一方面也可以吸引更多的新粉丝加入,进一步提升关系强度。

四、社交媒体赋予企业社会责任传播更多可能性

企业社会责任传播利用传统媒体进行相应的传播过程中,品牌在寻找商业

和公益的平衡时经常处于"犹抱琵琶半遮面"的尴尬局面中。在中国的传统文化中,做善事是不宜传播的,如清初朱柏庐所著《朱子治家格言》中就有清晰的描述:善欲人见,不是真善。当企业依赖于纸媒、电视等传统媒体时,虽然可以更好地、有针对性地对目标人群加以宣传,然而在把握品牌与社会事业展示角度时却具有很大的难度,难以将品牌和产品以社会新闻的视角自然地展现出来。

社交媒体的特点为企业社会责任传播提供了无限可能。首先,社交媒体使得企业社会责任传播的形式变得多样化。如企业可以用 H5(HTML5,移动端、全屏、运用 HTML 技术的互动式广告)发布企业社会责任报告,目前使用 H5 发布企业社会责任报告逐渐成为流行趋势,这促使责任报告的可读性进一步提升,同时进一步增强与消费者互动性。此外,企业可以在社交媒体中以短视频、表情包甚至在线游戏的方式,进行品牌的企业社会责任传播,使得企业社会责任信息传播变得更加生动有趣,也更能够有效吸引消费者的注意以及参与。其次通过关键意见领袖(key opinion leader,简称 KOL)以及众多的自媒体平台进行企业社会责任的传播渗透,从而将企业社会责任这一严肃的新闻话题通过丰富多彩的新媒体平台,以更加多元化的方式呈现于消费者面前,也让品牌和产品在企业社会责任传播中有了更多植入的可能性。最后,企业在社会媒体平台上可以建立员工志愿者交流渠道,例如鼓励志愿者协会开通微博,定期转发员工自发参加志愿者活动时的照片、信息等,这样可以从员工视角展示企业的履责实践,增加说服力。

社交媒体为企业社会责任传播提供了无限的机遇与可能性,同时其本身的特殊性也会给企业带来一定的挑战。

第四节　社交媒体环境下企业社会责任传播的困境

莫尔斯(Morsing,2003)在研究中较早地提出了"企业社会责任传播困境"这一问题,后来这一问题被扩展至社会公众对于企业所传播社会责任信息的质疑而导致的企业面临的两难选择。互联网技术的发展以及 web2.0 和社交媒体的广泛应用,虽然为企业社会责任传播提供了良好的传播平台,方便企业与利益相关者的沟通交流,但也为企业社会责任传播带来了新的问题与新的挑战,也进一步加剧了企业社会责任传播中的两难选择。

在社交媒体所形成的新型社会网络中,利益相关者获取信息的渠道不再只通过大众媒体(电视、报纸、杂志)等传统渠道,而是不断倾向于通过社交媒体的网络舆论来获取企业信息,而利益相关者在传播中的角色既可以作为信息接收方也可以是网络口碑、舆论的发布者,这些舆论甚至可以影响企业社会责任项目的成败。同时也一定程度上增加了企业与利益相关者关系的脆弱性,甚至使企业社会责任传播陷入困境中。如雀巢因为环保问题在脸书等社交视频网站上遭遇强烈抵制,甚至快速演变成为品牌的一次重要危机。社交媒体的以下特点正在促使其成为企业社会责任传播的重要威胁点。

一、社交媒体中质疑声音被快速放大扩散

社交媒体中庞大的用户基数以及典型的交互性与低门槛性,可以使企业最大限度地接触到企业的消费者,但是却也为企业的社会责任传播提高了风险。

一方面,加强了企业被质疑的风险。由于社交媒体守门人的缺失,消费者可以匿名地不经过任何审查地发布自己的意见或者加入相关话题的讨论。这既方便企业更好地控制自己发布的信息,但是也加大了相关信息被质疑的程度以及发布效果的不可控性,也更加容易得到负面的反馈、批评以及公众更详细的审查和监督。针对企业发布的企业社会责任信息,任何利益相关者都可以提出质疑,并且相关的质疑会被成千上万的人看到并有被进一步传播的可能。如在 2019 年的万圣节期间百威发布的一则禁止酒驾的公益广告,广告中展现万圣节小丑装扮的人们因为酒驾而被拘留拍照,意在提醒司机们在狂欢的同时不要忘记饮酒不驾车。该广告虽然在社交媒体中引起大批的赞誉,但是同时也出现了部分质疑的声音——酒类是造成酒驾的另一个元凶,百威啤酒是在利用禁止酒驾这一社会事业,此类质疑也引起了众多支持之声。因此,如何使企业社会责任传播朝着透明、可控的方向发展对于企业而言是重要选题。

另一方面,关于企业社会责任的虚假信息被传播扩散。在社交媒体中关于企业的负面性信息总是更能吸引消费者的注意力,也最容易被恶意扩散,这是因为人们往往对负面信息更为敏感。如英国石油公司(British Betroleum,简

称 BP)于 2010 年在墨西哥发生了严重的石油泄露事件,由于企业没有及时承担相应的社会责任,处理漏油造成的社会损害不及时,同时企业也没有及时采取相应的措施防患于未然,反而在事件发生后采取公关措施维护企业的形象。此举在社交媒体中引起了消费者强烈的反感并招致猛烈的抨击。甚至出现了一个名叫@BP 公司全球公关的伪官方推特账号,该账户比 BP 正式账号的粉丝更多(前者拥有 19 万粉丝,而后者仅有 1.8 万粉丝),不断地爆出 BP 公司违反企业社会责任的行为,BP 企业的一举一动都在社交媒体中犹如被显微镜放大,让 BP 公司在社交媒体中沦为笑柄,股价从每股 60 多美元跌到不足 30美元。

二、企业的言行不一变得有迹可循

利用社交媒体进行企业社会责任传播,较之过去传统的企业社会责任传播载体,社交媒体可以有效打破时间与空间的界限,为利益相关者传播企业社会责任信息,方便企业与消费者进行互动交流。

社交媒体中信息查找更加便捷,一个简单的关键词加上搜索按钮便可实现相关信息的获取。较之传统的传播载体转瞬即逝或者查找信息较为麻烦的传播特点,社交媒体确实在保存或获取上更加便捷,却也无形中提高了企业社会责任传播言行不一被质疑的风险。这是因为社交媒体中一个简单的搜索引擎,可以方便消费者快速查找到企业所有的企业社会责任传播信息,进而实现对企业长期的企业社会责任行为进行评估判断。在信息的前后对比中极易发现其中言行不一致或者前后不一的内容。而相关利益者不能容忍企业任何的言行不一或者前后不一,这易导致企业社会责任传播遭遇危机。

社交媒体中的数字信息具有持久的生命力。不经意间企业的社会责任信息或者言论就会被轻易翻出,这一方面加大了消费者对企业言行的监督力度,企业需要对自己的企业社会责任的言行负责,不能不同的场合说不同的话语,或者说一套做一套,不然极易引发消费者的质疑;另一方面,也需要企业进一步明确自身在履行企业社会责任时的定位,更好地维护自身账号里面的信息,这是因为其中的任何信息都在被消费者听到、看到、传播与见证。

因此社交媒体为企业带来新的挑战——谨言慎行,需要企业的社会责任传播更具有长期的战略性,在传播透明度增大的同时实现企业的行为与言论相统一。

三、社交媒体中消费者习惯于碎片化阅读,消费者的情绪很容易被煽动放大

"碎片化"原意为完整的东西被分成许多零碎的小块,包括时间的碎片化,空间的碎片化,以及精神分配、行动效能的碎片化。在社交媒体时代,消费者的媒介接触呈现出典型的碎片化状态。消费者信息获取与阅读方式产生惰性化依赖。人们慢慢地习惯于通过大数据推送,自我参与搜索、提问和相互交流等方式取得碎片化的信息,凭借碎片化的信息得出结论,极少会寻根问底获取事件完整信息。同时,消费者缺乏深入理性思考。消费者形成对事物的态度更加快速,凭借简单的线索得出结论,缺乏严密的逻辑思考。在社交媒体中消费者对碎片化的信息只有模糊的印象,并且会基于碎片化的信息快速形成判断。此时消费者更像是简单的信息接收容器,缺乏深入性思考,降低了对信息深入分析的能力,使得阅读能力变得浅层化。

美国康奈尔大学心理学教授西蒙(Simon,2012)通过对脸书与推特的使用者的大脑皮层分析发现,发现消费者在对社交媒体进行碎片化阅读时的大脑活跃部位显著区别于传统媒体阅读。社交媒体的迅速发展让消费者习惯于碎片化阅读和快速浏览,对信息深入加工能力进一步变弱,进而导致其对信息辨别能力进一步降低。消费者在对信息加工时,往往依赖于传播者的权威或者信息的只言片语做出信息判断。当信息由意见领袖或者关系亲密者发布时,消费者往往不假思索地选择相信,而不是自己去寻根追底。同时消费者也极易受到信息的煽动性与情绪性、标题的蛊惑性、事实的夸大性、照片的虚假性所蒙蔽。

这与传统媒体环境下消费者信息加工方式具有显著的差异性。消费者获取并进行加工的仅仅是企业社会责任信息的碎片化的部分,其并不会积极主动地搜索全部的信息,同时会根据仅有的部分线索做出对企业社会责任信息的判断。需要企业社会责任传播中选择良好的传播主体,同时在信息内容上的标题以及图片等进一步严谨化,既要通过碎片化信息获得消费者的关注,同时又要避免由于消费者的碎片化阅读导致负面性的后果。

四、社交媒体中消费者信息接触的信息茧房效应明显

在社交媒体中消费者的自主性进一步提高。消费者对信息的接触与加工并不是不加选择的，而是具有一定的选择性。选择性机制导致消费者对接收到的信息会选择性接触、选择性理解与选择性记忆，这极大地提升了消费者的主动性。但同时消费者对信息的选择性接触却容易导致消费者陷入信息茧房中。信息茧房是指人们的信息领域会习惯性地被自己的兴趣所引导，从而将自己的生活桎梏于像蚕茧一般的"茧房"中的现象。长此以往信息茧房将会导致消费者信息接触个性化与个人化，意见"回音室"或者"沉默的螺旋"，信息"巴尔干化""个人日报"。

而根据兴趣爱好来向人们提供基于算法的精准推送正是社交媒体的信息推送机制。社交媒体基于个人兴趣，通过人工智能分析和过滤机制，更愿意迎合人们个性化、定制化的需求，为用户设置议程。人们在不知不觉中，被"个人习惯""浏览记录"引导前行，智能化、个性化、私人定制等使得人们陷入"信息茧房"的效应中。在消费者选择性机制与社交媒体精准化推送的共同作用下，信息茧房将导致消费者接触的信息更加狭窄化。

对于茧房之外的企业而言，企业社会责任传播的信息如何有效突破消费者的信息茧房墙壁，使消费者接触到相关信息是其面临的重要问题。否则其通过社交媒体发布的信息永远游离在消费者之外，既无法与消费者沟通也无法影响消费者。对于茧房之内的企业而言，虽然消费者能够频繁接触到企业社会责任的相关信息，然而茧房之内极易出现群体极化现象，进而产生舆论暴力行为。一旦茧房内出现质疑的声音，在回音壁作用下容易被无限放大，进而对企业产生负面效应。

五、社交媒体中企业社会责任传播形式创新要求更高

目前企业对于社交平台的运用还不是特别娴熟，更多的还是遵循过去的传统的单向传播的模式，忽略了信息的互动性以及与消费者的交流性。单向传播的信息很容易淹没在社交媒体的信息海洋中，使得企业的社会责任传播流于形式，社交媒体会仅仅变成一个展示的平台而非交流平台。

只有企业与顾客之间能够有真正的交流，能够让消费者主动传播企业社会责任信息，才是企业社会责任在社交媒体中传播精髓所在。比如 2019 年网易因为被辞退员工在社交媒体中指出网易游戏涉嫌故意辞退生病员工，同时主管人员与人力资源人员涉嫌使用非正常手段打压员工。该事件在社交媒体中快速发酵，消费者纷纷抨击网易缺少企业社会责任感，对工作五年的员工毫无人文关怀。而网易在处理事件中仅仅简单地发表声明，拒绝与消费者进一步沟通，严重损害了其自身的企业形象。

企业社会责任信息除了形式上具有互动性外，还需要在内容上进一步注意信息的互动性与创新性。随着责任消费意识的提升以及社交媒体引发的网络关系去中心化、去中介化的演变，简单地在社交媒体中发布企业社会责任信息很难让利益相关者感知到企业的责任感，并对这种"自我推销"式的沟通产生怀疑（Pomering & Johnson，2009）。莫尔斯和舒尔茨（Morsing & Schultz，2006）根据互动性的程度将企业社会责任传播分为利益相关者信息策略、利益相关者应对策略和利益相关者参与策略，充分肯定在企业社会责任传播中利益相关者参与性与互动性的重要性。具有互动性企业社会责任信息才能更好地吸引利益相关者的关注，并在互动中有效降低质疑点。除此之外，企业社会责任的形式与内容的创新性也变得十分重要，较之传统媒体环境，在社交媒体中消费者接触的信源与信息更加多元化，企业需要在内容上进一步创新。如现在中国石油化工集团（简称中石化）等企业纷纷使用 H5 的形式发布企业社会责任报告。在内容上的创新更多地要求信息内容与当下的热门事件紧密联系。

第五节　本章小结

企业社会责任可以帮助企业更好地吸引新客户、影响市场、增加产品销售，同时进一步强化消费者对品牌的认同。美国企业社会责任网络调查发现，企业社会责任行为有助于提升企业在消费者心中的关注度与美誉度。75% 的受访者表示企业社会责任行为可以帮助品牌与竞争对手形成差异化，38% 的受访者表示愿意支付更高的价格来购买具有附加社会价值的产品。由于传播不到位导致人们对企业社会责任的意识比较弱（Du et al.，2010），同时当企业对企业社会责任行为大肆宣传时，又会导致人们的质疑（Forehand & Grier，2003；Yoon et al.，2006）。

媒体在企业社会责任传播中发挥着重要作用，扮演着传播者、沟通者以及瞭望者与监督者的角色。社交媒体的互动性、即时性、扩散性、开放性以及精准性为企业社会责任传播提供了优质的土壤，进一步拓宽了企业社会责任传播的渠道。但是社交媒体也使得企业的社会责任行为变得透明与有迹可循，同时也更易引发利益相关者的质疑并导致负面性的信息被快速扩散，加之茧房效应，企业如何利用社交媒体取得传播与消费者认可的平衡是企业面临的重要问题。

社交媒体对企业社会责任传播提出了更高的要求，企业需要在企业社会责任信息的互动性与创新性上进一步提升，同时需要进一步探究其他的传播效果影响因素。

第三章

社交媒体中企业社会责任传播影响因素探析

第一节　企业社会责任传播效果传统内部与外部评价指标的确认

由于企业社会责任传播中涉及的利益相关者众多以及企业社会责任的研究视角及学科十分广泛,传播效果的衡量指标较为宽泛与复杂,同时也无一致性的指标。如有研究以企业的财务绩效为标准,从利益相关者(包含股东、客户、员工、商业伙伴、社区)的视角来探究企业社会责任对企业财务绩效的影响(Torugsa, O'Donohue & Hecker, 2013)。也有研究从企业争取合法性(Palazzo & Richter, 2005; Givel, 2007; Du & Vieira, 2012)、减少或降低政府立法规制(Barracfough & Morrow, 2008)、与当地社区建立起了良好的长期合作关系(Hess, 2002)等视角来探讨。

基于研究问题与研究目的,本研究的企业社会责任传播效果的衡量指标主要基于消费者的响应。在消费者响应的基础上不同学者依然根据自身研究目的采取不同的维度来阐释传播效果,如王瑞等(2012)用四个维度来概括消费者响应企业社会责任行为,分别是关注、信任、企业评价和购买意愿。邓新明等(2011)归结为抵制、质疑、无所谓、赞赏与支持。基于巴塔查里亚和森(Bhattacharya & Sen, 2001)研究基础上,本研究将企业社会责任传播效果分为内部与外部评价指标,前者更多的是基于消费者心理认知响应,其并不会直接显现出来,而后者更多的是基于消费者的外在行为与企业现实的数据。较之内部的评价指标,外部评价指标更加的明显与直观。

一、企业社会责任传播效果传统内部指标

企业社会责任传播效果的内部指标主要基于消费者内部响应,其是当前企业社会责任传播主要研究内容,本研究主要基于心理学情绪 ABC 理论(activating event 激发事件,belief 信念,consequence 行为后果)将内部指标分为消费者的知晓以及情感。

(一)企业社会责任知晓水平(awareness)

莫尔斯(Morsing,2003)指出企业社会责任传播困境之一便是消费者对企业社会责任传播的知晓水平较低,即消费者未意识到企业开展了企业社会责任传播活动。消费者对企业社会责任较低的知晓水平是阻碍企业社会责任回报的重要因素。巴塔查里亚(Bhattacharya,2004)认为如果消费者对企业的社会责任实践没有了解,则企业将不会从社会责任投入中获得市场回报。道金斯(Dawkins,2005)的研究发现消费者渴望了解更多的企业社会责任信息,当消费者了解企业开展的社会活动,会激发其对该企业的关注并影响其购买决策。因此企业社会责任知晓水平是企业社会责任传播效果中的重要指标之一。

消费者的企业社会责任知晓水平受到众多因素的影响,企业社会责任主题的信息、信息量、网页的层次结构、信息组织结构等因素都会对消费者了解社会责任行为带来影响。此外李海芹(2009)、赵顺发(2011)指出人口统计学变量也会对消费者的企业社会责任认知产生影响。

(二)对企业社会责任行为的情感感知

1. 消费者对企业社会责任行为的价值感知

消费者感知价值是人们在获得产品或是服务时所得与付出权衡之后的总体评价,是衡量消费者对企业品牌及其产品评价的重要变量(Monroe,1990)。帕克(Park,1986)将其分为功能性价值、体验性价值和象征性价值三个维度。谢思和纽曼(Sheth & Newman,1991)将消费者感知价值划分为功能价值、认知价值、情感价值、社会价值以及情景价值五个维度。

在企业社会责任传播中,价值感知是传播效果的重要研究变量。消费者对企业社会责任行为整体的价值感知是指消费者在将企业社会责任行为不同层次的价值维度的具体绩效进行通盘考虑、比较的情况下,基于自己的价值偏好

所进行的综合权衡(姚作为,刘人怀,2012)。价值感知是消费者和企业个体特征以及社会事业相互作用的结果。消费者对企业整体的价值感知过程是消费者结合可诊断性存在差异的企业经济信息(如产品质量信息)与企业社会信息(如企业社会责任信息)的直觉推理与综合权衡过程(Bettman et al.,1998;Herr et al.,1991;姚作为,刘人怀,2012),企业社会责任行为会影响消费者的价值感知(江亚男,2020),消费者对企业社会责任信息感知价值越高,对其品牌认同度也会相应提高。

2. 消费者对企业社会责任传播的信任度

由于企业盈利性与社会责任公益性的冲突,极易造成消费者对企业本身及企业社会责任信息的怀疑或者不信任。造成消费者怀疑态度的来源,既有对企业所传播的参与社会事业的活动信息的真实性的怀疑,如对企业在社会事业上的投入以及取得成果的怀疑,同时也有对企业参与意愿、动机和能力的怀疑(刘凤军等,2010)。波默和多尔尼恰尔(Pomer & Dolnicar,2009)发现企业社责任传播策略会影响消费者的怀疑水平,不要过于主动传播,同时通过第三方媒介渠道传播,可以降低消费者的怀疑倾向。波默林和约翰逊(Pomering & Johnson,2012)指出企业社会责任信息内容框架会影响消费者的怀疑水平,如社会议题的信息、企业对社会责任承诺信息、社会责任实践效果信息。施梅尔茨(Schmeltz,2013)指出在企业社会责任传播中重点强调对企业执行能力、道德观念和承诺等信息传输可以提高消费者对企业的信任度,有效地减少消费者对企业社会责任信息的怀疑。

3. 消费者对企业社会责任传播的动机归因

消费者对企业社会责任传播的动机归因会受到信息框架、社会事业选择以及传播策略的影响,同时动机归因也会进一步影响消费者对企业的态度以及行为,因此动机归因是企业社会责任传播效果中的重要指标与环节。

有研究认为,企业社会责任传播会给企业带来负面效应,如引起消费者的质疑(Skarmeas et al.,2013)与批评(Schlegelmilch & Pollach,2005),消费者认为企业是为了自身的利益(Banerjee,2008)。当企业之后有不负责任行为,其之前的企业社会责任传播会有变本加厉的反效果(Pashupati et al.,2002;Wagner,Lutz & Weitz,2009)。都(Du,2010)认为,消费者会接受企业社会公益存在营利动机。王颖晖(2014)指出,企业社会责任信息透明度会影响消费者对企业社会责任的动机感知。贝克尔·奥尔森(Becker-Olsen,2005)认为企业与社会事业的匹配度会影响消费者的动机归因,低匹配度更易导致利己归因。汪涛等(2008)研究发现,物资捐赠比同等数额的货币更可能弱化消费者的利己归因。有一些学者则认为消费者对企业社会责任动机的归因更倾向于混合的动机(利他、利己动机同时存在)。

价值感知、信任度与动机归因三个企业社会责任传播的内部指标并非完全独立与相互割裂,而是相互影响的。孙等(Sun et al.,2017)指出消费者对企业社会责任的知晓程度会影响企业可信度的感知。同时信任度与动机归因相互影响,福汉德和格里尔(Forehand & Grier,2003)认为利他动机确实可以提高社会责任的可信程度。狄俄尼索斯和康斯坦丁诺斯(Dionysis & Constantinos,2013)研究发现,自我驱动(利己)归因和利益相关者驱动(利他)归因会增加消费者对企业社会责任信息的怀疑。

二、企业社会责任传播效果传统外部指标

企业社会责任传播效果的外部指标一直是企业社会责任传播研究的重点,与内部指标相对应,外部指标主要是基于消费者对企业社会责任传播的外部响应。外部响应研究主要聚焦以下几点:如消费者的品牌态度与购买意愿(Jeong,Paek & Lee,2013)、企业形象(Blombäck & Scandelius,2014;Tata & Prasad,2015;Morsing,2006)、企业竞争力(Wu,Lin & Lin,2013)与品牌资产(Hur,Kim &Woo,2014)、消除负面影响等(Arvidsson,2010;Nielsen & Thomsen,2012;Klein & Dawar,2004)。

克莱恩和格洛泽(Crane & Glozer,2016)指出,企业形象提升、态度与行为改变、认同与意义建构是企业社会责任传播效果的重要外部指标。本研究基于以上研究,将企业社会责任传播效果的指标主要分为:企业声誉度、消费者的品牌态度与购买行为、消费者的品牌忠诚。

(一)企业声誉度

企业声誉度是消费者经过长期的品牌消费而形成的对该品牌的综合印象和预期(Herbig,1993)。对于企业社会责任传播对企业声誉度的影响,学者们的意见较为一致,即企业社会责任传播可以提高利益相关者对企业社会责任实践的意识,提升企业的声誉,塑造良好的企业公民形象(Tata & Prasad, 2015; Morsing, 2006)。企业社会责任出纳部具有溢出效应,有效减少危机对消费者的负面影响(Merrin, Hoffmann, & Pennings, 2012),在危机时降低愤怒与负面的口碑传播(Bolton & Mattila, 2015; Joireman et al., 2015)。李新娥、彭华岗(2010)以2008年中国企业前100强为例发现企业社会责任信息披露水平越高,企业声誉度得分也越高。李海芹、张子刚(2010)认为企业履行社会责任能引发消费者关注,进而影响企业声誉。卡罗尔和布赫霍尔茨(Carroll & Buchholtz, 2009)认为企业在社会责任信息传递的过程中塑造自己的形象,可以提升企业声誉。沈洪涛、王立彦、万拓(2011)通过对沪深两市上市公司的实证研究发现,社会责任信息披露有助于在消费者中树立良好的口碑,提升企业声誉。

(二) 品牌态度与行为意愿

消费者的品牌态度与行为意愿是测量企业社会责任传播效果研究的重点。大部分研究认为企业社会责任传播可以提升品牌态度,加强公众与企业之间的关系(Hall, 2006),增强企业在消费者心中的合理性(Du & Vieira, 2012),使消费者对企业产生更为积极的态度(Bhattacharya & Sen, 2010)。除了品牌态度外,Krisch(2017)验证了企业社会责任中的广告信息可以对消费者的购买行为产生影响。栾和许(Nan & Heo, 2007)通过对照实验研究结果表明与普通企业广告信息相比,植入了企业公益活动信息的广告更能够激发消费者的购买意愿。库拉斯—泰雷斯等(Currás-Térez et al., 2009)发现企业社会责任信息能提高消费者的品牌认同度,并提高品牌的形象与购买意愿水平。卢正文(2012)则通过上市公司的数据验证了企业捐赠行为对销售增长有显著的积极影响。同时消费者的品牌态度正向影响产品购买意愿(刘建花,2014)。但是也有研究认为企业社会责任传播不会对消费者的态度与行为产生显著影响,如巴塔查里亚和森(Bhattacharya & Sen, 2004)研究发现,消费者并不会将企业社会责任作为购买行为的决策因素。

(三) 品牌忠诚度

消费者忠诚是由于某一些因素消费者对企业的品牌或产品在心理或态度

上产生的一种行为偏好(Jacoby & Chestnut，1978)。品牌忠诚度体现了消费者对企业的深度情感和依赖，以及消费者对品牌的偏向性。品牌忠诚度是消费者响应企业社会责任的重要形式(Bhattacharya，2004)。品牌忠诚度的具体表现包括良好口碑的传播、将该产品作为购买的第一选择、增加购买量、向他人推荐等(刘建花，2016)。钱钰(2018)、刘海波(2012)、Miller(2002)指出企业社会责任传播会正向影响消费者对品牌的忠诚度。周祖城(2007)、都(Du，2007)指出企业社会责任活动可以建立与获取消费者忠诚。卡斯塔尔多克塔尔(Castaldoctal，2008)认为企业只有积极履行企业社会责任才会使消费者对企业展现品牌忠诚。邓德军和蒋侃(2011)认为无论周期的长短，企业社会责任都直接或间接地影响着消费者的忠诚度。李相静(2011)认为制度型更能影响消费者的忠诚度。消费者参与企业社会责任活动的深度与持续度会正向影响消费者对品牌的口碑推荐(Chu, Chen & Gan, 2020)，品牌认同起中介作用(田敏，2020)，陈鹏会(2014)也认为企业社会责任正向影响消费者的品牌忠诚度，同时指出企业认同在企业社会责任活动对品牌忠诚的影响中起中介作用。

消费者对企业的以上三种外部响应也不是孤立的。首先，品牌声誉度与品牌忠诚度有显著正相关性。品牌声誉度的提高会增加消费者的品牌忠诚度；品牌声誉降低，则会削弱消费者对品牌的忠诚度(Tang，2007；王广伟，2008；Marin et al，2009)。其次，品牌忠诚与购买行为息息相关，奥利弗(Oliver，1999)首次提出品牌忠诚度时指出，其是消费者对某一品牌表现出的持续反复的购买行为。当企业拥有一个忠诚的消费者，在口碑效应的影响下将会产生八个潜在消费者。最后，品牌的声誉度与消费者的购买意愿会相互影响。

消费者对企业的内部响应与外部响应指标共同构成了企业社会责任传播效果测量的指标，也是当前众多研究的重点内容。但是以上企业社会责任传播效果研究中更多关注于企业社会责任传播对企业的影响，如主要基于计划行为理论集中于品牌态度、购买意愿及购买行为(Chang，2012；Westberg & Pope，2014)却忽略了在社交媒体中信息的在线传播。巴塔查里亚和森(Bhattacharya & Sen，2004)研究发现，即使消费者不将企业社会责任作为购买行为的决策因素，也会对履行社会责任企业采取其他积极响应行为，如将对这些企业的良好印象告诉给他们的朋友、家人和同事们，向他们推荐这些企业。

向他人推荐的行为是个体对组织认同的一种主要行为体现。在社交媒体环境下这种推荐性的一个重要体现就是在社交媒体中进行积极转发,利用自身的社交账号为企业社会责任行为进行在线口碑传播。因此需要建立适应社交媒体特征的企业社会责任传播效果指标。

第二节 社交媒体中企业社会责任传播效果评价指标体系建构

企业社会责任传播效果评价指标体系是由企业社会责任传播效果各方面特性及其相互联系的多个指标所构成的具体内在结构的有机整体。传统传播效果衡量指标一方面忽视了消费者在社交媒体中的二次传播行为——点赞、评论、转发等,而二次传播行为可以有效促进企业社会责任信息在社交媒体中裂变式传播,扩大信息影响力。另一方面各个指标之间的区隔度不够清晰,部分存在相互重叠之处。

在社交媒体环境下信息获取与发布具有便捷与虚拟性,这极大地促进了企业与消费者交流互动,同时也为企业与消费者的实时互动打破了时空界限,消费者可以更加方便地参与到企业社会责任传播活动中,如及时进行阅读、转发、评论等信息行为(钱玲,2015)。消费者在线参与传播行为可以有效弥补企业与消费者之间的信息不对称,为企业在社交媒体中社会责任信息传播提供了无线可能性,一方面可以有效规避消费者对企业社会责任信息关注度较低,企业社会责任信息成为自说自话——浏览量、转发亮与评论量较低,无法发挥应有的作用。借助消费者在社交媒体中的口碑传播使企业社会责任信息尽可能影响更多消费者。另一方面借助传播者与消费者之间的关系强度与社交黏性,又可以有效降低消费者对该类信息的排斥感,提高信息的可信度与接受度(李东进、金玉华、秦勇,2005),进而促使企业社会责任信息以几何数量翻倍地传播出去,产生涟漪效应(ripple effect)。而普通消费者生成的传播内容既可以对其他信息接收者产生说服效应,又可以促使其进一步加深对企业社会责任信息的理解。因此企业应该重视社交媒体中消费者对企业社会责任传播的参与。因此以该类指标作为传播效果的研究显得势在必行。本研究将在已有研究的基础上对企业社会责任传播效果的评价指标进行整合与延伸。

一、企业社会责任传播效果评价体系的维度建构与指标选取来源

本研究将基于广告效果理论 AIDAS 模型以及认知、态度和行为三个效果层级对企业社会责任传播效果评价指标体系进行建构。AIDAS 模型是由艾尔莫·里维斯(Elmo Lewis，1898)提出的，由 AIDA 法则延伸而来，每个字母分别代表 attention（注意）、interest（兴趣）、desire（欲望）、action（行动）、satisfaction(满意)，广告信息要实现预期效果需要引起消费者注意(A)，使消费者感兴趣(I)并产生需求(D)和购买行动(A)。该理论将落脚点集中具体人或集体的需求上，AIDAS 原理具有两大特点：指向性和集中性。所谓指向性，表明的是人的心理活动所具有的选择性，即在每一瞬间把心理活动有选择地指向某一目标，而同时离开其他对象。集中性是指人的心理活动只集中于少数事物上，对其他事物视而不见，听而不闻，并以全部精力来对付被注意的某一事物，使心理活动不断地深入下去。在网络媒体中该理论被进一步延伸为 AISAS 评估理论模型，即注意—兴趣—搜索—行动—分享（attention—interest—search—action—share），search（搜索）和 share（分享）的出现充分体现了互联网的背景特质。同时社交媒体赋予消费者与企业更多进行互动的机会，该模型在社交媒体环境中进一步延伸为 SICAS 模型(sense—interest & interactive—connect & communicate—action—share，即互相感知—产生兴趣与互动—建立连接与互动沟通—促成行为—扩散分享)。以上理论的节点为企业社会责任传播效果提供了重要的参考。

巴塔查里亚和森(Bhattacharya & Sen，2001)将消费者对企业社会责任传播的响应分为内部响应与外部响应，本研究也依然将企业社会责任传播效果分为内部与外部两个维度，同时各维度下研究指标的初步选取将基于前人的研究成果，尽可能全面囊括各方面可能会产生影响的指标。

二、企业社会责任传播效果评价体系的建构原则

企业社会责任传播效果评价体系是一个完整的体系，为了使评价体系更具完整性与可实施性，在评价体系建构的过程中应当遵循一定的原则。具体如下：

（1）系统性原则：评价指标体系的指标应涵盖企业社会责任传播效果的各方面内容，其共同构成了企业社会责任传播的效果，形成一个不可分割的整体系统。所有的指标同属于一个体系，共同构成了完整的评价指标体系。

（2）科学性原则：企业社会责任效果评估指标体系中指标的选择设计、指标权重的确定、数据的选取都要以前人的研究成果以及相关的科学理论为依据。所选指标应尽量能够利用已有的各种公开统计信息资料。

（3）代表性原则：企业社会责任的效果指标具有多样性，已有的各种研究也体现这种多样性。在此选择指标时要把握企业社会责任传播效果的本质，将其落脚在传播与效果上，选取最关键与最具代表性的指标。指标过于冗杂或过于强调面面俱到反而会影响评估效果。

（4）可比性原则：企业社会责任传播指标体系下的内部响应与外部响应下的各指标应该有统一口径，使其能在同一标准下进行比较，反映企业社会责任传播的实际情况。

（5）独立性原则：企业社会责任传播指标所选取的每个指标应相对独立，指标之间不能重复、兼容或者重叠，即各个指标之间的共线性不应太强。

（6）可操作性原则：企业社会责任传播指标评估体系中的所有指标要有明确的内涵，确保定义的简明与科学，确保所有指标都能够被观测和测量。

本研究将在以上六个指标选取原则的基础上进行企业社会责任传播效果指标的选取，使得指标体系具有一定的科学性与可操作性。

三、企业社会责任传播效果评价体系的指标阐释

（一）一二级指标的确认

消费者对企业社会责任传播的内部响应依然是基于 ABC 理论从知觉与情绪两个视角来阐释，其中知觉主要探讨消费者是否注意以及了解企业社会责任信息，而情绪则主要基于消费者对企业社会责任信息加工后产生的情感反应，主要从对信息的信任度、企业的动机归因以及产生的品牌态度三个角度进行阐释。消费者对企业社会责任传播的外部响应则是充分考虑了消费者在社交媒体中的行为表现，总体分为线上行为与线下行为两个部分。其中线下的行为从消费者对产品与社会事业两个视角进行阐释，线上行为则主要从互动度的视角

进行阐释。

企业社会责任传播效果的一二级指标主要有：①消费者对企业社会责任传播信息的知觉：1—注意度，2—知晓度；②消费者对企业社会责任信息的情绪：1—信任度，2—动机归因，3—品牌态度。消费者对企业社会责任传播的外部响应的一级指标主要有：①线下行为：1—产品购买意向，2—社会事业的行为意向；②线上行为：互动度。

（二）指标阐释

1. 三个一级指标阐释

知觉是企业社会责任信息作用于消费者的感官而在头脑中产生的对事物整体的认识。信息接触是消费者对品牌企业社会责任传播知觉的先决条件，而信息曝光是消费者接触企业社会责任信息的主要方式。

消费者对企业社会责任信息的情绪是指消费者通过综合性信息进行整合与加工后对品牌及相关信息发生反应的习惯性倾向，是形成消费者品牌行为的基础，其是丰富与综合的概念。

消费者对企业社会责任信息的行为是消费者在信息加工之后具体行为的外在表现，在社交媒体环境下消费者的具体行为可以分为线上行为与线下行为两类。

2. 重要二级指标阐释

企业社会责任信息注意度：该指标主要参考广告的注目率，体现的是指消费者对企业社会责任信息的注意程度，其是企业社会责任信息对消费者施加影响的基础，受到信息发布媒体以及信息的主题以及传播策略等因素的影响。

企业社会责任信息认知度：该指标主要参考品牌认知度，是企业社会责任信息直接作用于消费者的感觉器官，是消费者对企业社会责任信息整体的反映。

信任度：由于企业社会责任信息的特殊性易导致消费者对相关信息产生怀疑。消费者对企业传播的企业社会责任信息所产生的信任程度是个复杂多维度的心理认知结构，也是消费者的主观判断与评价，受到企业本身以及信息的共同影响，其既可以是理性判断的结果，也可以是简单的感性判断。

动机归因：归因是指人们对自己或他人的行为进行分析，推论出这些行为的原因的过程。海德将人们行为的原因分为内因和外因两种,凯利(Kelley,1967)则提出三度归因,即归因于行为者、归因于客观刺激物(行为者对之做出反应的事件或他人)、归因于行为者所处的情境或关系。因此消费者对发布企业社会责任信息的企业动机会进行相应的归因。

品牌态度:指消费者通过学习和强化习得的以一种喜欢或不喜欢的方式对品牌发生反应的习惯性倾向,是形成消费者的品牌行为(如品牌选择)的基础,表现了消费者对一个品牌的总体评价。在企业社会责任信息传播后,消费者可以基于相关传播信息形成相应的品牌态度。

购买意向:购买意向(purchasing intention)是指消费者购买商品的倾向性。消费者实际购物行为的指示信号,展现了消费者愿意采取特定购买行为的概率高低。穆勒(Muller,1991)认为消费者的品牌态度加上某些外在因素共同构成了消费者的购买意愿,其是预测消费者购买行为的重要指标。

社会事业的行为意向:意向是指人们对待或处理客观事物的活动,表现为人们的欲望、愿望、希望、谋虑等行为反应倾向。在企业社会责任传播中企业会选择特定的社会事业,消费者通过传播会对社会事业产生的参与或者支持的倾向性。

互动度是衡量消费者因信息传播而卷入程度的指标。互动是新媒体的重要特征,媒体通过互动了解用户的想法,媒体也因为互动而产生内容的变化。研究包含了新媒体六大平台下的用户评论数;新媒体转发、点赞、收藏、打赏、分享至其他平台等。此外是否因此产生新的话题,导致二次传播也在整体考量范围之内。

第三节　企业社会责任传播过程影响因素确认与维度划分

当前企业社会责任传播面临的两大问题:利益相关者意识不到企业的社会责任行为和对企业的社会责任持怀疑态度(Etter & Plotkowiak,2011)。由于传播不到位导致人们对企业社会责任的意识比较弱(Du et al.,2010),同时当企业对企业社会责任行为大肆宣传时,尤其宣传费用远高于其用于企业社会责任的费用时,又会导致利益相关者的质疑(Forehand & Grier,2003;Yoon et al.，2006)。因此有效探索影响因素进而提高传播效果变得十分重要。

金和弗格森(Kim & Ferguson，2018)指出企业社会责任传播具有六个维度：①传播的信息量，企业社会责任传播的相关信息量是否充分，是否能够帮助利益相关者获取企业完整真实的企业社会责任开展情况；②权威的第三方认可的信源，信源是影响企业社会责任传播效果的重要因素，企业所传播的社会责任相关信息如果有权威的第三方认可，可以为保证传播内容的真实性提供有效的背书效应；③与利益相关者个人相关性，企业社会责任传播的内容和方式需要充分考虑接收者的需求，加强与其之间的关联性，以此更好激发消费者对企业社会责任信息的兴趣和有效关注；④传播的真实性，企业社会责任传播中的内容表述应该尽量实事求是，避免过分夸张和刻意包装，营造真实可靠的传播基调，以此获取消费者的信任；⑤一致性，企业主动发布的社会责任传播和其他渠道传递的企业社会责任传播信息能够保持一致，此外企业前后发布的企业社会责任信息也应该尽量保持一致性，应该避免给消费者留下虚伪的印象；⑥信息的透明度，企业社会责任活动或履行情况需要对外进行透明呈现，借助多种企业社会责任传播渠道和内容，向利益相关者传播企业社会责任相关活动的实时进展和透明改变，避免由于信息传播不够透明而造成的"黑箱操作"印象。这六个维度形象地说明了企业社会责任传播过程中六个要素对传播效果的影响，除此之外其他的学者也从各自的角度指出了相关要素。

由于学者们从不同角度提出了众多影响传播效果的因素，本部分将从传播过程的视角对相关影响因素及维度进行梳理。

一、信源

企业是社会责任信息传播的信源与主要发起者，信源是影响传播效果的重要变量。企业自身的特征如企业的规模、声誉等都会对传播效果产生重要影响，如阿维德森(Arvidsson，2011)认为规模大的公司由于受到更多的公众关注与监督，相比规模小的公司，其发布的企业社会责任信息能获得更高的认可度。对信源的衡量中企业的声誉度和企业履行社会责任的形象是重要的维度。

（一）企业的声誉度

企业声誉是利益相关者对企业的认知、评价和情感联系，是对企业过去行为与能力的总结（Gardberg & Fombrun，2002），其可以分为企业所在行业的声誉度与企业自身的声誉度。如烟草、石油等争议性行业的企业声誉度更低，也更容易引发利益相关者的质疑。巴默和帕维尔尼（Barmmer & Pavelni，2004）的研究显示在不同的行业条件下企业社会责任与企业声誉的相关关系可能会有差异。

企业社会责任传播与声誉度是相互影响的，一方面企业社会责任行为可以提高企业的声誉度（Hsu，2012；Kim，Hur & Yeo，2015；Park，Lee & Kim，2014）。另一方面，企业的声誉度也会影响企业社会责任传播效果（Kim，2014）。声誉度会影响企业作为信源的可信度，而高可信任度的信源会提高企业社会责任传播的效果。而低声誉度的信源发布的企业社会责任信息其传播效果则会被削弱甚至对企业产生反作用，对企业带来负面影响（Yoon et al.，2006）。同时也有研究发现在声誉度处于中间位置的企业较之较高位置的企业更易获得良好的企业社会责任传播效果（Strahilevitz，2003）。

（二）企业履行社会责任的形象

由于在传播过程中存在信息不对称的问题（McWilliams，Siegel & Wright，2006），企业过去的企业社会责任记录会成为消费者在加工企业社会责任信息时重要的诊断性线索（Guardian，2006）。当一个企业在过去履行企业社会责任中劣迹斑斑，即使其不断地强调此次自己要如何在社会事业中努力，消费者也很难会相信其言行，认为其不过言过其实。反之企业在履行企业社会责任方面成绩突出，则比较容易获得消费者的信任。

二、信息传播内容

信息传播内容是目前企业社会责任传播研究中最多的一个领域。对于企业在社会责任传播中应该传播什么信息以及如何传播，过去的研究已经指出信息内容的重要性（Morsing & Schultz，2006），但是对什么样的内容传播效果最好并未形成定论。

（一）企业与社会事业的匹配

社会事业（social cause）是社会建设和社会服务事业，包括教育事业、医疗卫生、劳动就业、社会保障、科技事业、文化事业、体育事业、社区建设、旅游事业、人口与计划生育。在企业社会责任中社会事业是企业帮助或者合作的对象。

都等(Du et al.，2010)指出，匹配指的是企业与社会事业之间的一致性，而匹配可以分为横向与纵向两个维度。企业与社会事业的横向匹配可分为形象匹配与功能匹配(Alcañiz，Cáceres & Pérez，2010；Trimble & Rifon，2006；袁海霞和田虹，2014)。形象匹配是指消费者感知到的企业支持社会事业的历史、传递的价值观以及企业长期的某些经营理念与所支持的社会事业的一致性(Pracejus & Olsen，2004；Ruth & Simonin，2003)，两者具有形象的相似性，也称为间接相关(Benezra，1996)。功能匹配指产品的某些特色、企业的日常业务活动与所赞助的社会事业具有互补性或相关性(Trimble & Rifon，2006)。切伦和科尔巴赫(Chéron & Kohlbacher，2012)以及袁海霞(2014)的研究均认为功能性匹配的效果更好。纵向匹配是指匹配度的高低。

消费者对含有社会事业的信息的态度受到其对企业与社会事业之间的匹配度的调节(Sen & Bhattacharya，2001)。但是匹配度对企业的影响并无一致性的结论。大部分学者认为与低匹配相比，可感知的高匹配的企业社会责任更能改善消费者对品牌评价(Kuo & Rice，2015；Ham & Han，2012；Becker-Olsen et al.，2006；Dickinson & Barker，2007)，加强品牌的可信度(Yechiam et al.，2002)，改善品牌态度(Nan & Heo，2007)与提升企业形象(Sohn，Han & Lee，2012)，并提高消费者的购买意图(Gupta & Pirsch，2006)。但拉弗蒂(Lafferty，2009)指出企业与社会事业的匹配度并不会影响消费者对品牌的态度与购买意愿。如果企业过分追求高程度的功能匹配则可能让消费者感觉企业是在利用社会事业(Kim，2011；Barone，Miyazaki & Taylor，2000)，此时低匹配度的效果更好(Kim & Choi，2012)。以上研究更多关注于普通的行业，将争议性企业与社会事业的匹配度纳入测量的研究还比较少(Wang et al.，2016)。

（二）信息内容类型

针对同样的社会事业，企业会采取不同的信息内容类型加以传播。企业社会责任信息具有不同的分类方法。科特勒和李（Kotler & Lee，2008）将企业慈善层面的社会责任分为：企业公益事业宣传、企业公益事业关联营销、企业社会营销、企业慈善行为、社区志愿者活动、对社会负责的社会实践。麦克威廉姆斯等(McWilliams et al., 2006)将企业社会责任信息分为说服性与说明性两类。前者意在说服消费者采取某种行为,使消费者赞同企业的观点以此增加产品销量,如促使消费者对其具有社会责任性的产品产生积极的购买意愿或者对其企业产生良好的态度。而后者主要是传播企业的理念与观点以及企业在社会责任方面所作出的贡献,其主要目的是建立企业良好的形象。这也是后来研究者经常使用的信息分类方式。较之说服性的信息,说明性的信息传播效果更好(Samu & Wymer, 2009, Wang et al., 2016),这是由于说服性的信息很多是为了增加自身的利益(Westberg & Pope, 2014;Kotler & Lee, 2008)或者利用与榨取社会事业(Salmones, Dominguez & Herrero., 2013; Bigné-Alcañiz et al., 2012)。萨缪和怀默(Samu & Wymer, 2014)则根据企业社会责任信息表现形式的不同,将其分为信息型与购买型两类(information/buy),并证实信息型的传播效果更好。

(三)信息内容的突出性与侧重点

众多研究指出信息内容的突出性会影响企业社会责任传播的效果,这是由于其会影响消费者对企业的动机归因。安河内和坂口(Yasukochi & Sakaguchi, 2002)指出消费者在面对企业社会责任信息时更多地只会关注主要的信息,当在企业社会责任信息中品牌占据主要地位时,消费者会认为这是一个品牌广告或者品牌的公关活动,进而对其动机进行推测,认为其是自私的(Stuart, 2004),而当社会性信息处于主导位置时,消费者会认为企业主要在履行社会责任,是为了帮助社会事业(Menon & Kahn, 2003),进而对企业进行利他动机归因(Posavac, Herzenstein & Sanbonmatsu, 2003)。此外企业在社会责任传播中强调自身信息时,信息侧重点也会影响传播效果,如企业对社会事业的参与、企业的社会责任活动取得的成就与影响。强调企业社会责任活动取得的影响是传播中重要的沟通策略,较之企业正在进行的活动,已经取得成就是既定事实,其成为消费者重要的诊断性线索(Sen, Du & Bhattacharya, 2009; Du et al., 2010)。利音和延群(Liyin & Yanqunz, 2018)指出当企业在企业社会责任传播中侧重描述捐助总数时,会让消费者感知到企业具备履行社会责任的资源和能力;而当企业侧重描述捐助的频率时,则更能让消费者感知到企业的诚意和做善事的持续性,因而消费者的购买意愿更高,也更愿意积极推荐该公司产品。

除以上三点外,还有学者对信息内容的具体表述方式的传播效果进行了研究。朱翊敏(2014)指出,信息陈述顺序对消费者响应也有显著影响,当企业将产品信息放在慈善信息前面时,消费者对待信息的态度更积极。斯柯特等(Scott et al.,2017)认为,企业进行信息沟通时应尽量采用具体的信息,因为细节化的描述更能打消消费者的疑虑,减少负面影响。

三、信息传播渠道

媒介或者信息传播渠道会影响到企业社会责任传播的效果(Morsing & Schultz,2006;Morsing et al.,2008;Schlegelmilch & Pollach,2005)。目前企业进行企业社会责任传播的渠道主要有公司年报、企业社会责任报告、官方网站、广告(Birth et al.,2008;柳学信、孔晓旭、孙梦雨,2019)。但当前社会责任报告的沟通效果差,阅读量不足是其主要表现,90%的人都没有看到报告(殷格非,2018)。金(Kim,2016)指出消费者主要通过企业网页或大众传媒来了解企业社会责任。伴随着网络技术的发展,企业的网站、微博账号、微信账号都成为企业传播社会责任的重要载体(Chaudhri & Wang,2007;Esrock & Leichty,2000;Fukukawa & Moon,2004;Pollach,2003)。中石化就在尝试运用新媒体与社会公众进行沟通,还制作了 H5 广告,试图通过适合手机阅读的动画方式让更多人了解企业的社会实践情况。

可是各个渠道对传播效果的影响目前却无一致性结论。一方面,企业对渠道的控制权不同。对于企业创建的沟通渠道(如网站、社会责任报告),企业可以全权控制发布的内容,但对于外部的沟通渠道(如媒体、消费者发布的评论等),企业的控制权则小得多。金和弗格森(Kim & Ferguson,2014)指出,消费者更为喜欢企业自控一些渠道如企业网站或者企业开展的一些活动,而不喜欢一些非企业自控的媒介如新闻媒体、专家的微博与博客。而其他一些学者则持相反意见,巴塔查里亚和森(Bhattacharya & Sen,2003)与尹等(Yoon et al.,2006)指出当渠道对于企业而言越不可控,其发布的企业社会责任信息的可信度越高,反之亦然。格鲁伯等(Gruber et al.,2017)则认为一些渠道较之企业内部沟通渠道而言,其更能获得消费者的信任。波默林和多尔尼恰尔(Pomering & Dolnica,2009)指出企业社会责任报告与企业网站由于能够接触到的消费者有限而传播效果有限,而广告则不同。但是尼尔森与汤姆森(Nielsen & Thomsen,2012)则指出广告不是一个发布企业社会责任信息的良好渠道,这是因为企业更多的费用支付在广告上而非社会事业上。

其次,渠道之间的互动性不同。社交媒体的双向互动性的传播与传统的企业社会责任报告、广告宣传等单向的信息传播活动具有明显的区别。在双向互动中,消费者可以与企业进行互动甚至参与到传播活动中,其会迅速影响到企业社会责任传播的行为,并促使企业根据消费者的反应采取下一步行为(Beckmann et al.,2006),而在后者中消费者扮演着更多的是倾听者的角色(Podnar,2008)。60%的消费者认为社交媒体是企业发布企业社会责任信息的合适平台(Gomez,Chalmeta & Sosa-Varela,2016),方(Fang,2015)也通过实证研究证实了相比线下的传播,线上的传播渠道对消费者的购买行为和品牌满意度的影响更明显。

最后,道金斯和珍妮(Dawkins & Jenny,2005)认为有效的企业社会责任传播要同时阐明企业的机会和危机,同时需采用多种方法与渠道组合进行传播。

四、信息接收者

企业社会责任信息传播的信息接收者较为广泛,主要包括投资者、员工、顾客、合作伙伴、政府、媒体等利益相关者,这些利益相关者的关注点与侧重点各不相同。如投资者会借助企业社会责任报告中披露的非财务信息,对企业的经营业绩做出更全面的判断。而普通消费者则对企业发布的广告宣传等更感兴趣。鉴于本研究的研究对象与问题,主要针对普通消费者进行分析。

信息接收者的人口统计学变量(Ailawadi et al.,2014)、个人的集体主义观念(Robinson,Irmak & Jayachandran,2012)、消费者的亲和力(Öberseder,Schlegelmilch & Murphy,2013)、个人的价值观念或者对企业社会责任的重视程度(Auger,Devinney & Louviere,2008；Koschate-Fischer,Stefan & Hoyer,2012；Haws,Winterich & Naylor,2014)、信任倾向性(Toncar &

Munch，2001)、关系取向(公共取向与交易取向)(Bolton & Mattila，2015)成为关注重点,这些因素都会影响到企业社会责任传播效果。

此外,信息接收者外在的一些特征也会影响到企业社会责任传播效果。如消费者对企业过去行为的了解度(Du, Bhattacharya & Sen，2011)、消费者当时的情绪以及对相关信息的卷入度也是重要影响因素。如消费者当时的情绪:积极情绪与消极情绪(DeSteno et al.，2004),开心的人群更容易有帮助他人的倾向 (Liu & Aaker，2008),积极的情绪将会增加亲社会行为的可能性(Isen，1984)。金(Kim，2019) 指出无论消费者对企业的认知程度高或低,社会责任信息传播都可以对其造成较为持久的影响。孙等(Sun et al.，2019)发现,消费者运用传播渠道的程度正向影响他们对企业社会责任活动的认知程度。信息加工理论认为,行为个体对外界信息的加工始于对某种信息的注意,而主动的注意则表现为关心或关注。卷入度是影响企业赞助社会活动效果的重要因素,其可以解释为何消费者对不同赞助活动反应截然不同(Meenaghan，2001)。

第四节　信息传播策略与传播情境等传播权变因素分类与整合

一、信息传播策略

（一）信息框架与诉求

信息的积极或消极框架也会影响到信息的传播效果(Olsen, Slotegraaf & Chandukala，2014),但对此并无一致性的结论,如在说服大学生减少过度饮酒行为的研究中,格伦德和卡伦(Gerend & Cullen，2008)发现积极框架下劝说比消极框架下的劝说更有效,更能减少大学生过度饮酒行为。迈耶罗维茨和柴肯(Meyerowitz & Chaiken，1987)则发现,信息强调不参加胸部自我检查的人将很难提前发现肿瘤进而失去更好的治疗的说服力高于强调经常参加胸部自我检查会得到更好的治疗机会。此外积极与消极信息框架出现的顺序也会影响到传播效果(Wagner, Lutz & Weitz，2009)。此外信息的诉求方式也会影响到消费者对企业社会责任的意识与情感反应(Andreu, Casado-Díaz & Mattila，2015；Chang，2012；Lu et al.，2015)。

(二) 互动性

社交媒体提供了很多方式以供使用者进行互动(Boyd, Golder & Lotan, 2010; Honeycutt & Herring, 2009),越来越多的企业开始采用互动式的方式来传播企业社会责任行为(Fieseler et al., 2010)。互动策略的分类围绕互动频率、互动方向(单向传播还是双向传播)、形式(正式还是非正式)和内容四种标准展开(Mohr & Nevin, 1990)。

但是对于互动性对企业社会责任传播效果影响也无一致性结论,大部分研究认为企业与消费者在社交媒体中进行互动可以显著地正向影响消费者品牌关系(Hennig-Thurau et al., 2010; Kim & Ko, 2012; Coyle et al., 2012)。而关系强度会正向影响品牌信任(谢毅、彭泗清,2009),这包括基于情感的信任(程鹏飞,2013)和基于信息的信任(罗时鑫,2007)。特科维亚克(Plotkowiak, 2011)指出,通过互动性的社会责任信息传播可以提高利益相关者对企业履行社会责任的意识,同时降低对企业动机的怀疑。增加社会责任信息的可信度可以使利益相关者认为其传播相关信息是出于好心(Foreh & Grier, 2003)。但也有研究显示互动性与对话性没为企业赢得更多,消费者依然认为其是一种市场行为(Colleoni, 2013)。

二、信息传播情境

企业社会责任传播是一个典型的说服传播,其说服传播过程是在一定的情境中进行,势必受到周围环境的影响。

(一) 文化区域性

企业社会责任行为具有明显的区域性与文化性,文化成为企业社会责任传播效果的重要影响因素(Hooghiemstra, 2000; Bae & Kim, 2013; Hawkins, 2015)。如拉马萨米和杨(Ramasamy & Yeung, 2008)发现,香港和上海较之欧美的消费者较为不重视企业社会责任。在这种情况下,中国争议性企业是如何履行其慈善型社会责任的,在相关影响因素中呈现怎样的特点成为展现中国企业社会责任的一个重要窗口。过去的很多研究都是基于西方的视角与偏见(Whelan, 2007),因此探究基于中国国情的企业社会责任显得尤为重要。

(二) 参与时机性

企业社会责任行为对品牌形象的作用效果受诸多因素的影响,其中主要包括实施情景(Coombs,2007;Zhang et al.,2021)和行为特质(刘凤军、李敬强、李辉,2012)。按照企业实施企业社会责任行为时自身的处境可以将其分为主动型的企业社会责任与被动型的社会责任(Wagner et al.,2009),主动型的企业社会责任是指企业在无任何负面性事件下主动履行企业社会责任,而被动型指的是企业的社会责任仅仅是其对应危机的一种方法。对于这两种行为消费者会给予不同的反应,艾伦等(Ellen et al.,2000)指出当发生自然灾害企业主动履行企业社会责任的效果要显著好于其他的日常社会责任行为。贝克尔·奥尔森(Becker-Olsen et al.,2006)也指出较之主动型的企业社会责任,被动型的社会责任更能激发消费者的利己归因并产生消极的影响。金和蔡(Kim & Choi,2016)研究发现,消费者更喜欢与危机事件相关度更高的企业社会责任传播,同时该危机是由于意外造成的而非企业本身由于差错造成的危机。

在不当的情景下开展社会责任活动或所呈现的社会责任信息不恰当,均可能给消费者留下"企业伪善"的品牌印象(Wagner et al.,2009)。许多企业将履行社会责任作为消除品牌危机的有效措施,品牌危机指的是由于企业外部环境的突变和品牌运营或营销管理的失常,而对品牌整体形象造成不良影响并在很短的时间内波及社会公众,使企业品牌乃至企业本身信誉大为减损,甚至危及企业生存的窘困状态(薛可、陈晞、王韧,2009)。其会带来诸多负面影响,如产生消极品牌态度与品牌联想、损害企业声誉与形象、负向影响消费者态度(王晓玉、晁钢令,2009)、降低品牌评价(段桂敏、余伟萍,2012)、影响消费意愿(Vassilikopoulou, Siomkos, Chatzipanagiotou & Pantouvakis, 2009)、产生溢出效应(Ahluwalia, Burnkrant & Unnava, 2000)。而品牌危机具有不同的分类:性能相关危机(performance-related)与价值相关的危机(values-related)(Dutta & Pullig, 2011)。前者主要涉及产品的缺陷与影响产品功能(Dawar & Pillutla, 2000; Pullig et al.,2006; Roehm & Brady, 2007),后者则是不符合社会价值观或伦理问题(Pullig et al.,2006);库姆斯和霍拉迪(Coombs & Holladay,2002)根据危机的可控性与危机归因将危机类型分为故意的、突发的与受害型(preventable/intentional, accidental, and victim);乔和格罗尔(Cho & Grower,2006)、金和卡梅伦(Kim & Cameron,2009)则将其分为事故与犯罪(accident versus a transgression)。米歇尔和帕梅拉(Michel & Pamela,

2010)认为,提升公司的社会责任是遭受形象危机的公司进行形象修复的一种重要方式。此时企业的社会责任传播对于企业而言具有重要的意义,适当的传播策略可以有效地减少污名化与品牌危机对企业的影响。当企业发生相关危机事件后,危机的类型与其开展相关的企业社会责任活动会影响到消费者对企业行为的动机归因,进而影响到企业社会责任传播效果(Chang,2015)。

尽管以上文献分析中尽可能多地呈现了影响企业社会责任传播效果的因素(见图3-1),然而这些因素对传播效果的影响有很多不一致之处,众多并未被实证的方法验证,也有许多因素并没有在企业社会责任传播效果的研究中被提及,而是出现在其他的信息传播效果研究中,这些因素是否同样适用于企业尤其是争议性企业的社会责任传播效果中还有待验证。

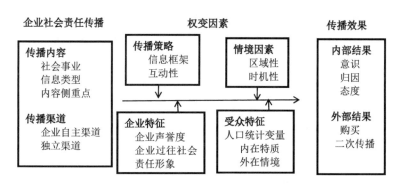

图3-1 企业社会责任传播效果影响因素框架图

第五节 本章小结

企业社会责任传播中传播效果与传播要素是相关研究中的重点,也是本研究的基础性问题。过去的研究却存在以下问题:第一,更多的关注于企业社会责任行为,而企业社会责任传播却没有引起足够的重视。第二,企业社会责任传播效果是研究重点,却一直没有建构企业社会责任传播效果体系。第三,以往的企业社会责任传播效果研究忽视了转发意愿等二次传播效果指标。

本章首先从传播学、营销学、心理学等角度对企业社会责任传播重要的相关理论进行了梳理。然后在已有研究的基础上确认了本研究中采用的两个核心概念：企业社会责任和企业社会责任传播的定义。其次对企业社会责任传播的效果指标进行了梳理，明确了本研究中的传播效果的重要指标。最后立足于传播学中传播过程理论的基础上，将企业社会责任传播的文献与传播过程相结合提出了一个企业社会责任传播过程的框架。从信源、传播内容、传播策略、传播渠道、传播接收者、传播环境等五个方面探讨了相关的影响因素以及这些因素对传播效果的影响。

过去在企业社会责任传播研究中，其在传播渠道上更多的是研究单向传播媒体如企业社会责任报告、企业网站或者广告等，而被广泛使用的社交媒体却被忽略。同时过往企业社会责任传播影响因素研究中没有很好地考虑传播中的因素，因此在接下来的研究中将基于社交媒体的特征，融入传播过程中的要素，进一步探究相关因素对传播效果的影响。

第四章

社交媒体中企业社会责任信息传播机制研究

第一节 社交媒体中企业社会责任信息传播路径分析

格兰诺维特(Granovette,1973)在《弱连接的力量》(*The Strength of Weak Ties*)中对连接关系(tie)的强弱进行了直观对比,将社会网络关系分为强关系和弱关系,指出两者的差别主要体现在认识时间的长短、互动的频率、亲密性、互惠性服务等方面。强关系是一种互动频率高、感情较深、关系密切、互惠交换的社会关系,这样的关系是社会成员在长期合作中建立起来的。而弱关系则恰好相反,它是在短暂的社会接触中形成的。但是弱关系比强关系更能穿越不同的社会群体,也能触及更多的人,穿过更大的社会距离。

这种强弱关系在微信和微博的用户关系建立以及信息传播模式上都有体现。在关系建立上,微信更多的基于现实的关系如亲人朋友,经过用户和用户之间的双向同意才被允许进入,同时评论点赞也是互为好友才能实施;而微博则充分体现了弱关系的特性,微博用户之间无须双向验证,个体单方面也可以建立关注。在信息传播模式上,微信具有较强的社交属性,以人际传播和群体传播为主,信息传播更多地聚焦于较小的群体与范围内。而微博则具有更强的媒体属性,以大众传播为主,公开性较强,更易形成裂变式传播,传播速度更快。因此需要基于这两种强弱社会关系分别探究相应的信息传播路径。

一、弱关系社交媒体中的信息传播路径——以微博为例

社交网络中的弱关系承担了社交网络中多数信息的传播。弱关系的用户

会因为兴趣和话题等连接在一起,较之强关系中频繁的相同观点的碰撞,弱关系网络也可以作为分享新观点、新产品和讨论时事的重要媒介。在弱关系中信息传播效果受到信息内容显著性和形式创新性、意见领袖的连接方式和参与程度、用户组织形式上的个体与群体属性因素的影响。当企业在微博等弱关系社交媒体中发布企业社会责任信息时,其信息传播主要包含以下传播路径。

(一)直接的"粉丝路径"

企业或者第三方信源发布相应的企业社会责任信息,相关的粉丝可实时接收信息,此时信息发布呈现"中心式的一对多"发散的状态,此时发布者具有了媒介的功能。尤其当发布者是具有较多粉丝数量或者具有一定专业权威的博主时,此时的信息发布具有意见领袖的作用,一些热点事件一开始可能并没有得到较多关注,但经过这些意见领袖的转发或者关注后,其在拥有极大的粉丝量的加持下,"一对多"的信息发散路径可以促使信息快速成为热点,影响更多弱关系下的人。同时粉丝与企业博主可以实现实时有效的互动,实现企业社会责任信息的聚合扩大。

此时企业的社会责任信息要扩大传播效果,一方面需要微博的博主粉丝数量不断提升,当粉丝的数量足够庞大,可以促使企业社会责任信息瞬间实现非常广泛的传播,传播面较为广泛。另一方面则需要与粉丝进行良好的互动。通过博主与粉丝之间的互动实现信息的二次传播。

(二)转发路径

当企业的粉丝认同企业发布的社会责任信息时,可以一键转发,这条信息立即同步到该粉丝的微博,进一步实现该微博的粉丝都实时接收信息,实现信息向纵深方向延伸。以此类推实现信息极速裂变式的传播。在转发路径中关键节点在整个传播过程中发挥着重要作用,这些关键节点扮演着意见领袖的角色,使得信息在传播过程中呈现"蒲公英式"的状态,这些关键节点重新成为传播中心来帮助企业社会责任信息的进一步传播。以此类推,实现"企业微博——意见领袖——普通微博消费者"的两级传播与多点触发传播。

除了以上两个常见的传播路径之外,微博热搜与微博超级话题有效扩展了企业社会责任信息的传播路径。

(三)微博热搜

尽管微博平台是公开化的,但是当企业的官方微博没有足够的粉丝数,其发布的企业社会责任信息就无法达到很大的曝光量,外加企业社会责任信息本身若无新意则不会有太多浏览量。这时候微博另一个重要的功能就凸显了,即微博热搜。微博真实用户短时间内实时搜索某一词条,词条被搜索量增大到一定程度热度上去了就会上微博热搜。微博的"热搜榜"在微博中起到议程设置的作用。在海量信息冲击中,用户无法实现每条信息的关注与阅读,因此众多微博用户会习惯性地查看微博热搜榜上的信息,尤其是当某条信息后面标上"爆"或"热"这样的词语时,往往成为我们讨论的热点话题,并且人们会倾向于去点击查看或者谈论当日微博热搜的事件。

当企业社会责任信息成为微博热搜时,其可以瞬间被更多的用户看到与转发,其浏览量几秒内就达到了几万甚至更高。当关键节点(广场体质)的用户进一步使用该热搜标题时,其他用户出于好奇点进热搜词条往下一翻就能在微博广场看见该用户发的微博。微博并未给出过广场体质的具体规则,这个词语也是微博用户们发现并创造的,而且广场体质也不是稳定不变的,每一个用户都可能拥有或者突然失去这一体质。

（四）微博超级话题

微博建立之初就有话题的存在,一个词条前后两边打上♯这个符号就算是建立了一个话题。超话是超级话题的简称,类似于 QQ 上的兴趣部落,迅速将对该话题有兴趣的用户聚集在一起,其初衷是沉淀话题相关的优质内容,聚焦对某一话题有兴趣的粉丝。

在超话发帖可以选择同步或不同步微博,把企业社会责任信息发到相关超话并同步到微博是一种粉丝传播安利作品的良好方式,逛超话的其他粉丝看见相关信息为了表达喜爱与认可会转发评论点赞,加热作品热度,超话主持人在审核过作品后认为值得传播也会将该作品加精兴趣的消费者聚集在一起。对应超级话题,微博还设立了超话排行,粉丝通过完成相关任务获得对应积分,再将积分贡献后形成影响力值。同时通过送积分,贡献量大的用户可以进入超话的周贡献榜。超级话题不同于普通话题,用户在搜索之后就可以发布动态、表达观点等,在超话发表不符合超话氛围的言论会被屏蔽或者删除、置顶,让更多粉丝看到并转发传播,当产出的一个作品获得一定热度会激发其自身创作动力,不断产出,进而创造出更多优秀作品,这样传播就形成良性循环。

微博的这几种形式为企业社会责任传播创造了有力的扩散路径,有利于进一步扩大相关信息的影响力。

二、强关系社交媒体中企业社会责任信息的传播路径——以微信为例

定位于熟人社交的微信以极大的便利性以及极低的成本变革了人们的沟通方式,成为人们日常强关系社交中的重要沟通工具。时刻在线、群组聊天、朋友圈社区、订阅号等功能可谓微信成功的"铁人四项",后三者更是成为企业进行企业社会责任信息传播的重要载体。

(一)微信群组

微信现在的五百人群甚至千人大群随处可见,这些群组是由具有某种共同特点的人集合到一起产生的,类似于一个社群,由于群体成员的同质性以及关系的亲密性,任何群成员发布的企业社会责任信息可以快速传播给群里面的任何一个成员,同时关系的紧密性可以有效减少成员对相关信息的抵触心理。这使得在微信群里发布的企业社会责任信息较为容易在产生强大的舆论传播力。甚至这些群组被戏称为分享相同观点的回音室,在回音室效果的影响下,使得相关信息不断地被强调与加强,进一步提升了传播力。

此时企业社会责任信息在微信群组中传播,得益于消费者人群相对比较封闭以及群体之间的强关系,企业社会责任信息容易实现聚合性互动传播。此外在群里面还会引发成员之间的讨论,使企业社会责任信息扩散呈现螺旋上升式。同时相关人员如果对相关信息较为感兴趣又可以轻松实现一键转发给其他人员或者发布在自己朋友圈内,实现信息的链式传播。

(二)朋友圈

微信朋友圈是由相互联结的熟人构成的,是社交弱关系向强关系转化的桥梁。微信朋友圈是一种新兴社交场景,也是大众的新网络集散地,用户可通过朋友圈发布文字、图像和小视频等内容进行记录或社交分享,同时可将来自公众号、网站等多种渠道的信息分享到朋友圈而实现社交传播。微信朋友圈基于用户自身的社交关系网络,由发布者对发布的信息进行信用背书。因此消费者对信息的接受度包容度与接受度更高。同时朋友圈的评论与点赞功能,又将好友之间的传播形成一个互动的密封圈,在互动中不断提升粉丝对企业社会责任

信息的认知。

（三）公众号

企业社会责任信息在微信公众号文章的传播路径是一对多的发散式传播，同时在消费者评论的基础上呈现多对多的互动模式。作者将企业社会责任发到微信公众号，获得了订阅该微信公众号的消费者（粉丝）的阅读，此时具有显著的一对多的传播特征。同时粉丝在公众号下的发言以及在看功能又可以被好友看到，无形中又可以加深信息对好友的影响，呈现多对多的发散式路径。之后阅读过该文章的消费者如果对企业社会责任相关信息有兴趣可以通过转发功能或者在看功能，使相关信息在起好友中获得多对多的第二次传播。同时粉丝在转发与在看时，微信公众号的文章获得了裂变式传播。

三、短视频类平台的传播路径——以抖音为例

短视频形式的简易性、低门槛性、内容的可植入性以及趣味性使其获取了大量用户（钟诚，2019）。抖音等新兴短视频社交媒体出现并快速火爆。据海马云大数据《2018 年抖音数据研究报告》，抖音已经实现日活 1.5 亿、月活超过 3亿。抖音和快手属于偏陌生人社交的娱乐属性短视频平台。抖音等短视频也可以成为企业社会责任传播的重要渠道。在抖音平台中企业社会责任信息传播路径主要有两类：

（1）精准推荐。抖音可以通过大数据的方式获取更加精准的用户数据进而建立更加精确的用户形象。与微博在功能设置上不同的一点是：微博用户一般只会刷关注的人和观看热搜榜，但抖音用户却习惯只刷推荐。抖音的推荐使用了大数据算法，根据人们观看各类视频时长与点赞量，根据用户行为特征与内容特征进行匹配，推荐给不同用户不同类的视频。这一方面很好地加强了抖音平台与用户之间的黏性，另一方面也使消费者面临信息茧房的窘境。在此基础上企业可以选择合适的抖音用户进行企业社会责任传播，加强与粉丝之间的积极互动，同时借助与平台的精准推荐，将相关信息传播给更多的人，进一步加强消费者对品牌的黏性。

（2）信息模仿。信息模仿成为当前抖音平台内作品创作的一个重要方式，抖音内容的模仿分为选择、拷贝和呈现等三个传播阶段。当一个信息在平台中

获得大量关注与评论时,往往会出现类似的模仿类信息,甚至成为爆款,如网红打卡地等。同时抖音平台也设置了很多简易的操作键,帮助消费者快速卷入到模仿潮中。此时企业社会责任信息如果能够有效抓住抖音平台中的爆款内容,进行相应的模仿,能够有效提升流量引入,增强传播效果。

目前抖音用户观看动机有娱乐消遣、热身唤醒、围观猎奇、提升自我和社交互动五大类,企业社会责任信息的发布需要基于以上消费者的心理,注重创意性内容的制作和流量引入,不断提升企业社会责任信息的影响力。

四、企业社会责任传播中传播路径互补与优化

以上三种社交媒体并不是孤立的,而是相互紧密联系在一起。一方面在一个平台内不仅存在弱连接关系,也有经强关系连接的用户,如微博用户不仅会关注众多的弱关系博主,也会关注部分强关系的亲朋好友。另一方面某个用户可能是众多平台的用户,在信息传播过程中会将信息实现跨平台的传播。

因此企业在发布社会责任信息时,可以将各个平台的传播路径相结合。弱关系传播受众面更广、信息专业性更高,而强关系传播更具信任感和接近感,基于强弱关系互补的传播路径选择则可以弥补两种关系连接方式在进行信息传播时的不足。

第二节　社交媒体企业社会责任信息传播模式
——基于传播主体差异

无论是强关系社交媒体还是弱关系社交媒体抑或是现在十分流行的短视频都是企业进行企业社会责任传播的重要平台。企业社会责任信息在以上平台中呈现出不同的传播模式,如在微博中具有大众传播的显著特征,而在微信中则具有显著的人际传播与群体传播。此外传播主体的不同也是影响传播模式的重要因素。本部分基于传播主体的差异对企业社会责任传播模式进行初级的分析。

一、传播者为具有权威的第三方媒体或者意见领袖

当企业社会责任信息传播者为第三方独立的媒体或者意见领袖时,其传播模式为中心节点扩散型。当该媒体发布企业社会责任内容后其会被消费者进行"解码"和"编码",然后再加之信源的影响作出综合判断,一方面与信息发布者进行互动,进一步加强原来的信念或者在互动中不断修正自身对企业社会责任信息的态度,随着讨论的深入,双方对于该信息的关注点进一步加强,实现信息的在圈层内的传播与提升。另一方面对信息进行直接的或者稍作加工的二次传播,实现信息突破简单的圈层开始向外辐射,出现多圈层叠套交错传播。在整个传播过程中,还会不断地出现新的意见领袖,进而形成新的互动传播圈。最终企业社会责任信息在意见领袖、普通消费者之间发生信息"共振",通过圈层之间的"联动"效应,实现裂变的"井喷式"。

同时整个传播过程中,信源与信息内容是影响传播模式与进程的重要因素。当第三方媒体有足够的权威性或者意见领袖对消费者有足够的吸引力与影响力时,可以有效促进消费者对信息的关注,以及消费者与信息源之间的互动。此外兴趣图谱和社交图谱的关系网络,用户是否会将信息在自己的关系网络中传播很大程度上取决于该用户是否对面前的信息感兴趣。企业社会责任信息的内容是否符合消费者自身兴趣爱好,可以直接决定用户在接收到信息之后在该信息上的保留程度以及后续对该事件的关注度。消费者无论出于对意见领袖或者权威媒体的喜爱与信任,还是对信息内容的关注,这无疑都促使信息朝下一个圈层传播。

二、传播者为企业自身或者普通消费者

在社交媒体中信息传播者与接收者的角色定位逐渐模糊,原本处在传播活动末端的消费者也可以成为社交媒体传播中的传播主体和信息中转节点。当传播者为企业自身时,它的传播模式也可以归为中心节点扩散型,但是大部分情况下是中心扩散为主,节点二次传播为辅。

当传播者为普通消费者时,其传播模式为节点到节点,节点之间不断的互动。此时企业社会责任信息的传播主要借助于信息源为中心的强关系,这种强关系有效促进了"信源美化",相较于散落在线上那些由普通网民发出的信息,接收者更愿意接受和传播来自熟人的信息,同时进一步引发普通消费者的转发与关注。此时信息传播呈现点对点的圈层内传播。除了借助于传播节点间的

强关系促进信息的传播外,还可以凭借企业社会责任信息本身,当企业自身或者普通用户发布了内容有趣或者具有吸引力的信息时,凭借信息本身的吸引度,可以在用户之间快速扩散,此时企业社会责任信息传播呈现松散的一触即发的模式。

以上研究中分别探究企业社会责任信息在社交媒体中的传播路径以及传播模式。但是消费者在社交媒体中接触到企业社会责任信息其转发意愿受到众多因素的影响,同时影响因素并不是单独影响企业社会责任信息在社交媒体中的扩散与传播,而是相互起作用,HSM模型与ELM模型也指出消费者在信息加工时并不会依赖于单一的因素。因此进一步探讨在社交媒体中企业社会责任信息传播机制变得尤为重要。

第三节　社会事业卷入度在相关性调节作用下对转发意愿的影响

社会事业是消费者在企业社会责任传播中首先接触到的内容,社会事业的选择会影响到企业社会责任信息的传播效果(Samu & Wymer, 2009),一方面是消费者对社会事业的卷入程度不同(Pomering & Johnson, 2009; Schlegelmilch & Pollach, 2005),另一方面是企业与社会事业之间的匹配度不同(Cone, 2007)。本研究将主要从社会事业的选择这个角度探讨其对消费者转发意愿的影响。

一、理论基础和研究假设

（一）消费者对社会事业的卷入度

自从麦克卢汉(McLuhan, 1994)与克鲁格曼(Krugman, 1965)把卷入度的概念应用到营销学当中,卷入度成为学者关注的重要变量。一般而言,卷入度是指消费者与某一事物之间的相关性或者该事物对消费者的重要程度(Petty et al., 1983)。社会事业的卷入度是指在企业社会责任传播中该社会事业与消费者个人的相关性或者消费者对该社会事业的重视程度(Bigné-Alcañiz et al., 2010; Landreth & Garretson 2007; Grau & Folse, 2007),其是企业开展社会事业责任活动中的重要影响因素(Lafferty, 1996)。这种相关性或者重视程度可能与消费者之前的经历有关也可能与自身的信念、价值、需求、兴趣有关(Grau & Folse, 2007)。社会事业的卷入度在有效增强企业社会责任活动与消费者的相关性的同时,也会促使消费者更加细致地加工信息(Patel, Gadhavi & Shukla, 2016)。

消费者的社会事业卷入度对企业社会责任传播的影响并没有一致性的结论。部分学者认为消费者对社会事业的卷入度与其对企业社会责任活动的态度呈正相关关系(Myers & Kwon, 2013; Trimble & Rifon, 2006; Lafferty & Goldsmith, 2005),即消费者对社会事业的卷入度越高对企业社会责任活动的态度越积极,也更易引起消费者的参与(Lafferty, 1996),同时会增加消费者的购买意愿(Luckea & Heinze, 2015)。因此,很多企业愿意选择消费者卷入程度比较高的社会事业作为其履行企业社会责任时的合作对象(Duncan, 2005)。但是施勒格尔米尔希和波拉奇(Schlegelmilch & Pollach, 2005)则指出,消费者对社会事业的卷入度与消费者对企业社会责任活动效果并无一致性的关系。林和常(Lin & Chang, 2012)则发现两者之间存在负向关系,如对环境保护问题卷入度越高的消费者反而认为绿色食品没有效果。更多的研究则是将卷入度作为消费者态度改变的调节变量(薛可、王丽丽、余明阳, 2013; Grau & Folse, 2007; Kim, 2014),指出其会影响消费者对相关信息的加工,同时与其他变量共同作用于企业态度或者购买意向。

而在以消费者的转发意愿作为因变量的研究中消费者对社会事业卷入度却很少被提及,但是依然可从过去的研究中得到启示。当个人对企业所支持的社会事业的卷入度较高时,该活动越能吸引消费者的注意力,同时消费者对企业开展的活动参与度越高(Grau & Folse, 2007)。因此,当企业在社交媒体中选择了消费者卷入度较高的社会事业时,可以吸引其注意力,同时促使其越想让更多的朋友得知这一事业,以及自己对这一社会事业的态度。因此我们提出:

H1:消费者对企业合作的社会事业的卷入度越高,消费者的转发意愿越高。

（二）社会事业与争议性企业的争议来源的相关性

对于争议性企业而言,社会事业与企业之间的关系除了匹配度还存在另一个关系即社会事业与争议性企业争议来源的相关性。过去研究并无针对这一点进行探究,大多针对一般性的行业与社会事业的匹配度。研究显示当企业赞助与其产品或者企业特点息息相关的社会事业时,更容易实现积极的结果(Nan & Heo,2007;Trimble & Rifon,2006;Simmons & Olsen,2006),但也有研究显示其并不会显著影响消费者品牌态度与购买意愿(Lafferty,2009)。

当争议性企业赞助一项与其争议来源相关的社会事业时,虽然表明企业想改正或者弥补自身造成的危害,但是其无意中会突出该企业所提供的产品或者服务(Foreh & Grier,2003),如烟草企业赞助公众场所禁止吸烟的社会事业,会时刻提醒消费者烟草的存在(Yoon et al.,2006)。同时该社会事业也会时刻提醒消费者该企业存在的负面效应,认为该企业更多的是利用该社会事业实现自身利益的最大化(Salmones et al.,2013;Bigné-Alcañiz et al.,2012)。

虽然很多企业会主动选择消费者卷入度较高的社会事业,但是一个重要的前提是企业在之前没有做不当的事情(Schlegelmilch & Pollach,2005)。当争议性企业选择消费者卷入度较高的社会事业时,消费者会有更强的信息加工动机,其会寻找各类线索、使用更多的标准仔细地加工相关信息(Chaiken,1980;Petty & Cacioppo,1981;Hajjat,2003)。因此企业社会责任传播中的各类信息尤其是信息论据,其他消费者记忆中的线索都会被提取以此形成对信息的综合判断(Hajjat,2003)。如消费者会更加细致地考虑企业的特征(Berger,Cunningham & Kozinets,1996)。此时企业与社会事业的关系便成为重要的判断依据(Gasiorek,2011)。一致性理论(Osgood & Tannenbaum,1955)认为消费者会更加喜欢和谐的或者一致性的信息以此避免思想内的冲突。当企业选择与其争议来源紧密相关的社会事业时会促使消费者开展两者关系的联想,同时鉴于争议性企业对社会事业造成的损害,会促使消费者认为企业是利用与消费该社会事业(Du et al.,2010),对该信息的转发意愿进一步降低。而当社会事业与争议性企业争议来源的相关性较低时,其主要的判断依据来自消费者对社会的卷入度,卷入度越高其转发意愿也会越高。

H2:社会事业与争议性企业争议来源的相关性在消费者对社会事业卷入度对转发意愿中起调节作用。

H2a：当社会事业与争议性企业争议来源的相关性较高时，消费者对社会事业卷入度越高，其转发意愿越低。

H2b：当社会事业与争议性企业争议来源的相关性较低时，消费者对社会事业卷入度越高，其转发意愿越高。

（三）动机归因的中介作用

消费者对于企业的动机归因是在企业社会责任活动中用于解释消费者反应的重要变量（Godfrey，2005）。当消费者加工相关信息时，其会关注企业的动机并依据相关的线索进行动机归因（Andreu，Casado-Díaz & Mattila，2015）。消费者对企业的动机归因会影响到其对企业社会责任活动的后续相应行为（Becker-Olsen et al.，2006；Ellen et al.，2006）。同时这种归因被认为是介于信息与其他因素对消费者判断的重要中介变量（Campbell & Kirmani，2000）。如消费者对企业的动机归因在社会事业的卷入度与企业社会责任活动的态度之间起部分中介作用（Myers，Kwon & Forsythe，2013）。

消费者对企业参与企业社会责任活动的动机归因有两个极端——利己归因（为了企业自身：如争取合法性，促进销售，加强企业与消费者的联系）与利他归因（为了社会事业：如让更多的消费者关注与支持该社会事业）（Kim，Chaiy & Chaiy，2012；Wymer & Samu，2009）。当消费者认为企业的社会责任行为具有较强的利他动机时，他们会对企业或者该项社会责任活动产生更为积极的态度与行为，而当消费者认为企业是极力追逐自身利益时，会产生消极的相应行为。动机归因理论为我们提供了探究企业社会事业选择对消费者转发意愿影响的重要视角。这是由于当企业履行企业社会责任并进行传播时，消费者并不能确定其真实的意图，一方面逐利是企业的本性，另一方面其又确实在帮助社会事业（Horne，2013；Yen & Hu，2012）。此时企业社会责任传播中信息便成为消费者推测相应动机的重要线索（Bigné-Alcañiz et al.，2009）。

当争议性企业选择与其争议来源相关性较高的社会事业时，往往会被认为企业是为了转移批评者的视线，增加利润或者提升自身的品牌形象，这是由于两者的高相关性往往会促使消费者联想到该企业提供的产品与服务。这种高相关性会削弱消费者对企业真诚度的感知。此时消费者对社会事业的高卷入度更会增强企业利用与剥削社会事业的感知，进而不愿意转发该类信息。而当争议性企业选择与其争议来源相关性较低的社会事业时,消费者反而会认为企业是真的关心该社会事业,对该社会事业的高卷入度促使其转发该类信息。

H3:动机归因在相关性与社会事业卷入度对转发意愿的影响中起中介作用

基于以上相关研究成果以及研究假设,本研究拟采用如下研究框架(见图4-1)。

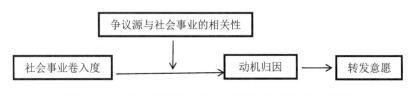

图 4-1　社会事业选择对转发意愿影响的研究结构框架

二、研究方法

(一)前测与刺激物的设计

石油企业在开采运输、加工及其使用过程中会造成环境的污染而成为争议性企业的典型代表(Woolfson & Beck,2005)。石油企业也常常被当做争议性企业的显著性代表而成为学者们探究该类企业经常使用的研究对象(Du & Vieira,2012;Frynas,2005;Idemudia,2009)。同时为了消除被试对企业原有态度的影响,本研究选择了虚拟的石油企业——安达石油企业。

鉴于争议来源与社会事业的相关性以及消费者对社会事业的卷入度两个自变量均与社会事业的类型有关,为了更好地选择相关的社会事业,本研究在上海交通大学图书馆自习的同学中邀请 30 名同学进行前测。为确认争议来源与社会事业之间的相关性,在"关注环境污染"等 15 个备选社会事业中,请被试在根据梅农和卡恩(Menon & Kahn,2003)制定的相关性量表为石油企业造成的负面问题与每个社会事业的相关性进行打分。同时请被试根据比涅-阿尔卡尼茨(Bigné-Alcañiz,2010)的卷入度量表为备选中的社会事业的卷入度进行打分来确认高卷入度与低卷入度的社会事业。

结果显示,石油企业的污名源与环境污染、海洋生态两项社会事业的相关性比较高($M_1=4.200$，$SD=0.610$；$M_2=4.078$，$SD=0.810$)，而其与关注肝癌、农民工子弟的教育问题的社会事业的相关性比较低($M_3=3.044$，$SD=0.671$；$M_4=2.867$，$SD=0.791$)，同时两类的相关性存在显著性差异，$t(29)=9.327$，$p=0.000$。另外，被试对环境污染与农民工子弟的教育两种社会事业的卷入度($M_1=3.967$，$SD=0.615$；$M_2=3.889$，$SD=0.702$)显著高于海洋生态与关注肝癌两类社会事业($M_3=3.167$，$SD=0.825$；$M_4=2.944$，$SD=0.849$)，$t(29)=7.536$，$p=0.000$。因此，最后这四项社会事业被选中。

最后将这些争议性企业的社会责任传播信息根据微博的传播特征制作成刺激物，然后将其与其他七张具有典型微博传播特征的图片放置在一起组成小册子，请被试按照日常阅读微博信息的速度来浏览相关图片。相关图片均通过了真假测试，保证受众在阅读时认为与其在微博看到的信息无差异。

（二）实验设计

本实验采用 2（污名源与社会事业的相关性：高相关性/低相关性）× 2（受众对社会事业的卷入度：高卷入度/低卷入度）的被试间实验设计。136 名来自浙江湖州某高校的某两门全校性选修课的同学作为被试被随机分组，被试独立做题不会相互影响。得到有效问卷 126 份，其中男生 55 名（比例为43.65%），女生 71 名（比例为 56.35%），年龄分布在 18～23 岁，平均年龄为21.5 岁。

（三）相关变量测试

（1）动机归因。主要基于艾伦等（Ellen et al.，2006）以及萨缪和怀默（Samu & Wymer，2014）的五点量表，三个题项来测量受众对企业利他动机的归因："安达石油是为了提升社会事业""安达石油是为了完成其社会职责""安达石油是真心想帮助社会事业"。被试被要求从 1 到 5 选择有多大程度上赞同以上的说法（1=非常不同意，5=非常同意）。而企业的利己动机归因主要是参考尹等（Yoon et al.，2006）的五点量表，来测试"安达石油仅仅是为了提升自身的形象""安达石油仅仅是为了塑造良好自身的形象""安达石油仅仅是为了自身的利益开展该活动"。

（2）信息转发意愿。参照李和马（Lee & Ma，2012），博克等（Bock et al.，2005）与陈晞，王振源（2015）提出的量表基础上，使用以下三个题项："我愿意公开转发这条信息;我认为公开转发这条信息是个很好的想法;我愿意让更多的人知道这条信息"来测试受众对该企业社会责任信息的转发意愿,同样请被试从1到5选择有多大程度上赞同以上的说法(1=非常不同意,5=非常同意)。

(3)对社会事业的卷入度。参照比涅-阿尔卡尼茨(Bigné-Alcañiz, 2010)的基础上使用三个题项的五点量表来测试受众对社会事业的卷入度:"该社会事业对我而言非常重要;我时常关注该类社会事业的信息;该社会事业对社会非常重要",同样请被试从1到5选择有多大程度上赞同以上的说法(1=非常不同意,5=非常同意)。

(4)企业争议来源与社会事业的相关性。首先请消费者指出该类(石油)企业主要的争议性点,然后请其为争议性点与阅读材料中社会事业的相关性进行打分,相关性的测试主要参照梅农和卡恩(Menon & Kahn, 2003)提出的量表,使用以下题项来测试被试对企业污名源与社会事业的相关性的认知,如"环境污染事业与石油污名源有相关性""环境污染问题很大程度是由石油企业造成的""石油企业应该为环境污染负责任"。请被试从1到5选择有多大程度上赞同以上的说法(1=非常不同意,5=非常同意)。

(四)实验操作

为进一步确保消费者对社会事业卷入度这一自变量操作的成功,本研究在实验前与实验中均进行了控制。在实验前,高卷入度组的被试将阅读一份关于湖州市环境污染或者农民工子弟的教育的数据与事件资料。低卷入的被试组将看一些无关的资料。实验中,高卷入的被试组看到的企业社会责任的信息将出现"湖州"字样,低卷入的被试组看到的企业社会责任的信息将出现"贵阳"字样。

将被试随机分成4组,每组被试分别阅读相应的微博内容册子,册子里面共8则微博内容,内容均是虚拟的争议性企业发布的企业社会责任内容。其中实验内容位置在第4个。在阅读册子后,分发给每位被试第二份文本——调查问卷,然后作答。

三、研究结果

(一)各测试变量的信效度检验

1. 变量的信度检验

克朗吧哈系数(Cronbach's α)是最常用的信度测量方法,其将量表使用所有可能的项目划分方法得到折半信度系数的平均值,如果 α 系数不超过 0.6,一般认为内部一致信度不足;达到 0.7～0.8 时表示量表具有相当的信度,达到 0.8～0.9 时说明量表信度非常好。利用 SPSS17.0 对各个变量的克朗吧哈系数 (Cronbach's α)进行测量,结果如表 4‐1 所示,所有变量的克朗巴哈系数均在 0.7 以上,说明信度较高。

表 4‐1　各变量的 Cronbach's α 系数

变量名称	利己归因	转发意愿	社会事业卷入度	相关性
Cronbach's α 系数	0.956	0.868	0.994	0.957

2. 变量的效度检验

本研究所采用的量表均基于前人研究,这些量表被其他研究多次运用。在问卷翻译过程中多次进行修正确保表达准确,因此相应量表均具有较高内容效度。

SPSS17.0 结果显示,KMO(Kaiser-Meyer-Olkin)指标为 0.832,巴特利球体检验(Bartlett's test)的显著性为 0.000,数据适合进行因子分析。使用 AMOS7.0 进行验证性因子分析,所有题项在所对应因子上的载荷均大于 0.5 且显著,所有变量平均方差提取值 AVE 值均大于 0.5,AVE 值均大于变量间相关系数的平方值,因此变量具有较好的判别效度。所有变量的组合信度 CR 值均大于 0.9,因子载荷均高于 0.7,聚合信度较好(见表 4‐2)。

表 4‐2　所有变量的 AVE 值的平方根及与其他变量的相关系数

	利己归因	转发意愿	社会事业卷入度	相关性
利己归因	.930			
转发意愿	−.381	.848		
社会事业卷入度	−.121	.024	.924	
相关性	.266	−.239	−.142	.881
AVE 值	.765	.876	.836	.867
CR 值	.875	.906	.932	.925

注:前四行对角线处的值为 AVE 的平方根,其余为相关系数。

（二）操纵性检验

在实验开始前对消费者的四项社会事业卷入度进行测试，结果显示消费者对社会事业的卷入度存在着显著性差异（见表 4－3）。

表 4－3　社会事业卷入度操纵性检验

实验组别	均值	标准差	t 值	显著度
高卷入度组	3.870	0.649	6.098	0.000
低卷入度组	3.085	0.779		

同时为了检验争议来源与社会事业的相关性操作是否成功，在问卷中使用相关性量表进行检测，请被试对相关性三个问题从 1～5 选择自己的认同度。结果显示两组消费者对争议来源与社会事业相关性的认知存在着显著性差异（见表 4－4）。

表 4－4　企业争议来源与社会事业相关性操纵性检验

实验组别	均值	标准差	t 值	显著度
高相关性组	3.989	0.664	4.132	0.000
低相关性组	3.325	0.679		

（三）研究假设的检验

1. 消费者对社会事业卷入度对转发意愿的影响

一方面采用 ANOVA（单因素方差分析）将社会事业的卷入度高低作为自变量而消费者的转发意愿作为因变量，结果显示卷入度会显著影响转发意愿，$F(1,124)＝5.772$，$p＝0.018$，高卷入度组消费者的转发意愿（$M_{高}＝3.718$，$SD＝0.783$）显著高于低卷入度组（$M_{低}＝4.423$，$SD＝0.731$），H1 被验证。同时为了进一步详细表明消费者对社会事业的卷入度对转发意愿的作用机制，使用一元线性回归的方式将消费者的卷入度作为自变量而转发意愿作为因变量，结果显示两者之间存在显著的正向线性关系（$\beta＝0.279$，$t＝3.092$，$p＝0.002$，$R^2＝0.354$，$\Delta R^2＝0.348$），即消费者对社会事业的卷入度越高，其对企业社会责任信息的转发意愿越强。

2. 争议来源与社会事业的相关性的调节作用

采用 MANOVA(多因素方差分析)将争议来源与社会事业的相关性、消费者对社会事业的卷入度作为自变量,而转发意愿作为因变量。结果显示消费者对社会事业的卷入度和争议来源与社会事业的相关性对转发意愿具有显著的交互作用,$F(1, 122) = 8.829$,$p = 0.020$,$\eta^2 = 0.038$,表明争议来源与社会事业的相关性在消费者对社会事业的卷入度对转发意愿的影响中起调节作用。在争议来源与社会事业的相关性较高时,独立样本 t 检验显示消费者对社会事业卷入度无法对消费者的转发意愿产生显著的影响,$M_{高} = 3.389$,$SD = 0.797$;$M_{低} = 3.335$,$SD = 0.943$;$t = 0.260$,$p = 0.873$。相反,当争议来源与社会事业的相关性较低时,消费者对社会事业的卷入度高($M_{高} = 4.230$,$SD = 0.673$)时其转发意愿显著高于低卷入组($M_{低} = 3.529$,$SD = 0.712$),$t = 3.994$,$p = 0.000$,因此 H2 被部分验证即 H2a 未被验证,H2b 被验证。

3. 利己归因的中介作用

鉴于相关性与卷入度在测试中均采用了连续变量,因此利用 AMOS7.0 通过结构方程模型的方式来验证利己归因的中介作用。

由表 4-5 可知,结构方程模型的卡方值与自由度的比值为 3.663(介于2~5),处于可以接受的范围,其他拟合指标中拟合优度指数(GFI)、调整拟合优度指数(AGFI)、非常模拟合指数(TLI)、增量拟合指标(IFI)、比较拟合指标(CFI)都大于或接近 0.9,符合标准。近似误差均方根(RMSEA)小于 0.05,理论假设的结构方程模型与数据拟合良好(Luo & Bhattacharya,2006)。

表 4-5　结构方程模型的拟合情况

	χ^2/df	GFI	AGFI	TLI	IFI	CFI	RMSEA
数值	3.663	0.989	0.849	0.864	0.968	0.970	0.036

由图 4-2 的路径系数分析可知消费者对社会事业的卷入度正向影响转发意愿($\beta = 0.174$,$p = 0.021$),消费者对社会事业的卷入度越高对企业社会责任信息的转发意愿越强。同时消费者对社会事业的卷入度×争议来源与社会事

业的相关性对转发意愿具有显著的交互作用($\beta = 0.522$, $p = 0.000$)。这与之前的结论相同,再次验证了研究假设 H1 和 H2。

与此同时,消费者的社会事业卷入度虽不会直接作用于消费者对企业动机的利己归因($\beta = -0.048$, $p = 0.580$),但是争议来源与社会事业的相关性会显著正向作用于消费者对企业动机的利己归因($\beta = 0.215$, $p = 0.003$),即争议来源与社会事业的相关性越高,消费者越会认为企业的社会责任活动是利己的。此外争议来源与社会事业的相关性×消费者对社会事业的卷入度对消费者对企业利己归因动机的作用也显著($\beta = -0.275$, $p = 0.005$)。同时利己归因也会负向影响消费者的转发意愿($\beta = -0.258$, $p = 0.000$)。因此利己归因在争议来源与社会事业相关性及消费者对社会事业的卷入度对转发意愿影响中起中介作用,H3 被验证。

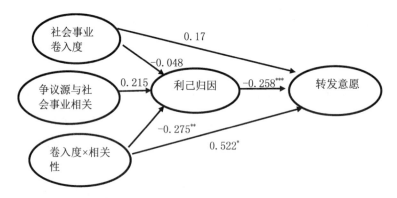

图 4-2　相关性与卷入度通过利己归因的中介作用对转发意愿影响路径图

注:图中系数为标准化路径系数,* 表示 $p < 0.05$,** 表示 $p < 0.01$,*** 表示 $p < 0.001$。

通过以上结构方程模型可以得知,争议来源与社会事业的相关性、消费者对社会事业的卷入度的交互作用对转发意愿造成的影响差异很大部分自消费者对企业利己归因这一中介变量的影响。因此,企业在社会责任信息传播中如何进一步降低消费者对企业的利己归因十分重要。

四、一般性的讨论

研究一通过 2(社会事业卷入度:高与低)×2(争议来源与社会事业的相关

性:高与低)的组间设计探讨了争议来源与社会事业相关性在消费者对社会事业的卷入度的影响下对消费者转发意愿的影响,相应的假设几乎均被验证。结果显示争议性企业在社会事业的选择需要格外慎重,一方面要尽量避免那些容易加强企业负面效应联想的社会事业,同时选择消费者卷入度高的社会事业。因为两者重合的时候,消费者对信息进行深加工,进一步加强消费者对企业负面效应的联想以及企业在利用社会事业的感知,认为企业的动机是利己的,因此不会主动转发相应的企业社会责任信息。

本节的研究仅仅探究了社会事业的选择对争议性企业的社会责任信息在社交媒体环境中的转发意愿的影响,但是在实际的企业社会责任信息传播中,除了社会事业这个线索外,消费者还会得到更多的线索去决定其是否转发,如信息内容以及信源等。在下一节的研究中将在分析消费者对社会事业的卷入度的基础上,进一步探究信息类型与信源对转发意愿的影响。

第四节　传播内容对消费者转发意愿的影响

一、理论基础与研究假设

(一)企业社会责任传播信息的条件性

企业即使针对同一项社会事业进行相关的企业社会责任活动时,也会采用不同的方式进行宣传(Löber,2012),以获得预期的效果。迪恩(Dean,2003)将企业社会责任信息分为有条件性的信息与非条件性信息。过去的条件性信息更加有善因营销的特征,其显著的特征就是只有当消费者购买一定的产品时企业会为社会事业提供一定的资金或物质支持(Varadarajan & Menon,1988)。而无条件性的信息,顾名思义,消费者无须付出任何努力,企业将为社会事业提供一定帮助,履行一定的企业社会责任。两类信息对履行企业社会责任的影响并无一致性的结论。存在购买条件的信息更具商业性特征(Deshpande & Hitchon,2002),这是一种典型的说服性社会责任传播(Kotler & Lee,2008),会被认为其主要目的是提高销售额,是在利用社会事业(Skarmeas & Leonidou,2013),而非帮助社会事业(Westberg & Pope,2012),因此较之无条件性信息,条件类信息效果更好(Samu & Wymer,

2014)。但是普兰肯和沃尔海延(Planken & Verheijen, 2014)却指出两类信息的效果不存在显著性差异,利和李(Lii & Lee, 2012)也指出条件性与无条件性信息需要具体来看,无条件慈善捐献效果要优于有条件的善因营销与无条件的赞助。

无条件性信息更多地强调企业在社会责任方面所作出的贡献(McWilliams, et al., 2006)。当企业使用了无条件性的信息时,消费者会认为企业是想提供社会事业的相关信息(Menon & Kahn, 2003),更具新闻性特征(Samu & Wymer, 2014)。因此无条件性信息在研究中受到学者的肯定。在社交媒体中出现了另外一种条件性的信息,当消费者每转发一次企业指定信息将会为社会事业提供相应的资金或物质支持。如以转发量的多少确定企业最终捐助的金额或者以消费者购买量来确定金额。转发条件的信息虽然需要消费者付出一定的条件,企业才会为社会事业做出支持,但是其既侧重于强调消费者为社会事业做出努力,又有效避免了企业是为了自身利益的问题。同时该类信息有效地突出了消费者对社会事业的贡献,研究显示在有效提高消费者自我效能的情况下,能促使消费者更为积极的行为(Kim, 2013)。同时消费者所付出的成本又比较低(仅需转发),因此可以有效激发起转发热情。

H1:信息的条件性会显著影响消费者的转发意愿,条件性信息的转发意愿会显著高于非条件性信息。

(二)社会事业与争议性企业争议来源的相关性与信息条件性

在社会事业与争议性企业争议来源的相关性较高的情境下,高相关性会降低消费者对企业的评价(Foreh & Grier, 2003)。此时企业开展以转发为条件的企业社会责任信息时,消费者找不到合适的理由来解释企业的行为,进而会认为企业是在为了最大化自己的利益进而剥削利用社会事业(Salmones et al., 2013;Bigné-Alcañiz et al., 2012)。同时这会强化消费者对企业争议来源的认知,导致消费者认为企业在剥削社会事业,进而无法支持品牌的这一行为(Kim et al., 2005),也不会转发该类信息。而在无条件性的信息中,性企业会捐助一定的钱或者物品给社会事业(Bae & Cameron, 2006),当该社会事业与企业的争议来源具有较强的相关性时,鉴于争议性企业的争议来源是不可避免的,即该类企业要生存或者发展不可避免地会造成对某项社会事业的损害,表明企业想弥补自身的由于不可避免的原因造成的失误,导致消费者此时较之条件性信息的转发意愿较高。

而在社会事业与争议性企业的争议来源的相关性较低时,在转发条件的信息中,此时消费者的关注点更多地在其自身行为对社会事业的贡献中,转发行为可以增强消费者对社会事业做出贡献的自豪感,此时可以有效增强其转发意愿。而在无条件性信息中,当社会事业争议性企业争议来源的相关性较低时,消费者找不到更好的缘由来解释企业的社会责任行为,会认为企业的该传播行为具有一定的利用社会事业的嫌疑,此时较之转发条件信息其转发意愿会更低。

H2:社会事业与争议性企业争议来源的相关性在信息条件性对转发意愿影响中起调节作用。

H2a:在社会事业与争议性企业争议来源的相关性较高时,无条件性信息的转发意愿要显著高于转发条件的信息。

H2b:在社会事业与争议性企业争议来源的相关性较低时,无条件性信息的转发意愿要显著低于转发条件的信息。

（三）企业社会责任信息传播的信源类型

尽管众多企业已经认识到企业社会责任传播的重要性(Wanderley et al.,2008),但是企业社会责任传播的两难悖论(Catch 22,即二十二条军规)导致很多企业十分惧怕主动进行社会责任信息的传播(Coombs & Holladay,2011)。这是因为根据说服知识模型(persuasion knowledge model)(Friestad & Wright,1994)当消费者直接从企业处获知企业社会责任信息时,会认为企业是为了树立形象或者营利。当消费者从独立的第三方信源中获知企业的社会责任信息时,其会给予积极的反应(Yoon, et al., 2006;Groza, Pronschinske & Walker, 2011;Tao & Ferguson, 2015)。即所谓当信源对于企业而言越不可控,其发布的企业社会责任信息的可信度越高,反之亦然(Bhattacharya & Sen, 2003)。

当由企业自身主动发布相关的企业社会责任信息,转发条件的信息因为有企业自身主动发布使信息的可信度更高,也更能获得消费者的信任即企业的承诺更能获得消费者认可与信任,同时其转发的效果也是消费者能够直接看得到的。而由企业主动传播无条件性信息时,虽然可以有效强调企业在该社会事业上的观点与态度,或者其在该项社会事业的贡献与付出(Pracejus,Olsen & Brown,2003),但是有更多自我传播或者自我标榜的嫌疑,因此此时其转发意愿要低于转发条件的信息。

而当信息为无直接利益关系的第三方机构提供,企业作为被动的信息接收者时,两类信息都可以显得更为客观公正,减少消费者对企业的怀疑。但是这种公正性对于无条件性信息的作用更为显著,该类信息更易获得消费者的信任,因此其转发意愿更强。

H3:信源类型在企业社会责任传播内容对转发意愿影响中起调节作用。

H3a:在由企业主动传播其相关社会责任信息时,消费者对转发条件的信息的转发意愿会显著高于无条件性信息。

H3b:企业社会责任信息为第三方信源传播时,消费者对转发条件的信息的转发意愿会显著低于无条件性信息。

(四)动机归因的中介作用

常和庄(Chang & Chuang,2011)在研究中将信息分享的情境迁移到在线虚拟社区当中,认为人的动机会影响其知识分享行为。普里斯(Price,1995)等人提出口碑传播的动机是利他主义和帮助别人。陈明亮等(2008)通过实证证明,利他动机和自我提升动机显著影响消费者的再传播意愿,利他动机的出发点是使他人获益,消费者可以想到信息对他人有用而对信息进行传播分享。孙韬(2013)研究证明,微博中信息的多样性及有用性影响用户的转发行为和评论行为,其中多样性要求信息需要保持新鲜感,有用性则是指信息能给消费者带来的意料之外的帮助。在企业发布的企业社会责任信息中公益信息越多,消费者越可以感知到更多的信息利他性,这种利他性与做好事可以增强转发者的社会地位与声望(Van Vugt,Roberts & Hardy,2007),从而转发意愿更强。

企业社会责任传播的效果很大程度上依赖于消费者对相关信息如何归因(Kim & Lee,2012)。在上一节的研究中已经证实动机归因会影响消费者对信息的转发意愿。过去关于企业社会责任传播研究很多用消费者对企业的动机归因来解释一些变量如信息的类型、企业与社会事业的匹配度、企业与社会事业的突出性对消费者品牌态度与社会事业的态度(Webb & Mohr,1998;

Samu & Wymer，2014）。

无条件性的信息更多的是突出与强调企业自身为社会事业做出的贡献,会使企业"自我宣传"的嫌疑加大(Deshpande & Hitchon，2002),尤其当企业所支持的社会是与其毫无相关性的社会事业或者是由企业自身加以宣传时,这会使消费者对企业的利己归因更高,因此转发意愿更低(Westberg & Pope，2014),这是由于追逐利益是企业的本性(Basil et al.，2012)。但是当争议性企业选择与其争议来源相关性较高的社会事业时,表明了企业弥补错误的决心,或者当由第三方信源加以宣传时,有利于消费者进行利他动机归因。而具有转发条件的信息,虽然其充分利用了社交媒体的互动性这一优势,能有效增强消费者的转发意愿,但是当其选择了与其核心争议来源相关性较高的社会事业时,消费者会认为企业并不是真的想帮助社会事业反而是利用社会事业。而当企业主动加以宣传的时候,自身宣传公信力更高反而有利于减弱消费者对企业的利己动机归因(见图4-3)。

H4a:动机归因在相关性与信息条件性对转发意愿中起中介作用。

H4b:动机归因在信源类型与信息条件性对转发意愿中起中介作用。

根据以上研究假设以及相关研究成果,本书究的研究框架如图4-3所示。

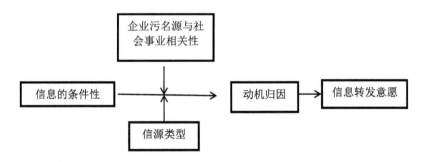

图4-3　传播内容对转发影响的研究结构框架

二、研究方法

（一）前测

酒类企业因为伤害身体、导致酒驾等原因成为争议性企业的显著代表,因此被选作实验的品类。

而社会事业的选择则参照郭和赖斯(Kuo & Rice，2014)的方法，并使用普拉塞朱斯和奥尔森(Pracejus & Olsen，2004)的五点量表(1＝非常不相关，2＝非常相关)，让30个被试在一系列社会事业中与酒类企业的争议来源相关性进行打分。同时为了消除被试对不同社会事业的卷入度的影响(Bigné-Alcañiz，2010；Schlegelmilch & Pollach，2005)，然后使用三个题项的五点量表(Bigné-Alcañiz，2010)来测被试对各个社会事业的卷入程度。结果显示，酒类企业的污名源与禁止酒驾社会事业的相关性比较高($M_1=4.333$, $SD=0.567$)，而其与环境保护社会事业的相关性比较低($M_2=3.078$, $SD=0.820$)，$t(29)=6.695$，$p=0.000$。同时被试对两种社会事业的卷入度没有显著性的差异，$M_1=4.122$, $SD=0.669$；$M_2=3.900$, $SD=0.749$；$t(29)=1.172$, $p=0.251$。因此最后选取了相关性不同的社会事业——禁止酒驾与关爱环境。为了消除企业的形象与声誉度对结果的影响，在研究中选用了虚拟的品牌"五福酒业"。

在无条件性信息的企业社会责任传播中，主要阐释五福酒业为禁止酒驾与保护环境的社会事业所付出的努力，如捐献金额。转发条件的企业社会责任信息主要阐释五福酒业在活动期间，受众每转发一条信息，其会为禁止酒驾与保护环境的社会事业捐赠0.1元钱。信源类型主要根据信息来源来区分，分别为五福酒业的官方微博和加V认证的爱心公益微博。最后将相关信息按照微博的形式加工制作。同时以上实验用的微博图片通过30人组被试的真假测试，最后评价得分4.502分，确保刺激物的真实性。

（二）实验操作

以248名上海交通大学各专业学生作为被试，31人一组随机地分成8个小组参加2(信息类型：无条件性信息与转发条件的信息)×2(相关性：高相关性与低相关性)×2(信源类型：企业主动传播与第三方信源传播)的实验，被试独立做题，不相互影响。在阅读相关企业社会责任信息之前，被试首先阅读一则关于五福酒业的相关介绍——"五福酒业公司是一家知名的白酒企业，在行业中处于领先位置，是我国知名的白酒品牌，深受广大消费者喜爱"。被试在观看相关刺激物后，分发给每位被试调查问卷，要求独立作答。最终获得有效样本236份，男生132名，比例为55.93％；女生104名，比例为44.07％。其中相关变量的测量与上一节的研究相同。

三、研究结果

(一) 变量信效度检验

虽然所有的变量在上一节的研究中均已经测试过,且均具有较高的信度与效度,但本实验中为确保相关变量测试的成功,又重复进行了检验。结果显示所有变量的 Cronbach's α 系数均在 0.9 以上,信度较高。本研究中 SPSS17.0 结果显示 KMO 指标为 0.847,Bartlett's 检验的显著性为 0.000,说明数据适合进行因子分析。然后使用 AMOS7.0 进行验证性因子分析,所有题项在所对应因子上的载荷均大于 0.5 且显著,所有变量的平均方差提取值 AVE 值均大于 0.5,AVE 值均大于变量间相关系数的平方值,因此变量具有较好的判别效度。同时所有变量的组合信度 CR 值均大于 0.9,因子载荷均高于 0.7,聚合信度较好。

(二) 操纵性检验

在实验开始前对被试的两项社会事业(禁止酒驾与保护环境)卷入度进行测试,结果显示被试对两类社会事业的卷入度不存在显著性差异,$M_1 = 3.910$,$SD = 0.677$;$M_2 = 3.869$,$SD = 0.659$;$t(235) = 0.658$,$p = 0.511$。为了检验相关变量操作的成功,在问卷结尾部分设置了问题:"从以下三个选项中选出你前面阅读的该微博信息是由谁发布的:A 企业自身 B 公益组织 C 我没有关注",结果显示 7 名被试回答错误被剔除,最后保留的 236 个样本在该问题上均回答正确。同时请受众为五福酒业的核心污名源与两类社会事业的相关性进行打分,结果显示其与禁止酒驾的社会事业相关性($M_1 = 4.111$,$SD = 0.718$)显示高于其与环境保护($M_2 = 3.051$,$SD = 0.814$),$t(235) = 15.664$,$p = 0.000$,表明污名源与社会事业相关性这一自变量的操作是成功的。

(三) 研究假设的检验

1. 信息条件性与相关性对转发意愿的影响

首先,采用 ANOVA 来验证信息条件性对转发意愿的影响,将信息的条件性作为自变量而转发意愿作为因变量。结果显示信息的条件性会显著影响被试对信息的转发意愿,$F(1, 234) = 6.038$,$p = 0.015$。其中转发条件性信息的转发意愿最高($M = 3.651$，$SD = 1.058$)，其会显著高于无条件性信息($M = 3.348$，$SD = 0.840$)，$t(235) = 2.457$，H1 被验证。

然后，使用 MANOVA 分析来检验社会事业与争议性企业争议来源的相关性在信息条件性对转发意愿的影响中的调节作用，结果显示信息条件性与相关性程度对消费者的信息转发意愿产生交互作用，$F(1, 232) = 29.734$，$p = 0.000$，$\eta^2 = 0.097$。表明社会事业与争议性企业争议来源之间的相关性确实发挥着调节作用，H2 被验证。然后使用独立样本 t 检验来分析在不同的相关性程度下，信息类型对转发意愿的影响。当企业选择与其核心争议来源相关程度高的社会事业时，无条件性信息($M = 3.311$，$SD = 0.924$)与条件性信息($M = 3.049$，$SD = 1.005$)对消费者转发意愿的影响并无显著性差异，$t(119) = 1.491$，$p = 0.139$，H2a 未被验证。而当企业选择与其争议来源相关程度较低的社会事业时，转发条件性信息($M = 4.322$，$SD = 0.626$)较之无条件性信息($M = 3.384$，$SD = 0.752$)更容易促使消费者产生积极的转发意愿，$t(113) = -7.248$，$p = 0.000$，H2b 被验证。

2. 信息条件性与信源类型对转发意愿的影响

使用同样的 MANOVA 分析来检验企业信源类型在信息条件性对转发意愿的影响中的调节作用，结果显示信息类型与信源类型也对消费者的信息转发意愿产生交互作用，$F(1, 232) = 44.485$，$p = 0.000$，$\eta^2 = 0.157$。表明信源类型确实在信息条件性对转发意愿的影响中发挥着调节作用，H3 被验证。独立样本 T 检验表明在企业主动传播企业社会责任信息时，转发条件性信息($M = 4.406$，$SD = 0.810$)较之无条件性信息($M = 2.978$，$SD = 0.799$)更容易促使消费者产生积极的转发意愿，$t(116) = 7.209$，$p = 0.000$，H3a 被验证。而当由第三方信源发布企业社会责任信息时，情况则与前面的相反。转发条件性信息($M = 3.260$，$SD = 1.892$)较之无条件性信息时($M = 3.718$，$SD = 0.710$)消费者转发意愿更低，$t(116) = -2.625$，$p = 0.010$，H3b 被验证。

3. 信息条件性、争议来源与社会事业相关与信源类型对转发意愿的影响

为了进一步验证三个自变量(信息的条件性、争议来源与社会事业的相关性、信源类型)对因变量(转发意愿)的共同作用，使用 MANOVA 来分析，结果显示信息的条件性、争议来源与社会事业的相关性、信源类型对转发意愿具有

显著交互作用，$F(1,228)=20.903$，$p=0.000$。在企业主动传播相关信息时，信息条件性与争议来源与社会事业相关性两个变量对社会事业的转发意愿并无显著性交互作用 $F(1,114)=1.442$，$p=0.232$，$\eta^2=0.007$，如图 4-4。而在企业社会责任信息是由第三方信源传播时，信息条件性与争议来源与社会事业相关性两个变量对社会事业的转发意愿则有显著性交互作用 $F(1,114)=59.514$，$p=0.000$，$\eta^2=0.282$（如图 4-5）。在所有八组实验组中，其中企业主动传播的具有转发条件同时社会事业是与其争议来源相关性较低的社会事业时，该类信息能获得最高的转发意愿（$M=4.489$，$SD=0.556$），反之当第三方信源传播的具有转发条件的同时社会事业是与其争议来源相关性较高的社会事业时消费者的转发意愿最低（$M=2.452$，$SD=0.823$）。

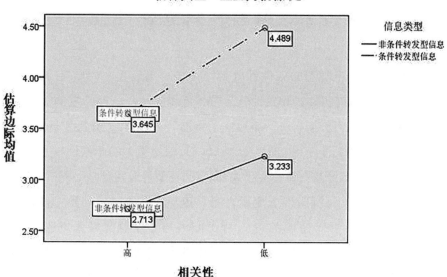

图 4-4　企业为信源主动传播时，企业争议源与社会事业相关性与信息条件性交互作用

4. 利己归因中介作用的验证

巴伦和肯尼（Baron & Kenny，1986）认为是否存在中介作用应满足以下四个条件：①自变量与中介变量之间有显著相关；②中介变量与因变量之间有显著相关；③自变量与因变量之间有显著相关；④当中介变量引入回归方程后，自变量与因变量的相关系数或回归系数显著降低。

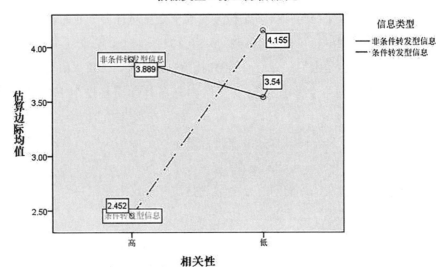

图 4 - 5　第三方信源传播时,企业争议来源社会事业相关性与信息条件性交互作用

在研究中将信息类型的条件性分为"1＝条件型转发,－1＝非条件型转发",争议来源与社会事业的相关性分为"1＝低相关性,－1＝高相关性",信源类型"1＝第三方信源传播,－1＝企业主动传播"。使用相关分析发现,争议来源与社会事业的相关性($r=0.345$, $p=0.000$)、信息类型的条件性($r=0.159$, $p=0.015$)与转发意愿具有显著性相关,而信源类型与转发意愿则不相关($r=-0.012$, $p=0.858$)。同时以上变量之间对转发意愿均具有显著性的交互作用,$F(1,228)=20.903$, $p=0.000$。利己归因与转发意愿显著负相关($r=-0.435$, $p=0.000$),即消费者对企业的利己归因越强,其企业社会责任信息转发意愿就越低。同时争议来源与社会事业的相关性($r=0.116$, $p=0.056$)、信息类型的条件性($r=-0.129$, $p=0.048$)与利己归因均有显著相关性,而信源类型与转发意愿相关性不显著($r=-0.056$, $p=0.324$)。因此可以做利己归因的中介作用的分析。

采用分层回归模型检验利己归因的中介效应(结果见表4-6)。首先将信息的条件性、社会事业与争议来源的相关性、信源类型、信息条件性×争议来源与社会事业相关性、信息条件性×信源类型以及信息条件性×争议来源与社会事业相关性×信源类型分别作为自变量,而利己动机归因作为因变量分别置入线性回归模型中,结果显示,信息的条件性($\beta = -0.102$,$t = -1.988$)、信息条件性×争议来源与社会事业相关性交互变量($\beta = -0.193$,$t = -3.097$)、信息条件性×信源类型交互变量($\beta = 0.178$,$t = 3.567$)以及信息条件性×争议来源与社会事业相关性×信源类型交互变量($\beta = -0.096$,$t = -1.899$),均会显著影响消费者对企业的利己动机归因。

将信息条件性作为自变量而消费者的转发意愿作为因变量置入线性回归中,结果显示信息条件性显著地影响消费者的转发意愿($\beta = 0.153$,$t = 2.457$,$p = 0.015$),再次验证 H1。然后将利己动机归因也置入上述线性回归方程中,结果信息条件性对转发意愿的影响不再显著($\beta = 0.082$,$t = 1.590$,$p = 0.113$),主要是利己动机归因在影响转发意愿(见表 4-6 模型 9)。表明信息条件性主要通过利己动机归因的中介作用影响消费者的转发意愿。

通过多元线性回归做争议来源与社会事业相关性的调节效应分析,将信息类型与相关性进行中心化后,得到一个全新的变量——信息类型×相关性,然后将三个变量同时纳入回归方程中,结果显示在对转发意愿的影响中,信息类型×相关性的系数是显著的($\beta = 0.300$,$t = 5.453$,$p = 0.000$),说明争议来源与社会事业相关性在信息条件性对转发意愿的影响中起调节作用,与 H2 结果相呼应。然后为检验利己动机归因的中介效应,将中心化的信息类型、相关性、信息类型×相关性、利己归因纳入转发意愿的模型中,结果显示信源类型、相关性、信息类型×相关性、利己归因对转发意愿的影响系数显著(模型 10),较之模型 6 中各个变量的影响系数也均有降低,同时利己归因对转发意愿的系数也显著($\beta = -0.712$,$t = -10.978$,$p = 0.000$),由此可见利己归因在企业社会责任信息类型与相关性对转发意愿影响中起中介作用。

同样的方法用来验证利己归因在信息类型×信源类型中的中介作用。由表 4-6 中的模型 7 与加入利己动机归因后的模型 11,可知信息条件性及信息条件性×信源类型在加入利己动机归因这个变量后,其对转发意愿的影响系数均有所降低,因此利己归因在企业社会责任信息条件性与信源类型对转发意愿影响中起中介作用。

表 4 - 6 变量间的回归分析结果

变量	利己归因								转发意愿			
	模型 1	模型 2	模型 3	模型 4	模型 5	模型 6	模型 7	模型 8	模型 9	模型 10	模型 11	模型 12
信息类型	-0.102*	-0.109*	-0.102*	-0.105*	0.153*	0.169**	0.153**	0.163**	0.082	0.014*	0.089	0.097*
争议性信源与社会事业相关性		-0.094		-0.094		0.337***		0.336***		0.280***		0.276**
信源类型			-0.051	-0.054			-0.011	-0.003			-0.043	-0.037
信息类型×相关性		-0.193***				0.300**				0.185***		
信息类型×信源类型			0.178***				-0.381***				-0.270***	
信息类型×信源类型×相关性				-0.096*				0.226***				0.165***
利己归因									-0.699*	-0.598***	-0.624***	-0.634***
F 值	3.954	7.706	5.972	3.035	6.038	24.939	17.222	14.613	61.916	49.498	42.539	38.847
R^2	0.017	0.091	0.072	0.050	0.025	0.244	0.182	0.202	0.347	0.462	0.424	0.458
$\triangle R^2$	0.012	0.079	0.060	0.033	0.021	0.234	0.172	0.188	0.341	0.452	0.414	0.446

注：* $p<0.05$，** $p<0.01$，*** $p<0.001$。

使用同样的方法将三个变量(信息条件性、争议来源与社会事业的相关性以及信源类型)及其交互作用信息条件性×相关性×信源类型作为自变量置入线性回归模型中(模型8),然后将利己归因也与以上变量同样置入回归方程中(模型12),以上四个自变量对转发意愿影响的回归系数均有所降低,同时利己归因对转发意愿的影响也是显著的。因此利己归因在企业社会责任信息类型、相关性与企业信源类型对转发意愿影响中起中介作用,H4被验证。

四、研究讨论

(一)社会事业的选择对争议性企业尤为重要

这与其他针对一般性企业社会责任研究的结论相同,都强调了社会事业选择的重要性(Robinson,Irmak & Jayachandran,2012;Samu & Wymer,2014)。但是与之前的研究强调企业应该选择与其匹配度高或者一致性高的社会事业不同(Kuo & Rice,2015;Robinson et al.,2012)。本研究指出两点,即消费者对社会事业的卷入度以及争议性企业的争议来源与社会事业的相关性均需企业加以关注。

金(Kim,2014)指出,社会事业的卷入度会对企业与社会的匹配度对企业社会责任态度或者行为意向起到重要的调节作用。但是本研究却着重指出,社会事业卷入度会在争议性企业的争议来源与社会事业的相关性的调节作用下对转发意愿产生影响。虽然选择消费者卷入度高的社会事业可以借助社会事业的影响力使其对企业社会责任信息进行深加工,并借助消费者对社会事业的高卷入度进而转发相关信息,但是如果此时该社会事业与企业的争议来源息息相关,反而会加重消费者对企业利用与消费社会事业的认知,怀疑企业的这种"善行"是受不明动机的驱使或另有所图,认为企业的这种行为是利己的,进而对企业的社会责任信息产生排斥,不愿意对其进行转发。只有当争议来源与社会事业的相关性较低时,消费者对社会的高卷入度才能有效激发消费者的转发意愿。

(二)企业社会责任信息传播方式的选择需要慎重

本研究将信息类型分为无条件性信息与转发条件性的信息。与普兰肯和沃尔海延(Planken & Verheijen,2014)的结论"无条件与有条件两类信息在企业社会责任传播结果上不会造成显著性的差异"的结论不同。本研究指出转发条件的信息整体的转发意愿显著高于无条件性信息。转发条件的信息充分适应了社交媒体的特征,既调动了消费者的积极性又加强了企业与消费者的互动性,有效提高了消费者在帮助社会事业中的自我效能,激发了消费者积极的态度(Robinson et al.,2012),又让消费者在付出很小努力的情况下可以有效帮助相应的社会事业。同时本研究证实,信源类型在信息条件性,社会事业与争议来源相关性对转发意愿起调节作用。由第三方信源传播的信息整体而言可以获得更好的效果,但是转发条件的信息反而可以通过企业自身传播获得较高的转发意愿,这是由于企业官方发布会增强该类信息的权威性。同时在争议来源与社会事业相关性较低的时候,条件性信息能发挥更大的作用。

(三)利己归因成为社交媒体中争议性企业社会责任信息再传播的重要中介变量,其会负向影响转发意愿

当消费者在社交媒体中感觉企业的社会责任行为是利己的,是在利用社会事业就会产生较低的转发意愿。过去的研究大多基于归因理论将中介变量集中于消费者对企业的动机归因(Bae & Cameron,2006;Yoon et al.,2006;Bigné et al.,2012;田虹,袁海霞,2013),其因变量多为消费者对企业的态度或者产品的购买意愿,动机归因能够影响到消费者对企业的态度与行为。本研究将利己归因作为中介变量引入社交媒体环境中的企业社会责任传播研究,将转发意愿作为因变量。利己归因导致消费者认为企业是在利用社会事业,因此不会进行转发。争议性企业要取得企业社会责任信息在社交媒体中的二次传播,如何有效降低消费者对其的利己归因成为重要突破口。

第五节　本章小结

了解争议性企业的社会责任传播的影响因素及传播机制对于争议性企业在社交媒体中进行企业社会责任信息传播十分重要。本章在分析企业社会责任信息在社交媒体中的传播机制以及传播模式的基础上,进一步通过两个实验探究了争议性企业在社会媒体环境中进行企业社会责任传播内容被进一步转发进行二次传播的影响因素及其传播机制,包括了信息的条件性、社会事业的

选择、信源类型等各个因素。同时证实了这些信息不是直接作用于消费者的转发意愿,而是通过消费者对企业的利己归因起中介作用。

　　投入企业社会责任活动中并进行企业社会责任传播成为众多企业的选择,社交媒体成为重要的传播载体。但是如何利用社交媒体进行企业社会责任传播成为众多企业尤其是被诟病的争议性企业面临的重要问题。本研究的结论对争议性企业带来很多有价值的实践启示,首先在社会事业的选择上,消费者卷入度高的社会事业可以引起消费者的注意,企业可以借助社会事业的高卷入带来积极的二次传播行为。过去研究指出企业应该选择与其匹配度高的社会事业,但是对于争议性企业还需要关注该社会事业对其争议来源之间的相关性,尽量选择与其利益关联较少或相关性不显著的但是消费者卷入度高的社会事业。其次,在传播形式上,要尽量消除企业获得利益的显著性同时尽量充分利用社交媒体的特征,积极促进消费者的参与度。以转发为条件的信息可以增强消费者对社会事业的贡献度的同时降低对企业的利己归因。最后,争议性企业应尽可能从实现企业主动传播转变为第三方信源传播,使得公众从第三方信源而非企业自身获取其社会责任活动信息。

第五章

社交媒体中争议性企业社会责任传播效果研究

——传播主体与传播内容因素对传播效果的影响

第一节　研究问题确认

企业进行社会责任传播,单纯的企业信息传播或者消费者主动的口碑传播并不是最终目的,而是希望企业社会责任信息传播可以影响到利益相关者。争议性企业更多是希望开展企业社会责任活动并通过企业的社会责任信息传播改变其争议性的刻板印象,获得企业形象与声誉的提升,进而使消费者对企业的社会责任行为乃至整个企业产生认同感,实现消费者对企业良好的态度与购买意向。

企业社会责任传播对企业而言是把双刃剑,恰当的时机通过合适的沟通渠道采用合适的传播方式可能会引起消费者的好感。道金斯(Dawkins, 2005)发现消费者渴望更多地了解企业社会责任的信息,当其了解企业开展的社会活动,会激发其对该企业的关注,并影响购买决策。栾和许(Nan & Heo, 2007)通过对照实验研究结果表明含有企业社会责任信息的广告更能够显著提高消费者的购买意愿。库拉斯—泰雷斯(Currás-Térez, 2009)发现企业社会责任信息能创造企业消费者认同,并提高品牌的形象,从而提高购买意愿水平。卢正文(2012)通过对上市公司的数据验证了企业捐赠行为对企业销售增长有显著的积极影响;克里斯奇(Krisch, 2017)针对香港地区消费者验证了企业社会责任信息可以对消费者的品牌信任和购买行为产生影响。但是当消费者察觉到企业的社会责任传播存在利己动机与伪善感知,企业社会责任传播往往会对品牌起到负面作用。如尹(Yoon, 2006)认为烟草企业在进行禁烟宣传中,反而会导致消费者认为企业是在利用禁烟这一社会事业,并不是真的关心禁烟活动,进而对品牌产生抵触心理。但消费者对品牌的负面印象或者对品牌的怀疑具有典型的情景化或瞬时化,受到具体情境与传播信息的影响。如王颖晖(2014)以形象转移理论为基础,验证了企业社会责任传播中信息透明度对消费者品牌态度具有积极正向影响,同时消费者对企业社会责任的动机感知会影响其对社会责任行为的判断。波默(Pormer,2008)从传播学的视角,认为社会责任承诺和效果具有较强的说服性,能够对品牌带来正面的影响。金(Kim,2016)认为,企业社会责任传播信息特征,如第三方的支持、社会事业与消费者的个人相关性、信息的透明度与稳定性等都会影响消费者对品牌的态度。这种情景化或瞬时化也说明企业社会责任传播要取得好的效果需要对传播时机、传播策略以及传播渠道加以考量。

媒体技术的发展为企业进行有效的与可控制的企业社会责任传播创造了可能(Porter,2001)。企业可以建立自己的传播主页、控制传播的内容、制定传播的框架甚至在决定相关信息能否在主页出现(Wang & Anderson,2008;Wang,2007)。社交媒体信息发布的便捷性与虚拟性不仅提供了企业进行社会责任传播的重要平台,方便企业根据时机与自身条件调整企业社会责任信息,同时也便于企业与消费者之间进行互动,消费者可以发表自己的意见,便于企业及时跟进。

然而目前却鲜有针对争议性企业在社交媒体中的企业社会责任传播内容与传播策略、传播主体等因素进行探究,进一步确定相关因素及其交互作用对品牌带来的影响。本研究从消费者信息双加工路线的角度,探究争议性企业在社交媒体中进行企业社会责任传播特征对品牌态度与购买意向带来的影响。

第二节 理论基础与研究假设

一、企业社会责任信息视觉传播中企业或社会事业的突出性:以企业为主 VS 社会事业为主

视觉传播是当前社交媒体传播的主要形式,在企业社会责任传播中适当的视觉传播的运用可以有效地提高品牌态度(Slater & Karan,2002)。在消费者

加工动机较低或者没有充足丰富的信息供消费者进行系统式或者中心路线加工时,图片往往成为重要的加工线索。

都、巴塔查里亚和森(Du,Bhattacharya,& Sen,2010)指出目前很多的企业社会责任传播倾向于集中于阐述企业卷入到各种社会事业中,而不是集中于阐释社会事业本身。这导致不同的企业会在企业社会责任传播中给予企业或者社会事业不同的突出性。突出性是指在企业的社会责任传播中相对于其他的信息,某一类的信息更加突出,突出的信息易获得消费者的注意力(Samu & Wymer,2009;Guido,2001),进而对消费者产生更大的影响(Nagel,Maurer & Reinnemann,2012)。拉弗蒂和埃德蒙森 (Lafferty & Edmondson,2009) 将企业的社会责任信息的善因营销广告(CRM ads)分为以突出企业为主与以突出社会事业为主两类。这种不同的突出性会引起视觉上的差异,进而导致消费者对于企业与社会事业的感知不一致(Sciulli & Bebko,2006)。但是对两类信息的突出性对企业的影响上,目前并无一致性的结论。拉弗蒂和埃德蒙森(Lafferty & Edmondson,2009)指出在善因营销广告传播中以企业为主的视觉传播能够产生更为积极的品牌态度与产品购买意向,主要是因为此时消费者更多将其作为一个普通的企业广告(Yasukochi & Sakaguchi,2002),这样的视觉传播更有利于消费者加深对企业的形象感知。但以企业为主的传播容易导致消费者的利己动机归因(Samu & Wymer,2009,2014),进而对企业产生负面的影响(Stuart,2004)。因此也有研究认为相比突出企业,突出社会事业的图片更能激发消费者对企业的积极态度与购买意愿(朱翊敏,2014;Chang,2015),这是由于此时消费者会将其归为社会事业传播(Samu & Wymer,2009),进而会对企业进行利他动机归因(Becker-Olsen & Cudmore,2006),认为企业是在帮助社会事业进而对其产生积极的态度(Menon & Kahn,2003)。

以上结论不同,往往是由于在研究中加入了不同的调节变量,如企业与社会事业的匹配度(Samu & Wymer,2009;曹忠鹏、代祺和赵晓煜,2012),或者其他的一些影响因素如信息框架(朱翊敏,2014;Chang,2015)。

无论是 ELM 模型还是 HSM 模型都将信息的信源作为一项重要的加工线索。本研究鉴于企业在社交媒体的账户类型不同,将其分为企业的官方账号与企业公益基金名称为主的账号两类,探究其与企业或社会事业的突出性的交互作用。

二、信源公益性的调节作用

信源成为影响信息传播效果的重要因素,同样的信息高权威信源较之低权
威信源,前者能取得更好的传播效果(Hovland,1951)。此外信源还会影响消
费者对信息加工(Priester & Petty,2003)。

当前部分企业开始建立自身的公益基金,并用基金账号发布企业社会责任
信息。企业公益基金命名的账号较之企业命名的官方微博发布企业社会责任
信息具有较强的公益性,同时也具有更多第三方媒体的特征。企业与公益性组
织合作作为信源时信息的可信度更高也可以降低消费者的怀疑度
(Simmons & Becker-Olsen,2006;Yoon et al.,2006),增强可信的信念
(Sparks et al.,2015)。当企业社会责任信息由企业公益基金命名的账号发布
时,相关信息应该具有社会事业特征的需求会更加强烈,也更易促使消费者产
生积极的品牌态度(Myers,et al.,2012),此时企业社会责任视觉传播中以社
会事业主时,两者更具有和谐性与一致性,而一致性理论(Osgood &
Tennenboum,1955)指出这种一致性容易强化消费者的态度,促使对品牌产生
积极的态度。反之当其发布以企业为主的信息时,其用更多的空间传递企业相
关的信息(Samu & Wymer,2009),这种以企业为主的信息传播会与其公益性
为特征的信源,产生不一致性,而不一致性会增加消费者对企业的怀疑
(Minor & Morgan,2011),进而对企业产生消极的影响。

而信息来源为企业的官方账号时,当其发布以企业信息为主的企业社会信
息时,消费者会将其当做企业进行的普通品牌传播,较之企业账号发布的社会
事业为主的信息,前者更具一致性也更易促使消费者产生好感。因为后者不一
致的信息会促使消费者认为企业是伪善的,进而对企业产生直接或间接的负面
情绪(Wagner et al.,2009)。而且在信息不充分的时候,消费者无法获知企业
与社会事业之间更多的信息,也无法将对社会事业的好感转移给企业。

H1:在信息不充分时,信源公益性调节企业或社会事业的突出性对企业态
度与购买意愿的影响。

H1a:在信息不充分时,当信源为企业公益基金账户时,以社会事业为主

的企业社会责任信息更易促使消费者对争议性企业产生较积极的品牌态度(a)与购买意向(b)。

H1b:在信息不充分时,当信源为企业账户时,以企业为主的企业社会责任信息更易促使消费者对争议性企业产生较积极的品牌态度(a)与购买意向(b)。

三、信息特征:一面性信息与两面性信息

在说服过程中根据信息的特征可以将信息分为一面性信息与两面性信息(Cornelis et al.,2013;Ahn et al.,2011;Du & Vieira,2012)。一面性信息是纯粹的支持性观点与论据,而两面性信息则包含了支持性的正面信息与反对性的负面信息,同时正面性的信息要远远多于负面性的信息(Stanovich & West,2008)。

在品牌广告传播中,一面性信息与两面信息的说服力并无一致性的结论(Kao,2011;Zang,2014;Bohner et al.,2003)。部分研究认为较之两面性信息,一面性信息更受欢迎(无论信息的正负性)(Stanovich,2013),而另外的研究者则基于麦奎尔的预防接种理论证实两面性的信息更易促使消费者对品牌产生积极的态度(Zang,2014),即当消费者对品牌已经有负面性的信念时,两面性信息更易产生好的说服效果(Du & Vieira,2012)。而在社会事业传播中,两面性的信息也被证实更具新颖性同时也更能够吸引到消费者的注意力(Cornelis et al.,2013)。高(Kao,2011)指出,在企业社会责任传播中信息的一面性与两面性的效果随着情境与背景而发生变化。弗雷和格里尔(Foreh & Grier,2003)指出,在企业的社会责任传播中偶尔使用一点相左意见的信息也非常重要。这是由于当企业在社会责任传播中既包含对企业好的方面信息也包含其不好的信息,可以有效提高传播的透明度,其有利于建立企业与消费者之间的良好的关系与信任,并提高整个企业社会责任传播的信任度(Coombs & Holladay,2011;Jahansoozi,2006,2007),降低消费者的怀疑(Coombs & Holladay,2011)。而这种诚实的态度是企业社会责任传播中最好的策略(Kim & Lee,2012)。

以上结论不同是由于在企业社会责任传播中,信息的一面性与两面性对企

业的影响受到其他因素共同的作用,如消费者的评论框架(Rim & Song,2016)。HSM 模型指出在信息提供充分的情境下,同时消费者又具备较强的信息加工能力与加工动机时,消费者倾向于进行系统式加工(Ryu & Kim,2015)。此时所有的线索都成为消费者进行信息加工的重要内容。消费者倾向于运用逻辑思维,对所有信息线索进行分析与判断。而争议性企业常常被认为是罪恶的,因此他们的企业社会责任传播也常常被质疑(Du & Vieira,2012)。两面性这种具有冲突性的信息的确可以有效地吸引注意力并由此加强消费者对信息的认知加工(Dubois, et al.,2012)。同时这种两面性说服的信息可以有效增强消费者对社会责任传播的信任度,即认为企业说的都是事实(Wang et al.,2016),进而促使消费者对品牌产生积极的态度与购买意向。

当信源为企业公益基金时,由于该信源具有高度的公益性,此时运用两面性的信息其中负面性的信息与企业公益基金的公益性具有加强的不一致性,进而增强消费者的质疑,反之当其进行一面性信息说服时,会增强消费者对整个企业公益性的认知,进而对其产生积极的态度与购买意向。

H2:在信息充分的情况下,当信源为企业时,两面性信息较之一面性的信息更容易促使消费者对品牌产生积极的态度(a)与购买意愿(b)。

H3:在信息充分的情况下,当信源为企业公益基金时,一面性信息较之两面性的信息更容易促使消费者对品牌产生积极的态度(a)与购买意愿(b)。

四、伪善感知的中介作用

过去研究发现企业社会责任信息内容并不能直接作用于消费者最终的态度与行为,而是通过消费者对企业动机归因的中介作用。动机归因成为解释消费者对企业社会责任信息反应的重要变量(Godfrey,2005)。但是森等(Sen et al.,2006)与艾伦等(Ellen et al.,2006)指出,很多时候在企业社会责任传播中消费者对企业的动机归因并不是单一的,而是利己动机与利他动机混合的,因此引入新的中介变量变得尤为重要。

伪善感知(hypocrisy)越来越受到学者们的重视(Wagner et al.,2009),成为消费者对企业态度形成的重要影响因素。伪善是指个体让自己表现得很道德的同时,尽可能避免利益损失的行为倾向或动机(Baston & Collins,2005),

是个体实际行为跟自己声称的道德准则存在矛盾,言行不一致(Muncyj & Vitells,1992;Samuels,2009)。Wagner et al.(2009)将伪善与企业社会责任相结合,将"企业伪善"(corporate hypocrisy)界定为消费者对企业声明自己如何但其实并非如此这种不一致性的感知与信念。消费者对企业的伪善感知成为影响企业社会责任活动效果的重要因素(Fassin & Buelens,2011;La Cour & Kromann,2011),消费者对企业的伪善感知已成为一种影响消费者对企业态度的关键心理机制,伪善感知会导致消费者对企业评价产生负面影响。当企业行为被认为伪善时会遭到严厉的惩罚(Shim & Kim,2017;Janney & Gove,2011)。反之消费者对企业社会责任的感知越真实,就越可能对企业社会责任实践做出好评(田志龙等,2011)。

在企业社会责任传播中,伪善程度则取决于企业如何整合两种看似相互冲突的利益诉求,即商业诉求和社会事业诉求(Marquis & Lounsbury,2007)。伪善感知的典型形式是言行不一致(Barden et al.,2013;牟宇鹏,汪涛,王波,2012)。瓦格纳等(Wagner et al.,2009)指出,不一致的企业社会责任信息会导致消费者对企业的伪善感知。当争议性企业利用公益基金的账号宣传自身履行社会责任的行为时,却不断地突出企业自身的宣传将社会事业置于附属地位时,容易使消费者认为企业只是根据其自身的需要或者以适合自己的方式开展企业社会责任活动(Carroll,1995),是想利用企业社会责任赢得良好的声誉(Van de Ven,2008),其更多的是在剥削与利用社会事业。子曰"巧言令色,鲜矣仁",深受儒家文化影响的中国人特别强调人应当言行一致,伪善更易增加消费者的抵触心理,导致强烈的反感情绪甚至会增加抵制品牌和负面口碑传播的行为(王静一,王海忠,2014)。反之,当企业利用自己的账号进行突出企业内容的传播时,此时这种不一致性会降低,进而有利于降低消费者的伪善感知。

此外对应偏差(correspondence bias)指出解释或推断别人某种行为的原因时,往往忽略外在环境因素的可能影响,而倾向归因于个人的内在特质,即从归因对象的对应特征(corresponding trait)或特质方面解释其行为(Bauman & Skitka,2010)做好(坏)事的人是因为他们本身就是好(坏)人(Gilbert & Malone,1995)。这种归因方式往往导致消费者在心里认为争议性企业是"坏人",当其使用企业账号进行两面性信息传播时,负面性的信息起到很好的预防接种效果,即企业是诚实的,进而造成其对企业的伪善感知较低。

H4:伪善感知在企业社会责任传播中企业或社会事业的突出性与信源公益性对消费者的品牌态度(a)与购买意愿(b)影响中起中介作用。

H5:伪善感知在企业社会责任中信息特征与信源公益性对消费者的品牌态度(a)与购买意愿(b)影响中起中介作用。

根据以上研究假设以及相关研究成果,本研究的研究框架如图 5 - 1。

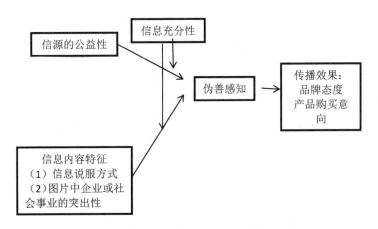

图 5 - 1　信息内容与信源对传播效果的影响结构图

第三节　企业或社会事业的突出性与信源公益性的交互作用研究

一、研究方法

(一)实验前测一:企业与社会事业的选择

本实验前测的目的是选择正式实验中的使用刺激物的品类。由于牵涉到品牌态度与购买意愿,因此该品类应该具有一定的广泛适用性即大部分被试应该购买过该类产品或者对该产品拥有一定的知识,同时该品类在消费者心中应该具有一定的争议性。

过去研究认为争议性企业中较为典型的有烟草行业(Barraelough & Morrow,2008;Richter,2005)、酒类行业(Fam et al.,2009)、垃圾食品行业

(Potts & Nelson，2008；Graffeo et al.，2009)、化工行业(Du & Vieira，2012)等，此外博彩业、武器、核能、水泥和生物技术也成为关注点(Ye，Jo & Pan，2012；范典，梁雨捷和支秋人，2015；Hong & Kacperczyk，2009)。本研究主要将这几类作为备选项。首先使用里克特五点量表的三个题项"你对该行业的产品是非常熟悉的，你身边的亲戚朋友使用该行业的产品很多，你经常使用该行业的产品"(1=非常不同意，5=非常同意)来测试被试对相关行业的熟悉度，同时也采用五点量表按照叶、乔和潘(Ye，Jo & Pan，2012)的三个题项"该行业的产品对人类有害的，对社会有害的，对环境有害的"(1=非常不同意，5=非常同意)来测试消费者对企业争议性的感知。上海交通大学的 25 名同学(15名男同学和 10 名女同学)参与了此次的前测，结果显示熟悉度较高的行业分布为：垃圾食品、化工、酒类、烟草以及博彩，而企业的争议性认知较高的则是烟草、化工、酒类、垃圾食品与博彩。综合以上两项，本研究采用了垃圾食品与化工两个行业。按照化工行业的分类，化工行业选择了辨识度较高的石油企业，垃圾食品行业则选用了使用率较高的碳酸饮料企业。此外，为了避免原有品牌形象对结果造成的影响，本研究采用虚拟企业——安达石油与冰可汽水。

在社会事业的选择上，为了有效消除社会事业与争议性企业争议来源之间相关性对研究结果的影响，高低相关性的社会事业都被选择。在第四章与王等(Wang et al.，2016)的研究基础上，本部分采用了碳酸饮料企业与牙齿健康、石油企业与环境保护作为高相关性，而碳酸饮料企业与环境保护，石油企业与牙齿健康作为低相关性。在该实验前测中则参照梅农和卡恩(Menon & Kahn，2003)使用以下题项来测试被试对企业争议来源与社会事业的相关性的认知，如"环境污染事业与石油争议来源与有相关性；环境污染问题很大程度是由石油企业造成的；石油企业应该为环境污染负责任"。上海交通大学 20 名同学参与了该前测。结果显示高相关性组($M_{高}=4.782$，$SD=0.904$)的消费者对争议来源与社会事业之间相关性认知显著高于低相关性组($M_{低}=3.343$，$SD=0.786$)，$t(19)=5.232$，$p=0.000$。

(二) 实验前测二：刺激物的真实性

为了确保刺激物的真实性以及确保图片内容中企业或社会事业的突出性上被试的感知与实验预设一样，在正式试验之前邀请了湖州师范学院广告班的同学来确认该刺激物与大家平时在微博中看到的信息有无显著性差异。同时企业或社会事业的突出性按萨缪和怀默(Samu & Wymer, 2009)的方法在企业突出时将图片以企业名称与产品为主,而社会事业突出时将社会事业相关内容放置在主要位置,通过该前测确保以上的图片中企业或者社会事业的突出性具有明显的辨识度。

（三）正式实验设计

以 124 名上海交通大学在图书馆自习的学生作为被试,31 人一组随机地分成 4 个小组参加 2(企业或社会事业的突出性:企业为主与社会事业为主)×2(信源公益性:企业官方账户与企业公益基金账户)的实验,被试独立做题,不相互影响。安达石油与冰可汽水被平均分配,即每组中两个品类各占 50％。被试在观看相关刺激物后,分发给每位被试调查问卷,要求独立作答。剔除漏答题项或者在所有问题答案均同一选项以及在操作检验不合格的答卷后,最终获得有效样本 115 份,男生 65 名,比例 56.52％,女生 50 名,比例 43.48％。被试平均年龄为 22.2 岁,20 岁及以下占 36.5 ％,21～25 岁占 40.9 ％,25 岁以上为 22.6％。

品牌态度主要参照洪瑞云(Swee Hoon Ang, 2006)的品牌情感与态度五点量表,使用以下四个题项"该品牌非常能打动人的;该品牌非常有趣;我非常喜欢该品牌;该品牌是非常好的"来测试。而品牌的购买意愿则是在辛格和科尔(Singh & Cole, 1993)与哈特曼和阿帕拉扎·伊瓦涅斯(Hartmann & Apaolaza-Ibáñez, 2012)品牌购买倾向的量表基础上使用以下题项来测试:"我会购买该品牌产品;购买同类产品时会优先考虑该品牌;我愿意以更高的价格来购买"(1＝非常不同意,5＝非常同意)。

二、结果分析

（一）各测试变量的信效度检验

本研究采用 Cronbach's α 系数对问卷量表的信度进行检验。结果显示本实验所有相关变量的 Cronbach's α 值都超过 0.8,其中企业态度为 0.913,品牌购买意向为 0.829,说明本实验中使用量表的信度较高。这表明问卷很好地测量了这几个概念。

内容效度方面,本研究所运用的变量测试的量表均参照以往研究中使用的成熟量表并被研究者多次使用,因此其内容效度较好。

同时使用 SPSS17.0 进行因子分析结果显示 KMO 指标为 0.832,Bartlett's 检验的显著性为 0.000,说明数据适合进行因子分析。品牌态度与购买意向两个变量所有题项在所对应因子上的载荷均大于 0.5 且显著,AVE 值分别为 0.865、0.825,CR 值为 0.975、0.933,因此均具有较好的判别效度。

(二)操纵性检验

问卷中根据萨缪和怀默(Samu & Wymer,2009)设置了五点量表来检验消费者对企业或社会事业的突出性的感知"该宣传的主要注意力是在社会事业(品牌)上""该宣传在突出传播社会事业(品牌)""该宣传的重点是社会事业(品牌)""其倾向于宣传社会事业(品牌)"(1=非常不同意;5=非常同意)。该量表的信度较高(Cronbach's α=0.873),同时使用单因素方差分析结果显示在信息突出性上两组之间存在显著性差异,$F(1,113)=11.256$,$p=0.000$,表明这一变量的操纵是成功的。

同时为了保证被试对信源的差异有注意到,在问卷的最后设置问题"你是否有注意到微博的发布者名称,请写出",结果显示 98.39%(122 名)被试都回答正确,剩余的 2 名被剔除。

(三)研究假设的验证

首先采用 ANOVA 以企业或社会事业的突出性作为自变量而品牌态度作为因变量,使用单因素方差来验证这种突出性对消费者品牌态度的影响,结果显示该影响显著,$F(1, 113)=34.026$,$p=0.000$,暴露于社会事业突出组的被试($M=3.737,SD=0.741$)品牌态度要显著高于企业突出组的被试($M=2.921$,$SD=0.759$)。

同样当品牌购买意向为因变量时,企业或社会事业的突出性对品牌购买意向的影响也是显著的,$F(1,113)=32.362$,$p=0.000$,社会事业的突出的企业社会责任传播更能有效激发消费者的购买意向($M_{社会事业突出}=3.242$,$SD=0.676$;$M_{企业信息突出}=2.556$,$SD=0.615$)。

然后将消费者对企业态度与品牌购买意向作为因变量,同时将信源公益性和企业或社会事业的突出性作为自变量,进行多元方差分析来验证两自变量对因变量的交互作用,结果显示信源公益性与企业或社会事业的突出性对企业态度产生交互作用,$F_{(1, 111)}=20.113$,$p=0.000$,$\eta^2=0.117$。在信源为公益性时,社会事业的突出性($M=3.991$,$SD=0.747$)较之企业的突出性($M=2.580$,$SD=0.767$)更能促使消费者产生积极的企业态度,$F_{(1,54)}=48.624$,$p=0.000$,而在信源为企业自身时,社会事业的突出性($M=3.500$,$SD=0.663$)较之企业信息的突出性($M=3.250$,$SD=0.598$)则对消费者的企业态度无显著性影响,$F_{(1,57)}=2.309$,$p=0.134$。如图 5-2 所示,H1a(a)被验证,而 H1b(a)未被验证。

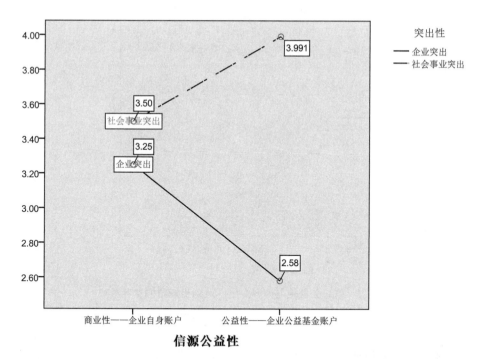

品牌态度 的估算边际均值

图 5-2　信息公益性与内容突出性对品牌态度的交互影响

与两个自变量对企业态度的影响相同,信源公益性与企业或社会事业的突出性对品牌购买意向也具有显著交互影响,$F_{(1,111)}=32.390$,$p=0.000$,$\eta^2=0.174$(见图 5-3)。在信源为公益性时即企业公益基金账号,消费者对突出社会事业($M=3.607$，$SD=0.604$)企业社会责任信息的品牌购买意向会显著高于突出企业信息($M=2.298$，$SD=0.597$)，$F(1,54)=66.561$，$p=0.000$，H1a(b)被验证。而在信源为企业自身时，信息突出性并不会对消费者的品牌购买意向产生显著性的差异，$F(1,57)=0.453$，$p=0.504$；$M_{社会事业突出}=2.900$，$SD=0.554$；$M_{企业信息突出}=2.805$，$SD=0.531$。H1b(b)未被验证。

购买意愿 的估算边际均值

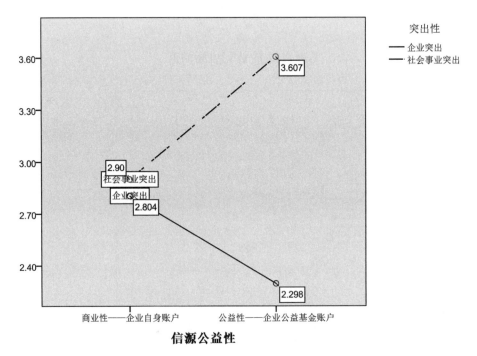

图 5‑3　信息公益性与内容突出性对购买意向的交互影响

三、研究的相关讨论

本研究主要是在信息较为不充分的情形下，验证图片中企业或社会事业的突出性对品牌态度与社会事业的影响，结果指出在信息不充分时，消费者会依赖于启发式的线索快速形成对品牌的态度以及购买意向，突出社会事业更能够展示企业的良好公民形象以及其为社会服务的态度。同时信息发布者的公益性会调节企业或社会事业的突出性对品牌的态度以及购买意向。这两条线索成为消费者在判断信息不充分的情境下,消费者形成对企业判断的重要依据。

然而在实际操作中企业会倾向于向消费者提供更多的信息,以帮助消费者更加深入了解企业履行社会责任的情况。在接下来的研究中将揭示在信息较为充分的情形下,信息特征(一面性信息与两面性信息)与信源的公益性对企业带来的影响。

第四节 信息特征与信源公益性的交互作用研究

一、研究方法

(一) 实验设计

与上一节研究相同,本研究以 128 名上海交通大学的学生作为被试,32 人一组随机地分成 4 个小组参加 2(信息特征:一面性信息/两面性信息)× 2(信源的公益性:企业官方账户/企业公益基金账户)的实验。

(二) 变量控制

与上一节研究相同,本研究依然采用了同样的虚拟企业——安达石油与冰可汽水。在社会事业的选择上也参考了上一节研究,采用了碳酸饮料企业与牙齿健康和石油企业与环境保护作为高相关性,而碳酸饮料企业与环境保护和石油企业与牙齿健康作为低相关性。同时将高低相关性一起用于每一组的实验中。

而信息特征的一面性与两面性操纵则是参照都和维埃拉(Du & Vieira, 2012)的阐述,一面性信息中都是阐释企业为该社会事业做出的突出贡献或者企业在该社会事业方面取得的突出成就,而两面性信息则是除了企业在社会事业做出正面性信息外,还包含了企业在社会事业方面失误之处或者不合格之处,其中负面的信息较之正面性的信息都显得较为细微,同时在字数上也较少(附录二)。

(三) 实验操作

测试过程中被试独立做题,不相互影响。剔除漏答题项或者在所有问题答案均同一选项以及其他在操作检验不合格的答卷后,最终获得有效样本 123

份,男生 69 名,比例 56.10%,女生 50 名,比例 43.90%。被试平均年龄为 20.7 岁,20 岁及以下占 78.6 %,21~25 岁占 21.4 %。

同时变量的测量也同上一节的研究相同。

二、研究结果

1. 操作性检验

为了保证信息特征这一变量操纵的成功,请被试在问卷的最后回答"是否觉得在文字介绍中有关于企业社会责任的负面性信息"。结果显示全部成员的回答都是正确的,表明这一变量的操纵是成功的。

2. 研究假设的验证

将信息特征作为自变量,将品牌态度与购买意向分别作为因变量,多因素方差分析的结果显示信息特征会显著影响消费者的品牌态度,$F(1,122)=4.123$,$p=0.045$ 与消费者的消费者购买意愿,$F(1,122)=5.541$,$p=0.020$。消费者的品牌态度,$M_{两面性信息}=3.725$,$SD=0.816$;$M_{一面性信息}=3.432$,$SD=0.790$ 与购买意向,$M_{两面性信息}=3.233$,$SD=0.623$;$M_{两面性信息}=2.952$,$SD=0.698$,在两面性信息时会显著高于一面性信息。

为了进一步验证信源公益性的调节作用,将信息特征、信源公益性作为自变量而品牌态度与购买意向分别作为因变量,多因素方差分析的结果信息特征与信源公益性的交互作用对消费者的品牌态度的影响是显著的(见图 5 - 4),$F(1,119)=15.644$,$p=0.000$,两者对品牌购买意向也有显著的交互作用(见图 5 - 5),$F(1,119)=24.950$,$p=0.000$。当信源的商业性较强时(信源为企业)两面性信息($M=3.958$,$SD=0.888$)比一面性的信息($M=3.108$,$SD=0.908$)更容易促使消费者对品牌产生积极的态度,$F(1,58)=16.609$,$p=0.000$。与此同时,两面性信息($M=3.439$,$SD=0.662$)较之一面性信息($M=2.600$,$SD=0.550$)也更容易激发消费者的购买意愿 $F(1,58)=28.550$,$p=0.000$,H2 被验证。当信源为企业公益基金账户时,即信源的公益性较强时,一面性信息($M=3.734$,$SD=0.740$)与两面性的信息($M=3.500$,$SD=0.680$)不会对品牌态度产生显著性影响,$F(1,61)=1.709$,$p=0.196$,同样信息的一面性($M=3.281$,$SD=0.667$)与两面性($M=3.033$,$SD=0.519$)对购买意愿的影响也是不显著的,$F(1,61)=2.709$,$p=0.105$,H3 未被验证。

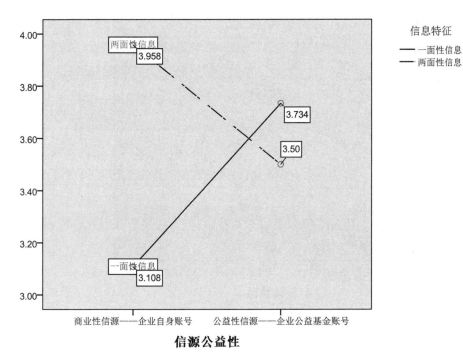

图 5-4　信息公益性与信息特征对品牌态度的交互影响

三、研究的相关讨论

本研究主要以学生群体为被试探究了在信息较为充足的情形下,信息特征在信源公益性调节作用下对品牌态度与购买意愿的影响。其验证了 HSM 模型的系统式加工,指出信源与信息在消费者的系统式加工中共同发挥作用。当信源为公益性时,一面性信息与两面性的信息不会对消费者的品牌态度与购买意愿产生显著性影响。当信源为企业时,两面性信息较之一面性的信息更容易促使消费者对品牌产生积极的态度与购买意愿。

进一步探究以上两个研究中各个自变量对品牌态度与品牌购买意向影响中的作用机制——伪善感知的中介作用变得十分重要。虽然学生群体具有一

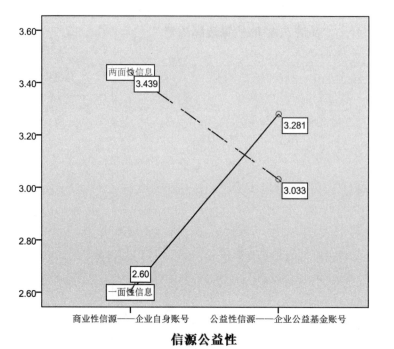

购买意向 的估算边际均值

图 5‑5 信息公益性与信息特征对购买意向的交互影响

定同质性,在实验法研究中经常作为被试对象的群体。但是对于很多争议性企业学生并不是典型消费者,为了弥补以上两个研究都是使用的学生群体作为被试存在的局限性,接下来的研究使用成年人群体作为被试进一步探究以上自变量对企业的影响,主要有以下两个研究目的:

(1)使用非学生被试群体再次验证以上两个研究中的研究结论。

(2)进一步探究伪善感知的中介作用。

第五节　伪善感知的中介作用

为了进一步验证伪善感知的中介作用,以及三个自变量——信息特征、企业或者社会事业的突出性和信源公益性对非学生群体消费者的品牌态度及购买意向的作用,开展了本研究。

一、研究方法

（一）实验设计

采用了两组 2×2 的组间实验设计，其分别是 2(信源公益性：强/弱)×2(图片中突出性：突出企业或慈善事业)与 2(信源公益性：强/弱)×2(信息说服特征：一面性信息与两面性信息)。

（二）被试的构成与实验过程

刺激物与上两节研究相同。实验在浙江某小区开展，将被试随机分成 8 组，要求被试认真阅读相关材料然后填写问卷。本研究共发出 280 份问卷，回收 258 份问卷。剔除不合格的问卷后，有效问卷数为 231 份，其中男性为 96 人，占 41.56%，女性为 135 人，占 58.44%。年龄主要分布在 23～50 岁，其中 23～30 岁为 105 人，占 45.45%，31～40 岁为 121 人，占 52.38%，41～50 岁为 5 人，占 2.16%。在文化程度上，大学文化程度及以上占了绝大部分，为 189 人，占 81.82%，高中文化程度的为 26 人，占 11.26%，而初中文化程度的则只有 16 人，占 6.93%。在职业方面，营销市场广告类的为 63 人，占 27.27%，管理人员、私营企业主 53 人，占 22.94%，其他为 115 人，占 49.78%。

二、研究结果

鉴于建构结构方程模型是验证中介变量的最好方式，因此本研究利用 AMOS7.0 通过结构方程模型的方式来验证伪善感知的中介作用。同时为了更好地将相关变量计入模型，在每个变量的测量中使用了连续变量。

（一）变量的测量

1. 自变量

信息特征：使用了两个题项("企业的文字介绍只是强调企业对社会的贡献""企业没有指出自己在社会事业方面的不足")的五点量表来测量(1=非常不同意，5=非常同意)。在该题项得分越高，表明信息的一面性特征越强。

图片中企业或社会事业的突出性：同上一节研究相同，参考萨缪和怀默(Samu & Wymer，2009)的论文设置了五点量表来检验消费者对企业或社会事业的突出性的感知："该宣传的主要注意力是在社会事业上""该宣传在突出传播社会事业""该宣传的重点是社会事业""该宣传倾向于宣传社会事业"(1＝非常不同意;5＝非常同意)。其中被试在该题项上的得分越高表明越突出社会事业,得分越低则表示越突出企业信息。

信源的公益性:使用两个题项,即"该信息的发布者具有较强的公益性""该信息的发布者不具有商业性"(1＝非常不同意;5＝非常同意)。其中被试在该题项上的得分越高表明其对信源公益性的认知越高。

2. 中介变量

在瓦格纳等(Wagner et al., 2009)与王静一和王海忠(2014)提出的量表的基础上用以下六个题项:"该企业的言行不一""该企业是在假装善良""该企业是为了企业自己的利益""该企业的企业道德存在问题""该企业是可耻的""该企业是真的关心该社会问题(牙齿健康/环境保护)"来测试消费者对企业的伪善感知,被试被要求从 1 到 5 选择有多大程度上赞同以上的说法(1＝非常不同意,5＝非常同意)。

3. 因变量

品牌态度与购买意向的测量量表同以上两个研究相同。

(二) 研究结果

1. 信效度检验

大部分量表均是采用的成熟量表,本研究使用 Cronbach's α 系数来验证每个变量的信度,表 5－1 结果显示每个变量的 Cronbach's α 系数均在 0.9 以上,说明每个变量的测量量表的信度均比较高。

表 5－1　各变量的 Cronbach's α 系数

变量名称	社会事业突出性	信源公益性	信息特征(一面性程度)	伪善感知	品牌态度	购买意向
Cronbach's α 系数	0.924	0.942	0.847	0.955	0.941	0.944

本研究所采用的量表均基于前人的研究,在问卷翻译过程中多次修正确保能准确表达相应的变量,因此量表内容效度均较高。

SPSS17.0 结果显示 KMO 指标为 0.744,Bartlett's 检验的显著性为 0.000,

说明数据适合进行因子分析。然后使用 AMOS7.0 进行验证性因子分析,所有题项在所对应因子上的载荷均大于 0.5 且显著,所有变量的平均方差提取值 AVE 值均大于 0.5,AVE 值均大于变量间相关系数的平方值,因此变量具有较好的判别效度。所有变量的组合信度 CR 值均大于 0.9,因子载荷均高于 0.7,聚合信度较好。

2. 伪善感知中介作用的验证

由于本研究是为了分别证实伪善感知在信源公益性与信息突出性以及信源公益性与信息特征中的中介变量的作用,因此分为四个结构方程分别来验证伪善感知的中介作用。

由表 5-2 可知四个结构方程模型的卡方值与自由度的比值均小于 2,其他拟合指标中拟合优度指数(GFI)、调整拟合优度指数(AGFI)、非常模拟合指数(TLI)、增量拟合指标(IFI)、比较拟合指标(CFI)都大于或接近 0.9,符合标准。近似误差均方根(RMSEA)小于 0.05,因此四个理论假设的结构方程模型与数据拟合良好。

表 5-2　四个结构方程模型的拟合情况

	χ^2/df	GFI	AGFI	TLI	IFI	CFI	RMSEA
模型 1(品牌态度)	0.566	0.966	0.960	1.033	1.003	1.000	0.000
模型 2(购买意向)	0.851	0.994	0.940	1.011	1.001	1.000	0.000
模型 3(品牌态度)	1.835	0.984	0.941	0.882	0.989	0.988	0.040
模型 4(购买意向)	0.941	0.942	0.921	0.843	0.962	0.961	0.046

由图 5-6 与图 5-7 的路径系数分析可知,争议性企业在社会责任传播中对社会事业的突出性会影响受众的品牌态度($\beta=0.327$,$p<0.001$)与购买意向($\beta=0.352$,$p<0.001$),即企业在其企业社会责任传播中越强调社会事业,越能使受众对品牌产生良好的态度以及积极的购买意向。同时社会事业的突出性除了直接作用于受众的品牌态度与购买意向外,还通过伪善感知的中介作用部分作用于品牌态度与购买意向,其中企业社会责任信息对社会事业的突出程度会负向影响受众对企业的伪善感知($\beta=-0.433$,$p<0.001$),即越是突出

与强调社会事业受众对企业的伪善感知程度越低,同时伪善感知会负向显著影响品牌态度与购买意向($\beta_{\text{品牌态度}} = -0.576$, $p < 0.001$, $\beta_{\text{购买意向}} = -0.453$, $p < 0.001$),即受众对企业的伪善感知程度越高,其对品牌态度以及产品的购买意向越为消极。

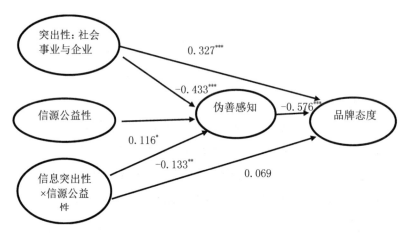

图5-6 突出性与信源公益性通过伪善感知的中介作用对品牌态度影响路径图

注:图中系数为标准化路径系数,* 表示 $p < 0.05$,** 表示 $p < 0.01$,*** 表示 $p < 0.001$。

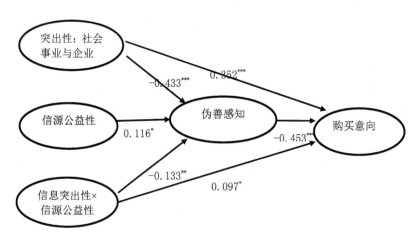

图5-7 信息突出性与信源公益性通过伪善感知的中介作用对购买意向影响路径图

注:图中系数为标准化路径系数,* 表示 $p < 0.05$, ** 表示 $p < 0.01$, *** 表示 $p < 0.001$。

同时社会事业的突出性与信源的公益性的交互作用会通过伪善感知的完

全中介作用于受众的品牌态度,其对伪善感知会产生显著的负向影响($\beta =$ $-0.133, p=0.011$),同时伪善感知又会负向显著影响品牌态度($\beta =-0.576,$ $p<0.001$)。社会事业的突出性与信源的公益性的交互作用对购买意向的影响则是通过伪善感知的部分中介作用于购买意向,伪善感知显著负向影响购买意向($\beta_{购买意向}=-0.453, p<0.001$),同时其还会自身显著正向影响购买意向($\beta$ $=0.097,p=0.050$)。因此 H4 均被验证。

图 5-8 与图 5-9 则展示了信息说服特征即一面性信息与两面性信息在信源公益性调节作用下对品牌态度以及购买意向的影响。信息的一面性程度会显著负向影响受众的品牌态度($\beta =-0.202,p<0.001$)以及购买意向($\beta =$ $-0.116,p=0.004$),即企业越是使用一面性信息越容易让受众对品牌产生消极态度并不进行购买。

同时信息说服特征与信源的公益性交互作用会通过伪善感知的部分中介作用影响受众的品牌态度以及购买意向,首先信息说服特征与信源的公益性交互项会正向显著影响受众的品牌态度($\beta =0.249,p<0.001$)与购买意向($\beta =$ $0.276,p<0.001$)。其还会通过伪善感知的部分中介作用于品牌态度与购买意向,交互项会负向影响受众对企业的伪善感知($\beta =-0.338,P<0.001$),同时伪善感知会分别负向显著影响品牌态度($\beta =-0.821,p<0.001$)与购买意向($\beta =-0.803,p<0.001$)。H5 也被验证。因此争议性企业在企业社会责任信息传播中如何进一步降低受众对企业的伪善感知十分重要。

三、本研究的相关讨论

本研究在重复验证了上两个章节中的结论外,更进一步探究了伪善感知在其中的中介作用,指出伪善感知是在企业社会责任传播影响消费者的品牌态度与购买意愿的中介变量。这与许多企业在进行企业社会责任传播中所担心的一样,不合适的传播会导致消费者对企业产生伪善的印象。因此争议性企业在企业社会责任传播应该有效使用各种传播因素尽力降低消费者对企业的伪善感知。

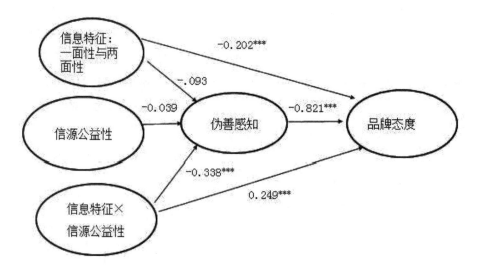

图 5-8 信息特征与信源公益性通过伪善感知的中介作用对品牌态度影响路径图

注:图中系数为标准化路径系数,* 表示 $p<0.05$,** 表示 $p<0.01$,*** 表示 $p<0.001$。

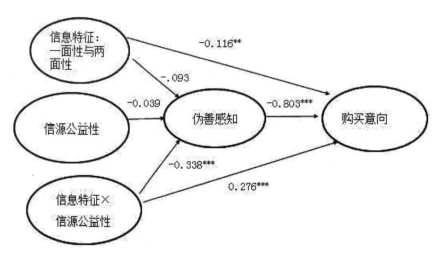

图 5-9 信息特征与信源公益性通过伪善感知的中介作用对购买意向影响路径图

注:图中系数为标准化路径系数,* 表示 $p<0.05$,** 表示 $p<0.01$,*** 表示 $p<0.001$。

第六节　研究讨论

　　本章节的研究验证了 HSM 模型在社交媒体环境争议性企业的社会责任信息传播的适用性。在信息不充分的情况下,消费者倾向于启发式加工,信源与图片中的信息成为重要的加工线索。而在信息充分的情况下同时消费者的信息加工动机较强时,消费者则倾向于进行系统式加工,信息特征成为重要的影响因素,同时信源的公益性会共同影响品牌态度与购买意愿。

　　检验了在企业提供信息不充分的情形下,社交媒体传播中的图片在信源公益性的调节作用下对消费者响应的品牌态度与购买意向的主效应及其交互效应。与过去研究结论相同,在企业社会责任传播中,企业或者社会事业在传播中的突出性即在传播中以社会事业为主还是企业信息为主会影响消费者对企业的态度与购买意向(Chang,2015;Samu& Wymer,2009)。但是本研究在原有研究基础上进一步深化,过去研究更多的是整体传播中企业或社会事业的突出性,本研究则与社交媒体中以图片传播为主的特征相适应(Liu et al.,2008),将突出性限定于图片传播,同时这也与消费者的社交媒体使用特征相一致,快速浏览与阅读成为众多消费者的选择(来向武,2013)。同时为了进一步适应社交媒体的实际情况,加入了信源公益性这一调节变量。结果显示信源性质与图片突出性内容的一致性非常重要,当信源为企业公益基金账户这类公益性较强的信源时,以社会事业为主的企业社会责任图片更易促使消费者对争议性企业产生较积极的品牌态度与购买意向。而当信源为企业账户时,以企业或者社会事业为主的企业社会责任图片则不会对品牌态度与购买意向产生显著性的影响。

　　此外探究了在信息较为充分同时消费者的信息加工动机较强的情形下,企业社会责任信息中信息特征在信源公益性的调节作用下对消费者相应的品牌态度与购买意向的主效应及其交互效应。虽然过去霍夫兰等(1953)在其说服理论中已经指出两面性说服在消费者先入为主的持有不同意见时较之一面性说服具有一定优势。但是本研究首次将其用于争议性企业的社会责任传播中,并验证了两面性信息在争议性企业的社会责任传播中的可适用性。本研究指出对于偏见性较强的争议性企业,由于消费者对其先入为主的偏见,因此其两面性说服更能体现企业的诚实度。同时本研究指出在信息特征对企业的影响中,信源的公益性起着调节作用。当信源为企业自身时,两面性信息较之一面性的信息更容易促使消费者对品牌产生积极的态度与购买意愿,而当信源为企业公益基金时,一面性信息较之两面性的信息虽无显著性差异,但也更容易促使消费者对品牌产生积极的态度与购买意愿。

最后指出争议性企业的社会责任信息传播中消费者对企业的伪善感知起中介作用,其会负向影响消费者的品牌态度与购买意向。这与过去的研究(Samu & Wymer,2014;Yoon et al.,2006;Bigné et al.,2012;田虹,袁海霞,2013)一直在强调的动机归因的中介作用不同。本研究将伪善感知作为中介变量引入社交媒体环境中的企业社会责任信息研究。伪善感知较之动机归因更加适合争议性企业,该类企业因为本身的不可避免性会对社会造成一定的负面影响,此时其对进行企业社会责任信息传播更易引发消费者对其猫哭耗子假慈悲或者欲盖弥彰的推测,进而对企业带来负面的影响。本研究证实伪善感知成为影响消费者态度与购买意愿的重要变量。争议性企业要在社交媒体中进行企业社会责任传播获得好的效果,如何降低伪善感知成为重要突破口。

第七节　本章小结

鉴于争议性企业的高争议性,了解其进行企业社会责任传播的一些边界条件以及确认相关影响因素对于其获得良好的企业社会责任传播效果非常关键。本章以争议性企业在社交媒体环境中的企业社会责任信息传播为研究对象,通过三个实验研究分别探究了图片中企业或者社会事业的突出性、信息特征分别在信源的公益性调节作用下对消费者的品牌态度和品牌购买意向的影响,并进一步探究了在整个过程中伪善感知的中介作用。

证实了消费者在不同信息情境(信息充分与不充分)下消费者会开展不同的信息加工方式——启发式加工与系统式加工。社交媒体中图片成为重要的信息传递方式的同时,也是消费者快速加工的重要线索,而文字内容则主要在消费者系统加工时起作用,证实了信息内容与信源对争议性企业社会责任传播效果的影响。

　　在社交媒体传播中,快速的信息加工成为常态。图片成为吸引消费者注意的重要线索,在图片中应尽量突出社会事业而非企业自身。只有这样消费者才会认为企业是真的想帮助该社会事业,而不是简单地利用或者剥削社会事业。同时企业在社交媒体中的账户名称也需要重视,并不是企业账户直接加上公益基金等就可以取得好的效果,当企业使用此类公益性质较强的名称时,更加应该注意在图片中突出社会事业。

　　信息特征也会影响争议性企业社会责任传播的效果。一味地夸赞自己在社会事业中做出的贡献,对于争议性企业不是一项好的传播策略。适当地指出其在社会事业中的不足或者小闪失更能使其社会责任信息获得消费者的信任,同时促使消费者认为企业是诚实的,其在社会事业的贡献是真实的。但是企业在社交媒体中的账户名称也需要与信息特征保持一致,公益性较强的信源更加适合进行一面性信息传播,凸显企业的贡献,而企业自身的账户发布时,两面性信息的效果更好。

第六章
社交媒体中争议性企业社会责任传播效果研究
——企业社会责任传播类型与匹配度对传播效果的影响

第一节 研究问题：如何开展企业社会责任活动以及传播

积极开展企业社会责任已经成为企业的共识。越来越多的企业试图通过企业社会责任传播促使消费者在脑海中将企业与社会事业牢牢地绑定在一起，同时企业又试图借助该类传播活动进一步提消费者对社会事业的关注度或者参与相关社会事业的积极性，最后获得品牌与社会双赢的局面。

对于各种企业社会责任行为，消费者可能会产生支持、赞扬、无所谓、质疑和抵制等多种不同响应，其中负面响应（包括质疑与抵制）占到 28%（Deng，2012）。有学者认为企业社会责任只是一种具体行为，本身并不带有好坏之分，只有消费者感知到企业社会责任的好坏时才会对其响应产生影响（Becker-Olsena，Cudmoreb，& Hill，2006）。因此如何开展企业社会责任活动以及如何进行传播成为重要的研究问题。

其中传播方式的选择成为众多企业开展此类宣传活动的着力点。企业社会责任传播的形式具有多样性，其中一类是以企业之名开展的公益广告宣传（Barone et al.，2000），如保乐力加开展的禁止酒后驾车的公益宣传。企业希望通过公益宣传的方式表达其对社会事业的观点，以此在消费者中树立良好的企业公民形象（Belch & Belch，2004）。另一类是企业直接为社会事业提供赞助，其目的则主要有两类，一是为社会事业提供资金或者物质帮助，二是提高消费者对该社会事业的关心度与关注度，同时基于品牌形象迁移理论希望消费者将好感转移到企业身上，使消费者认为企业是在积极履行企业社会责任行为

（Brown & Dacin，1997）。然而海德的平衡理论却指出描述企业社会责任的广告或者信息未必一定会引发消费者对企业产生积极的态度（Folkes & Kamins，1999）。企业社会责任传播中企业与社会事业的不一致性也会导致负面效应（Beirne，2003；Beaver，1997；Brown，1991）。如农夫山泉开展的一瓶水一分钱活动（消费者每购买一瓶水农夫山泉将捐出一分钱）遭到广泛质疑，根据凤凰网发起的调查显示，70.9％的网友认为农夫山泉是在借公益活动牟利。同时也有消费者质疑一瓶水的零售价是 1.5 元，企业仅捐出价格 1/150，数值过于寒碜。

以上企业社会责任活动的效果的不一致性很大程度来源于消费者对企业参与动机归因的不同（Barone，Miyazaki & Taylor，2000；Ellen，Mohr & Webb，2000）。消费者对实施企业社会责任传播的企业动机归因会受到众多因素的影响。当企业发布一则关于企业善因营销的广告时，人们更多会去找寻信息或者其他线索来解释企业为何要开展此项活动，其动机是什么（Schiff & Bento，2000）。而上文指出的企业社会责任传播开展的形式以及社会事业的选择都是重要的线索。企业社会责任传播具体形式是如何被消费者进行信息加工的以及相关信息是如何影响消费者的归因的，这将是本章节研究的重点。

第二节　理论背景与研究假设

一、企业与社会事业匹配度对企业的影响

企业所选择的社会事业是影响企业社会责任传播效果的重要影响因素，如消费者对社会事业的熟悉度（朱翊敏，2012；Lafferty & Goldsmith，2005），消费者对社会事业的卷入度（贺爱忠等，2009；Myers et al.，2013），社会事业的突发性（Vanhamme et al.，2012），除此之外社会事业与企业的匹配度也应该加以考量。匹配度是指社会事业与企业的产品线、品牌形象、市场定位及目标客户之间的联系（Varadarajan & Menon，1988）。在企业社会责任传播中匹配度是指企业与社会事业在使命、形象、定位以及价值观方面的可感知关系（田敏、李纯青和萧庆龙，2014）。

消费者对于含有善因营销信息的广告态度会受到企业与社会事业匹配度

的影响(Sen & Bhattacharya, 2001)。而这种匹配度包含两个维度:形象型匹配与功能型匹配(Gwinner, 1997; Trimble & Rifon, 2006)。形象型匹配是指消费者感知到企业与社会事业的历史、核心价值以及长期的经营理念具有一致性(Pracejus & Olsen, 2004; Ruth & Simonin, 2003),侧重无形资产的匹配。形象型匹配也被称之为间接性匹配(Benezra, 1996)。功能型匹配是指企业的产品功能属性或日常商业运作与社会事业具有互补性(Trimble& Rifon, 2006)或者相关性(Berger, Cunningham & Kozinets, 1999),侧重有形资产的匹配。在善因营销中功能型匹配暗示赞助企业的产品可以适用于其所赞助的社会事业中(Gwinner, 1997)。当争议性的企业赞助一项可能与其产品争议性点息息相关的产品时,如烟草企业赞助反对青少年吸烟的社会运动或烈酒企业赞助禁止酒驾的宣传,这样的赞助活动往往被认为是符合逻辑性的,因为企业的产品契合于该项社会事业(Porter & Kramer, 2002),这属于典型的功能型匹配。因此提出本研究第一个研究假设:

H1:对于争议性的企业而言,当其支持一项与其自身造成的社会负面性损害息息相关的社会事业时,消费者能感知到更高的匹配度。

企业社会责任传播中企业与社会事业的匹配度对企业的影响目前并无一致性的结论。有研究发现较之低匹配度,高匹配度能有效提高消费者对于企业与社会事业合作的评价(Barone, 2003; Dickinson & Barker, 2007),进而有效提高消费者的品牌态度(Gupta & Pirsch, 2006; Lafferty et al., 2004; Trimble & Rifon, 2006)。高匹配度的善因营销能够有效提高品牌可信度(Yechiam et al., 2002),提升品牌态度(Nan & Heo, 2007),并增强消费者的购买意愿(Gupta & Pirsch, 2006)。而在善因广告传播中当企业作为发布信源时,高匹配度能激发消费者积极的态度(Simmons & Olsen, 2006)。然而拉弗蒂(Lafferty, 2009)研究却发现企业与社会事业之间的匹配度并不会影响消费者的态度与购买意愿。甚至消费者会认为企业追求过高的匹配度仅仅是为了利用社会事业作秀而已(Drumright, 1996; Barone et al., 2000)。

目前关于企业与社会事业匹配度对企业尤其争议性企业影响的研究还是很少的。消费者认为企业赞助一些与其自身负面性影响息息相关的社会事业具有利用社会事业消除企业负面形象的嫌疑(Abramson, 1991; Beatty,

1997)。尤其功能型匹配更是如此,功能型匹配更易导致消费者认为企业仅仅是在利用社会事业,进而对企业产生负向的品牌态度。阿特金、卡德尔和纽厄尔(Atkin,Cardle & Newell,2008)以酒类企业为例指出,当酒类企业在善因广告中使用社会事业的信息时会负向影响消费者对于企业的品牌印象以及负向的购买意愿。因此本研究提出研究假设2:

H2:当争议性企业赞助与其负面性影响息息相关的社会事业时,消费者会产生较为负面的品牌态度(a)与较弱的品牌购买意向(b)。

二、企业社会责任传播类型对于企业的影响

为了增强企业社会责任传播的有效性与成功性,企业社会责任传播中的信息特征以及信息如何被消费者加工变得尤为重要(Fishbein & Cappella,2006)。信息特征会受到企业开展社会责任的行为方式的影响,公益实践行为、慈善行为、产品相关行为三种较为常见的形式,其中公益实践行为指企业呼吁保护环境、保护动物、抵制使用童工、维护社区利益等;慈善行为指企业通过善因营销或捐赠活动开展的对社会事业有益的行为等;产品相关行为指企业通过注重提升产品质量、降低对环境的污染、生产绿色产品等(Peloza &Shang,2011;田敏、李纯青、萧庆龙,2014)。企业社会责任行为的形式对顾客品牌评价的影响存在差异,其中产品行为的效果最好,其次是慈善行为,而公益实践行为的效果不是很有效(田敏、李纯青、萧庆龙,2014)。企业实施的公益广告是企业社会责任传播的一类重要形式(Samu & Wymer,2009),是前面的企业公益实践行为的传播,与之相对的是品牌广告(产品行为传播广告)与善因营销广告(慈善行为的传播)(Deshpande & Chitchon,2002)。在此基础上本研究将企业社会责任行为进一步细化,主要探究公益广告与善因营销广告这两类具有不同特征的企业社会责任传播形式。

公益广告是对企业公益实践行为的传播,以影响人们对于社会事务的态度以及观点为目的,其通过媒体的传播以促使人们改变观念或者采取行动以此来满足社会的长期需求(Wells,Burnett & Moriarty,2000)。以企业为发布主体,其涵盖的内容十分广泛,如禁止吸烟、酒后驾车等(Cunningham,1999)。善因营销广告是指用广告的形式来描述与传播企业的善因营销活动或者含有

善因营销信息(Chang & Chun-Tuan，2012)，如企业为社会事业提供金钱、物质与服务等（Guo，2012；Nan & Heo，2007）。

以上两类广告的侧重点不同，同时也会被消费者进行不同的信息加工(Sridhar & Walter，2009)。研究发现较之其他各类形式的广告，公益广告更容易获得消费者的信任（Hanneman，McEwen & Cope，1990）。德什潘德和希钦（Deshpande & Hitchon，2009）比较了公益与善因广告的传播效果发现公益广告能够产生更高的信任。这是因为公益广告是为了满足社会的长期需求（Wells，Burnett & Moriarty，2000）；而面对善因营销广告，消费者会怀疑企业的动机，即企业是为了自身的利益才为社会事业捐赠物资与金钱(Bae & Cameron，2006)。因此提出本研究第三个研究假设。

H3：较之善因营销广告，争议性企业开展公益广告更易获得消费者积极的品牌态度(a)与更强的购买意向(b)。

三、企业社会责任传播类型与企业社会事业匹配度对企业的影响

在公益广告中，福汉德和格里尔（Forehand & Grier，2003)指出，企业与社会事业较高的匹配度可能会进一步突出企业的利己性，进而导致消费者对企业的负面评价。例如当一个烟草企业发布禁止吸烟的公益广告时，在广告画面中会出现"烟草"字样，消费者会认为这无形中在提醒消费者购买烟，同时"烟草"与企业的产品紧密联系，因此会认为企业存在利己的动机(Forehand & Grier，2003；Yoon et al.，2006)。争议性企业与社会事业的这种高匹配度，会导致消费者认为企业是在利用社会事业，因此对企业产生消极的态度(Kim，Kim & Han，2005)。

同时在善因广告中企业会强调自身为社会事业奉献了一定的金钱或者物资(Bae & Cameron，2006)。福汉德和格里尔（Forehand & Grier，2003)强调，即使企业将金钱或者物资捐献给与其密切相关的社会事业（如烟草企业会为肺癌患者捐赠一定的钱财），也会导致消费者怀疑企业的动机。因此提出研究假设4。

H4：当争议性企业在公益广告中选取与其匹配度较低的社会事业时，消费者会对其呈现较积极的品牌态度(a)以及较强的购买意向(b)。同时当争议

性企业在善因广告中选取与其匹配度较高的社会事业时,消费者容易呈现较为消极的品牌态度(c)与购买意向(d)。

四、动机归因的中介作用

当消费者关注到企业社会责任行为时,会联想企业展开企业社会责任行为的动机并做出猜测,而猜测的结果会影响顾客的后续态度和行为反应(Du et al.,2010)。企业社会责任归因指的是人们依据相关信息与线索对企业履行企业社会责任的原因与动机进行推理和判断的过程(Rifon et al.,2004)。利己归因与利他归因是企业社会责任研究主要的归因类别(Forehand & Grier,2003),利己动机是指企业开展企业社会行为是迫于外界压力,最终目标指向增加企业自身利益如提升企业声誉与创造更多利润等,而利他动机指企业自身具有较高的道德水准,最终目标指向他人与社会,自觉履行企业对社会的责任(Du et al.,2015;卢东,2010)。研究发现一半的消费者对企业的善因营销持怀疑态度,认为其动机是利己的(Werbel & Wortman,2000)。罗鑫(2004)的调查甚至指出,77.5%的被访者会质疑企业开展善事义举的动机是源自利己性商业目的。

消费者对企业动机的归因会影响到消费者对企业的情感与态度以及后续的购买意愿或推荐行为等(Vlachos et al.,2009;Walker et al.,2010;陈通,青平和肖邦明,2019)。当消费者发现企业参与的主要动机是利他的,可以提升企业的信誉度以及产生积极的品牌态度(Forehand & Grier,2003;Rifon et al.,2004;Bae & Cameron,2006;Becker-Olsen et al.,2006;Yoon et al.,2006)。当消费者对企业参与企业社会责任的利他动机感到怀疑,认为企业只是为了自身的利益,其购买动机会减弱(Becker-Olsen et al.,2006;Ellen et al.,2006)。同时消费者对企业利己动机的归因水平与对企业的消极态度成正相关,即消费者对企业的动机怀疑水平越高其对善因营销行为反应越为消极(Webb & Mohr,1998),此外还会对相应的社会事业持反对态度,对产品态度更为消极也较少采取购买行为(Rogers,1998;李敬强,刘凤军,2017)。

影响消费者对企业社会责任动机归因的因素是非常复杂的,企业从事企业社会责任实践的类型(Ellen et al.,2000)、承诺水平(Ellen et al.,2006)和时机

(Simmons & Becker-Olsen，2006；邓新明等，2017)都会影响消费者对企业履行社会责任行为动机的判断。海德(Heider，1958)认为个体会根据情境中比较显著的信息来进行归因，企业与赞助事业之间的匹配度是重要因素(Rifon et al.，2004)。但是匹配度高低与动机归因之间关系并没有一致的结论。一般认为高匹配度可以提高消费者对企业利他动机的归因，由此使其对企业产生较少的抵制行为(邓新明等，2017)、激发积极的态度(Enrique et al.，2009；Rifon et al.，2004)并产生积极的购买意向(Ellen et al.，2006)。但是高匹配度也会造成消费者对企业利他动机的怀疑水平(Forehand & Grier，2003；Yoon et al.，2006)，认为企业在利用社会事业(Barone et al.，2000)，企业真诚度较低(樊建锋，2011)。当争议性企业赞助其产品造成伤害这类高匹配度的社会事业时，研究发现，消费者对其归因基本一致——利己动机归因(Yoon，2006)。以酒企赞助酒驾为例：当酒企赞助禁止酒驾或者关注由饮酒引起的疾病时，消费者会认为企业是自私的或者仅仅是为模糊其负面影响(Beatty，1997)。当啤酒赞助禁酒驾广告时，消费者感知其为社会服务的动机明显低于公益组织赞助同类广告，但并没有影响消费者对赞助品牌的态度，同时由于消费者对其赞助的利己动机归因，长期而言会给品牌带来负面的影响(Szykman，Bloom & Blazing，2004)。

H5：在企业与社会事业的匹配度对企业态度与产品购买意向的作用中，消费者对企业动机的感知起中介作用。

广告信息的特征会影响到消费者对企业动机的归因(Rifon et al.，2004；Enrique et al.，2009)。在公益广告中会表明企业对某项社会事业的关注以及自己的态度与观点，而在善因广告中除了社会事业的相关信息外，还会出现企业捐赠的信息，因此善因广告较之公益广告，前者的广告中企业的信息相对会更多。此外在善因广告的有条件捐赠中，消费者需要做出购买行为企业才会做出捐赠。因此，消费者对善因广告的利己动机感知会更强。

H6：在企业发布的广告类型对企业态度与产品购买意向的作用中，消费者对企业动机的感知起中介作用。

第三节　低信誉度争议性企业与社会事业匹配度和传播
　　　　类型对传播效果的影响

一、实验设计

（一）前测

烟酒因对消费者身体具有伤害且极具争议性被选作刺激物。1994年中国开始制止在广播、电视、报刊等大众媒介中以介绍商品为名变相地为卷烟做广告的行为。此外中华预防医学会、中国癌症基金会、新探健康发展研究中心等45家社会团体联合倡议拒绝烟草捐助,中国控烟协会建议民政部在即将颁布的《慈善法》条款中,明确禁止烟草企业进行各类形式的公益捐款。与此同时白酒因为伤害身体、导致酒驾等原因,中国中央电视台(CCTV,简称央视)出台广告招商"限酒令"。酒企的公益营销也引起了众多争议。为了消除偏见性因素对实验结果的影响,实验选取了虚拟品牌。通过前测选取了五福烟草与五福酒业。

使用七点量表(非常不匹配/非常匹配)(Pracejus & Olsen,2004)通过37个被试在一系列社会事业中选取了匹配度不同的社会事业——公益广告中五福烟草以广告主身份提倡禁止吸烟及阐释吸烟的危害匹配度($M_{烟-烟}=4.782$,$SD=1.231$)与禁止酒后驾车及酒驾的危害匹配度($M_{烟-酒}=3.343$,$SD=1.092$)存在显著差异,$t(36)=5.233$,$p=0.000$,五福酒业宣布禁止酒后驾车及酒驾的危害匹配度($M_{酒-酒}=4.400$,$SD=1.333$)与禁止吸烟及吸烟的危害匹配度($M_{酒-烟}=3.031$,$SD=1.072$)存在显著差异,$t(36)=6.142$,$p=0.000$;善因广告中五福烟草向肺癌患者捐献300万资金($M_{烟-肺}=4.603$,$SD=1.211$)与向肝癌患者捐献300万资金($M_{烟-肝}=3.101$,$SD=1.040$)前后匹配度存在显著差异,$t(36)=4.710$,$p=0.000$。五福酒业向肺癌患者捐献300万资金($M_{酒-肝}=4.832$,$SD=1.251$)与向肝癌患者捐献300万资金($M_{酒-肺}=3.202$,$SD=1.162$)前后匹配度存在显著差异,$t(36)=7.152$,$p=0.000$。同时实验用的广告图片通过了真假测试。

（二）实验操作

以256名重度或者中度的吸烟者(每天吸烟数量在10支烟左右)以及饮酒

者(每天喝酒不少于 2 次)作为被试,他们被随机地分成 8 个小组参加 2(广告类型:公益广告与善因广告)×2(匹配度高与匹配度低)×2(烟与酒)(128 名吸烟者与 128 名饮酒者)的实验,被试独立做题,不相互影响。被试在观看广告后,分发给每位被试调查问卷,要求独立作答。最终获得有效样本 249 份,男性 167 名,比例 67.1%,女生 82 名,比例 32.9%,年龄在 25~60 岁。

（三）相关变量测试

(1)被试对企业动机的归因。在埃伦等(Ellen et al.，2006)提出的七点量表基础上进行利己动机与利他动机测试,利己动机——企业开展企业社会责任行为是为了“提升企业形象、提升企业家知名度、获得政府的认同、获取更大的利益、应对社会公众的压力、应对竞争对手的压力”;利他动机——企业开展企业社会责任行为是为了“促进社会的进步、履行自身的社会责任、促进社会公益事业的发展”。

(2)被试对于开展企业社会责任的企业的品牌态度。参考洪瑞云(Swee Hoon Ang，2006)的品牌情感与态度七点量表:该品牌是“不令人满意的/令人十分满意的;不喜欢/喜欢;好/坏”。

(3)产品购买意向。参考辛格和科尔 (Singh & Cole，1993)产品购买意向七点量表:“在你下次购买该品类产品时选择购买该品牌的可能”“一定会考虑该品牌/一定不考虑该品牌”。

二、研究结果

（一）操纵性检验

为了检验企业与社会事业之间的匹配度操作是否成功,在问卷中设置三项七点量表——该品牌与社会事业是“兼容、匹配、合理”(Aaker & Keller，1990)(Cronbach's $\alpha=0.941$)来测试企业与社会事业的匹配度。ANOVA 表明企业与同自身产品危害相关的社会事业匹配度($M_{相关}=4.020$，$SD=1.272$)、与同自身产品危害不相关的社会事业匹配度($M_{不相关}=3.164$，$SD=1.193$)之间的匹配度均值存在显著性差异,$F(1,247)=30.851$，$p=0.000$。

烟草企业与“禁止吸烟”社会事业的匹配度($M_{烟-烟}=4.020$，$SD=1.480$)显著高于其与“禁止酒后驾车”的匹配度($M_{烟-酒}=3.223$，$SD=1.131$)，

$t(61)=2.402$，$p=0.019$，同样白酒企业与"禁止酒后驾车"社会事业的匹配度（$M_{酒-酒}=4.122$，$SD=1.533$）显著高于其与"禁止吸烟"的匹配度（$M_{酒-烟}=3.162$，$SD=1.352$），$t(60)=2.633$，$p=0.011$。烟草企业与"关心肺癌患者"的社会事业匹配度（$M_{烟-肺}=3.770$，$SD=1.071$）显著高于其与"关心肝癌患者"的匹配度（$M_{烟-肝}=3.080$，$SD=1.013$），$t(60)=2.632$，$p=0.011$；白酒企业与"关心肝癌患者"的社会事业匹配度（$M_{酒-酒}=4.192$，$SD=1.221$）显著高于其与"关心肺癌患者"的匹配度（$M_{酒-酒}=3.170$，$SD=1.313$），$t(60)=3.661$，$p=0.001$。研究假设 H1 被证实。

（二）品牌态度与购买意向

1. 企业社会责任传播对品牌态度的影响

品牌态度相关题目间的得分的相关系数 Cronbach's $\alpha=0.891$，题目间的信度较高，符合相关要求。

首先，企业社会责任传播类型与匹配度两者对品牌态度具有显著交互影响，$F(1,245)=4.804$，$p=0.030$，具体研究结果见图 6-1。当企业发布公益广告时，选择与自身产品匹配度低的社会事业时，容易促使其对企业产生积极的态度（$M=3.320$，$SD=0.611$），而当其发布善因广告时，选择与自身产品匹配度低的社会事业时，消费者对企业产生的态度最为消极（$M=2.880$，$SD=0.770$）。

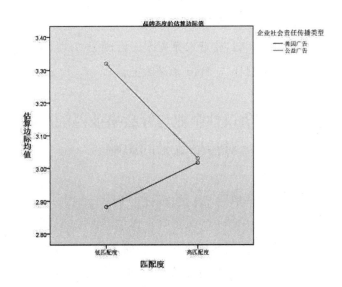

图 6-1 企业社会责任传播类型与匹配度对品牌态度的交互影响

其次,不同的企业社会责任传播类型会显著影响到消费者对赞助企业的品牌态度,$F(1,247)=5.661$,$p=0.018$,当企业发布公益广告时品牌态度($M=3.182,SD=0.742$)会显著高于其发布善因广告($M=2.944$,$SD=0.801$),$t(247)=2.3,79$,$p=0.018$。研究假设 H3a 被验证。而企业与社会事业的匹配度则没有对企业态度产生显著性影响,$F(1,247)=0.582$,$p=0.447$,研究假设 H2a 未被验证。

最后,当企业赞助公益广告时,其赞助匹配度低的公益事业时($M=3.031$,$SD=0.841$),消费者对企业态度会显著高于高匹配度公益事业($M=3.322$,$SD=0.612$),$F(1,123)=4.892$,$p=0.029$,研究假设 H4a 被验证。而当企业开展善因广告传播时,企业与社会事业的匹配度对消费者的品牌态度则没有产生显著性影响,$F(1,122)=0.892$,$p=0.349$。研究假设 H4c 未被验证。

2. 企业社会责任传播对产品购买意向的影响

产品购买意向相关题目间的得分相关系数 Cronbach's $\alpha=0.941$,题目间的信度较高,符合相关要求。企业社会责任传播类型与匹配度两者对产品购买意向没有显著性交互影响,$F(1,245)=1.104$,$p=0.294$。同时公益广告与善因广告的传播类型差异也没有影响到消费者对产品的购买意向,$F(1,247)=1.411$,$p=0.237$),企业与社会事业的匹配度也是如此,$F(1,247)=0.045$,$p=0.832$。在公益广告中企业与社会事业的匹配度也没有影响购买意向,$F(1,123)=0.340$,$p=0.561$,企业发布善因广告也是如此,$F(1,122)=0.811$,$p=0.369$。H2b,H3b,H4b 与 H4d 未被验证。

第四节　高信誉度争议性企业与社会事业匹配度和传播类型对传播效果的影响

在前一个实验中,刺激物选取了烟酒这两类具有风险性与争议性的品类。当刺激物为生活中一般的产品——危害性不像烟酒类产品如此明显,其采取以上企业社会责任传播宣传策略时,是否会跟烟酒类产品获得同样的结果?此外对一系列争议性行业的信誉度进行测试发现,烟酒行业在国内的行业信誉度最低($M=1.831$,$SD=0.804$),而纸巾($M=4.352$,$SD=0.671$)与薯片($M=$

4.064，$SD=0.491$）等行业的信誉度较高。拉弗蒂（Lafferty，2009）指出无论企业的信誉度如何，品牌与社会事业的匹配度不会影响到消费者对企业的品牌态度与购买意向。为了验证试验1的结果普遍适用性以及将拉弗蒂的企业信誉度的结论扩展到行业信誉度，本研究将以高信誉度的争议性企业为研究对象进行探究。

此外，在企业社会责任传播中善因活动中捐赠的类型也会影响消费者对品牌态度与产品的购买意向（Landreth，Pirsch & Garretson，2004；Polonsky & Speed，2001）。企业慈善捐赠大致分为无条件捐赠和有条件捐赠（Dwane，2003），无条件慈善捐赠为直接的金钱与物资捐赠，除了向公众报道慈善捐赠时会使用企业的名称与标志之外，与公司收益并无直接的关联，是无偿性的企业行为（Olsen，Pracejus & Brown，2003；Pracejus，Olsen & Brown，2004）。有条件的捐赠为捐出销售额的一部分，消费者需要作出购买活动，与为企业创造收入的交易相关（Varadarajan et al.，1988）。韦伯等（Webb et al.，1998）指出，有50%的被调查者认为企业参与有条件的善因营销是寻求自身利益。在上一实验中善因广告中采取的是无条件捐赠，为了扩大实验结果的应用范围，本实验采取有条件的捐赠。

一、实验设计

（一）刺激物选取

本实验选取了15类具有一定危害性但是行业信誉度较高的品类，通过前测让被试在三分钟写出相应的危害性，最后选取了两类产品——薯片（引起肥胖）（$M=4.352$，$SD=0.671$）与纸巾（破坏森林）（$M=4.064$，$SD=0.491$）。为了消除已有品牌形象对结果的影响，实验采用了虚拟品牌。在一系列备选品牌名称中通过品牌真假测试选取了乐薯薯片与品洁纸巾。

公益广告中乐薯薯片以广告主身份宣布关注儿童肥胖（高匹配）与保护森林（低匹配）的社会事业（$M_{高}=4.761$，$SD=0.771$；$M_{低}=3.551$，$SD=0.982$），品洁纸巾宣布关注儿童肥胖（高匹配）与保护森林（低匹配）的社会事业（$M_{高}=3.464$，$SD=0.871$；$M_{低}=4.182$，$SD=0.833$）；善因广告中乐薯薯片企业每卖出一包薯片便向关爱重度肥胖儿童机构或森林保护机构捐出 0.5 元，品洁纸业每卖出一条纸巾便向关爱重度肥胖儿童机构或森林保护机构捐出 0.5 元。同时实验用的广告图片通过了真假测试。

（二）实验操作

以 248 名上海交通大学学生作为被试，31 人一组随机地分成 8 个小组参加 2（广告类型：公益广告与善因广告）×2（匹配度：同自身产品危害相关的社会事业以及与自身产品危害无关的社会事业）×2（薯片与纸巾）的实验，被试独立做题，不相互影响。被试在观看广告后，分发给每位被试调查问卷，要求独立作答，获得有效样本 244 份，男生 135 名，比例为 55.3％，女生 109 名，比例为 44.7％。

二、研究结果

（一）操纵性检验

与上一节研究中使用的量表相同，问卷中设置三项七点量表"兼容、匹配、合理"（Aaker & Keller, 1990）（Cronbach's $\alpha=0.911$）来测试企业与社会事业的匹配度，结果表明在企业与同自身产品危害相关的社会事业匹配度（$M=4.513$, $SD=1.552$）较之同自身产品危害无关的社会事业匹配度（$M=3.691$, $SD=1.303$）之间的匹配度均值存在显著性差异，$t(242)=4.491$, $p=0.000$。纸巾企业与"保护森林"社会事业的匹配度（$M=4.772$, $SD=1.411$）显著高于其与"儿童肥胖"（$M=3.693$, $SD=1.193$）的匹配度，$t(122)=4.592$, $p=0.000$，同样薯片企业与"儿童肥胖"社会事业的匹配度（$M=4.251$, $SD=1.653$）显著高于其与"保护森林"（$M=3.702$, $SD=1.412$）的匹配度，$t(119)=2.001$, $p=0.048$，与上一节实验的结果相一致。因此当该类争议性企业选择赞助其造成伤害的社会事业时，消费者会认为企业与社会事业之间的匹配度较高，匹配度会显著高于该类企业赞助无关的社会事业。

（二）品牌态度与购买意向

1. 对履行企业社会责任企业的品牌态度的影响

各个题目的相关系数 Cronbach's $\alpha=0.923$，说明题目间的信度较高，符合相关要求。

首先，企业社会责任传播类型与匹配度两者对品牌态度具有显著性交互作用,$F(1,240)=5.081$,$p=0.002$,具体见图6-2。当企业发布公益广告时,选择与自身产品匹配度低的社会事业时,容易促使其对企业产生积极的态度($M=3.613$,$SD=0.792$),而当其发布善因广告时,选择与自身产品匹配度低的社会事业时,消费者产生的品牌态度最为消极($M=3.092$,$SD=0.862$)。

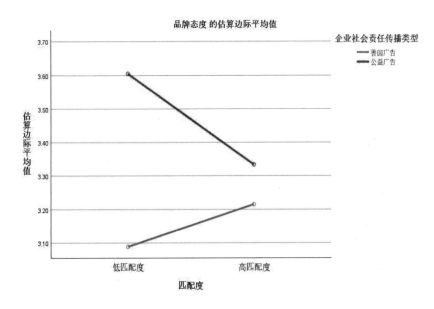

图6-2　企业社会责任传播类型与匹配度对品牌态度的影响

其次,企业社会责任传播类型会显著影响到消费者对赞助企业的品牌态度,$F(1,242)=10.347$,$p=0.001$,当其发布公益广告时获得的品牌态度($M=3.470$,$SD=0.742$)会显著高于其发布善因广告($M=3.151$,$SD=0.792$)。而企业与社会事业的匹配度没有显著影响到消费者对企业的态度,$F(1,242)=0.537$,$p=0.466$。

最后,当企业开展公益广告宣传时,在其赞助匹配度低的社会事业时($M=3.331$,$SD=0.663$),消费者对企业态度会显著高于高匹配度($M=3.613$,$SD=0.792$)公益事业,$t(120)=2.06$,$p=0.041$。而当企业开展善因广告时,企业与社会事业的匹配度对消费者的品牌态度则不存在着显著性影响,$F(1,120)=0.782$,$p=0.378$。

2. 对履行企业社会责任企业的产品购买意向的影响

各个题目间的相关系数 Cronbach's $\alpha=0.921$,说明量表的信度较高,符合相关要求。首先,企业社会责任传播类型与匹配度两者对产品购买意向没有产生显著性交互影响,$F(1,240)=0.504$,$p=0.478$。其次,企业社会责任传播类型没有显著影响到消费者的购买意向,$F(1,242)=0.439$,$p=0.508$。但是企业与社会事业的匹配度低时($M=4.404$,$SD=1.411$)消费者的购买意向会显著高于匹配度高时($M=4.001$,$SD=1.222$),$t(121)=2.358$,$p=0.020$。最后,当企业赞助公益广告时,企业与公益事业匹配度的高低没有显著影响到消费者的购买意向,$F(1,120)=1.206$,$p=0.273$。而当企业赞助善因广告时,企业与公益事业的匹配度低时($M=4.522$,$SD=1.091$)消费者的购买意向会显著高于匹配度高时($M=4.001$,$SD=1.432$),$t(107)=2.241$,$p=0.027$。

以上研究结果与上一节实验中的实验结果基本都保持一致。除了在购买意向上善因广告中匹配度高低对购买意向有显著性的影响,在上一实验中无论是企业社会责任传播类型还是匹配度都没有显著影响到消费者的产品购买意向,而在本实验的善因广告中,消费者对匹配度不同的广告在产品购买意向上产生了显著性差异,即在这种有条件捐赠的情形下,消费者在匹配度低时的购买意向更强。

3. 消费者对企业动机感知的中介作用

为了更好地验证消费者对企业动机的感知,在"企业社会责任传播类型×匹配度"两因素对消费者的品牌态度与产品购买意向影响中的中介作用,本研究将对上两个实验中的 493 个样本进行综合分析。

(1)企业动机感知在对品牌态度影响中的中介作用。

依然按照巴伦和肯尼(Baron & Kenny,1986)中介作用分析的四个步骤来验证动机感知的中介作用。虽然就整体样本而言,企业社会责任传播类型与匹配度两者对品牌态度具有显著性交互影响,$F(1,489)=8.835$,$p=0.003$,但是通过分析可以发现主要是企业社会责任传播类型 $F(1,491)=15.212$,$p=0.000$以及公益广告中的匹配度 $F(1,245)=9.273$,$p=0.003$ 对品牌态度造成的差异,而匹配度没有单独对品牌态度产生显著性影响,$F(1,491)=0.912$,$p=0.341$,善因广告中的匹配度也是如此,$F(1,244)=1.575$,$p=0.211$。

在验证消费者对企业动机归因的中介作用,主要考虑其对企业社会责任传播类型以及公益广告中的匹配度对品牌态度中的影响。为了方便整理,本书将利他动机与利己动机进行整合,将消费者对企业利他动机的感知定为(7－利己动机＋利他动机)/2,然后观察消费者对企业利他动机感知的中介作用。消费者对企业利他动机感知与品牌态度之间显著相关($r=0.622$,$p=0.000$),企业社会责任传播类型与企业利他动机感知显著相关($r=0.533$,$p=0.000$),公益广告中匹配度与企业利他动机感知也是显著相关($r=-0.642$,$p=0.000$)。企业社会责任传播类型与品牌态度显著相关($r=0.371$,$p=0.000$),公益广告中匹配度与其显著相关($r=-0.382$,$p=0.000$)。因此可以进行动机归因作为中介变量的分析。

通过线性回归分析,企业社会责任传播类型与品牌态度之间的线性关系是:品牌态度＝0.372×广告类型＋3.049,$F_{0.000}(1,491)=15.210$,当加入消费者对企业利他动机感知这一变量后,三者的线性关系变成品牌态度＝0.089×广告类型＋0.400×企业动机感知＋1.814,$F_{0.000}(2,490)=25.821$。通过前后两个线性回归模型可以得知在加入企业动机感知这个变量后,广告类型对企业态度的影响系数变小,因此在此期间企业动机感知成为重要的中介变量。在公益广告中不同匹配度对企业态度的影响中,匹配度与企业态度的线性关系是:企业态度＝－0.475×匹配度＋3.458,$F_{0.003}(1,245)=8.682$,当加入消费者对企业动机感知这一变量后,三者的线性关系变成:企业态度＝－0.107×匹配度＋0.258×企业动机感知＋2.529,$F_{0.001}(2,244)=14.221$,当加入消费者对企业动机感知这一因素后,在公益广告中企业与社会事业的匹配度对企业态度影响的系数不断下降。

通过以上回归分析可以得知,在该类争议性企业中,无论是广告类型还是公益广告中企业与社会事业匹配对企业态度造成的差异,很大部分来自消费者对企业动机的感知这一中介变量的影响。

(2)企业动机感知在对产品购买意向影响中的中介作用。

由于各个因素对产品购买意向均没有产生显著性的影响,因此无法验证动机感知的作用。

第五节　真实的争议性企业的传播类型与匹配度的社会责任传播效应

消费者对于产品或服务的熟悉度与认知会影响其购买意愿（Johnson & Russo，1984；Quester & Smart，1998；Sultan，1999），当消费者对品牌越熟悉越容易对其产生好感并作出购买决定（Barone，Miyazaki & Taylor，2000；Pracejus & Olsen，2002）。前两个实验均是采取虚拟的品牌，为了验证以上结果的普遍适用性的同时，进一步验证企业进行社会责任传播对原有的品牌态度以及购买意向的影响，本实验采取了现实中的品牌。

根据海德的平衡理论，企业参与善因活动可以促使消费者对社会事业良好的态度转移给企业（Crimmins & Horn，1996）。学者普遍认为善因营销能够提升企业的形象（Broderick et al.，2003；File & Prince，1998；Kotler，2003；Mason，2002；Polonsky & Wood，2001）。企业向社会事业捐助的时候，消费者对企业产生积极的态度（Holmes & Kilbane，1993），增加消费者的购买欲望（Coy，1996）。

H7：对于争议性企业，无论采取何种类型企业社会责任传播抑或选择何种匹配度的社会事业，较之消费者未观看前，都可以显著提高消费者对品牌的态度（a）与购买意向（b）。

一、实验设计

（一）刺激物选取

在公益广告中，红塔山香烟以广告主身份发布"禁止吸烟"（高匹配度）（$M_高 = 4.281$，$SD = 0.982$）与"关注儿童肥胖"（低匹配度）（$M_低 = 2.452$，$SD = 0.952$），麦当劳发布"禁止吸烟"（低匹配度）（$M_低 = 3.722$，$SD = 1.060$）与"关注儿童肥胖"（高匹配度）（$M_高 = 4.791$，$SD = 0.882$）。在善因广告中，红塔山香烟向肺癌病人（高匹配度）以及肥胖儿童（低匹配度）分别捐献 300 万，麦当劳向肺癌病人（低匹配度）以及肥胖儿童（高匹配度）分别捐献 300 万。同时实验用的广告图片通过了真假测试。

（二）实验操作

以 256 名吸烟者以及速食爱好者被选为被试,32 人一组随机地分成 8 个小组参加 2(广告类型:公益广告与善因广告)×2(相关性:同自身产品危害相关的社会事业以及与自身产品危害无关的社会事业)×2(红塔山与麦当劳)的实验,被试独立做题,不相互影响。被试在观看广告后,分发给每位被试调查问卷,要求独立作答,获得有效样本 247 份,男生 141 人占 42.9%,女生 106 人占 57.1%,年龄在 18～51 岁。

二、研究结果

（一）操纵性检验

与前面的操纵性检验相同,在题项中设置相应的题目进一步验证匹配度的操纵,结果显示高匹配度组($M=4.222$,$SD=1.201$)要显著高于低匹配组的匹配度感知($M=3.481$,$SD=1.141$),$t(245)=4.491$,$p=0.000$。当麦当劳选择支持儿童肥胖问题时的匹配度($M=4.511$,$SD=1.183$)要显著高于其进行禁止吸烟公益宣传或者帮助肺癌病人($M=3.712$,$SD=1.170$),$t(121)=3.74$,$p=0.000$。与此同时,红塔山香烟向肺癌病人捐助或者宣传反吸烟运动时其匹配度($M=3.933$,$SD=1.153$)会显著高于其与儿童健康饮食社会事业的匹配度($M=3.242$,$SD=1.061$),$t(122)=3.468$,$p=0.001$。

（二）对品牌态度的影响

1. 企业社会责任传播类型与匹配度对品牌态度的影响

品牌态度各个题目之间的可信度较高($\alpha=0.903$)。首先,企业社会责任传播类型与匹配度两者对品牌态度具有显著交互影响,$F(1,243)=9.05$,$p=0.003$,如图 6-3 所示。当企业发布公益广告时,选择与自身产品匹配度低的社会事业时,容易促使其对企业产生积极的品牌态度($M=3.602$,$SD=0.521$),而当其发布善因广告时,选择与自身产品匹配度低的社会事业时,消费者的品牌态度最为消极($M=3.070$,$SD=0.492$)。

其次,企业社会责任传播类型会显著影响到消费者对赞助企业的品牌态度,$F(1,245)=17.99$,$p=0.000$,当其发布公益广告时的获得品牌态度($M=3.452$,$SD=0.551$)会显著高于其发布善因广告($M=3.141$,$SD=0.602$)。而

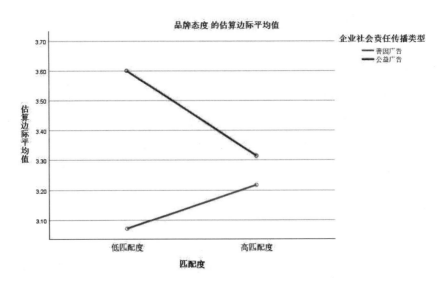

图6‑3   真实品牌的企业社会责任传播类型与匹配度对品牌态度的影响

企业与社会事业的匹配度不会对品牌态度产生显著性影响,$F(1,245)=$ 0.885,$p=0.348$。

最后,当企业开展公益广告宣传时,当其赞助匹配度低的社会事业时($M=$ 3.602,$SD=0.521$),消费者的品牌态度会显著高于高匹配度公益事业($M=$ 3.280,$SD=0.571$),$F(1,122)=10.531$,$p=0.002$。而当企业开展善因广告传播时,企业与社会事业的匹配度对消费者的企业态度则不存在显著性影响,$F(1,121)=2.711$,$p=1.020$。

2. 消费者观看企业社会责任信息之后的态度变化

消费者观看红塔山香烟进行企业社会责任传播之后,公益广告×高匹配类($M=3.020$,$SD=0.413$,$t=-3.012$,$p=0.004$)、善因广告×低匹配类($M=$ 2.711,$SD=0.404$,$t=-5.231$,$p=0.000$)以及善因广告×高匹配类($M=$ 2.882,$SD=0.663$,$t=-3.433$,$p=0.001$)较之控制组的品牌态度($M=$ 3.463,$SD=0.672$)均产生了显著性的降低,而当其发布低匹配度的公益广告时,较之控制组广告态度并无显著的差异($t=-0.443$,$p=0.661$)。

而消费者在观看麦当劳赞助四幅广告后的品牌态度与控制组的广告态度均无显著性差异($P>0.05$)。企业社会责任传播没有显著影响到消费者的品牌态度。研究假设 H7(a)未被验证。

（三）对产品购买意向的影响

1. 企业社会责任传播类型与匹配度对产品购买意向的影响

首先,企业社会责任传播类型×匹配度两者对产品购买意向不具有显著性交互影响,$F(1,243)=0.374$,$p=0.542$。其次,企业社会责任传播类型不会显著影响到消费者对产品的购买意向,$F(1,245)=1.321$,$p=0.251$,企业与社会事业的匹配度也不会显著影响到消费者的购买意向,$F(1,245)=0.462$,$p=0.498$。最后,当企业赞助善因广告时匹配度的高低不会显著影响到消费者对产品的购买意向 $F(1,121)=2.432$,$p=0.121$。而当企业赞助公益广告时也是如此,$F(1,122)=0.692$,$p=0.409$。这同第四节与第五节的研究结果一致,两个因素均没有对消费者的产品购买意向产生显著性影响。

2. 企业发布公益广告与善因广告后与原产品购买意向对比

无论是麦当劳还是红塔山香烟其赞助发布的四款广告,消费者在观看了观看广告后,较之控制组消费者对产品的购买意向均未有显著性差异($p>0.05$),表明消费者并没有因为看了企业发布的相关公益广告或者善因广告而对产品产生更为积极或者消极的购买意向,H7(b)未被验证。

第六节　本章讨论与分析

一、对品牌态度的影响

在三组实验中,匹配度×企业社会责任传播类型对消费者企业态度具有显著性交互影响,公益广告伴随着匹配度的不断增加,消费者对企业的态度呈显著性递减趋势,而在善因广告中则是伴随着匹配度不断增加呈现递增趋势,但是没有达到显著性。

（一）公益广告与善因广告对品牌态度的影响

通过以上三个实验,发现无论声誉度较差的企业(如烟草)还是声誉度较高的企业(如纸巾)在其发布与社会事业相关的广告时,企业社会责任传播类型会影响到消费者的品牌态度,公益广告较之善因广告更能够激起消费者对品牌良好的态度。

影响善因活动效果的一个重要因素是消费者认为企业是在帮助还是剥削公益事业(Drumwright,1996)。在公益广告中,企业以广告主的身份提倡某些行为或表明企业态度,企业相关信息处于附属的位置,消费者对于企业利他动机感知度较高。在善因广告中主体是宣传企业为社会事业做出的贡献的信息,被试对企业发布善因广告的真诚度持较高的怀疑水平,认为"企业花费大批的广告费用宣传其为事业投入的资金,广告宣传费用会远远超过其投入的资金费用",企业的动机是不真诚,是利己的,企业有剥削公益事业的嫌疑。

(二)匹配度对品牌态度的影响

企业与社会事业的匹配度不总是对消费者的品牌态度与购买意向起关键作用(Lafferty,2007)。以上三个实验表明当企业以广告主身份发布公益广告时,匹配度会影响到品牌态度,而企业发布善因广告时,匹配度不会对品牌产生显著性影响。

在公益广告中,当争议性企业赞助由其造成损害的这类高匹配的社会事业时,较之其他无关社会事业,消费者对后者的品牌态度更好。当该类企业去赞助高匹配度的社会事业时,如当烟草企业赞助禁烟广告、薯片企业赞助关注肥胖问题等,会给消费者造成"贼喊捉贼"的印象——企业本身并不是在关注各类问题,不过是借助人们对该类问题的关注引起人们对该企业的关注。消费者感觉企业是在利用社会事业进而对品牌产生不支持态度(Kim,Kim & Han,2005)。当其赞助低匹配度社会事业时,较之前者消费者会认为企业是真正在关心该类社会问题,企业利他的动机会更多。

而在善因广告中,匹配度则不会对企业态度产生显著性的影响,这与拉弗蒂(Lafferty,2009)的"无论企业本身信誉度如何,企业与公益事业的匹配度不会影响消费者对品牌的态度与购买意愿"的实验结果相似。在善因广告中企业向消费者告知,其向相应的社会事业进行了具体金额的捐助或者拿出一定的销售额捐助给社会事业,消费者在观看这类广告时的关注点影响到其品牌态度。根据事后消费者对广告回忆的检测,消费者对该类广告的关注点都在捐助的具体金额或者出资比例而非具体的社会事业,而捐赠的规模会影响消费者对企业的态度(Hajjat,2003;Brammer& Millington,2005)。此时相关的社会事业则不是消费者关注的重点。

（三）两因素对真实企业的品牌态度的影响

对真实企业而言，四种企业社会责任传播广告与控制组的品牌态度相比产生了不一样的结果。当红塔山香烟为赞助商时，消费者在观看了善因广告以及高匹配的公益广告后，较之控制组消费者的品牌态度都更差。而观看低匹配度的公益广告后则与控制组的品牌态度没有显著性差异。当麦当劳赞助四种广告时，较之控制组消费者的品牌态度均没有显著性的差异。

首先，韦布和莫尔（Webb & Mohr，1998）指出，消费者对善因营销易持怀疑态度主要来源于其对广告这种宣传形式的不信任，因为广告是其市场营销战略的重要组成部分。布雷兹和布鲁姆（Blazing & Bloom，1999）发现，当消费者认为企业帮助社会事业的动机不纯时，在短时间内会对品牌产生消极的态度。通过后期的访谈得知，在公益广告中，消费者会因为广告中出现"烟""酒"类似的字样认为企业是在有意识地宣传自身的产品，促使消费者产生吸烟或者喝酒的欲望。同时企业在利用这些社会事业劝其进行消费，进而引发了消费者消极的态度。

其次，科恩等（Cone et al.，2003）指出，善因营销对于声誉度不好的企业而言不是一个好的营销方式。企业之前的形象会影响到消费者对其动机的推测，当其被看作是非常有道德的企业开展善因营销，其动机往往是被看作是利他的；而当其被认为是没有到道德的，同样的善因活动其动机会被看作是利己的（Michal Strahilevitz，2003）。因为烟草行业的特殊性——操纵了尼古丁的含量，使得卷烟致瘾性更大，或它们反复就淡味卷烟对健康的影响向公众撒谎等（《芝加哥论坛报》），烟草企业往往是不道德企业的代表。而麦当劳虽然因为脂肪量过高饱受诟病，但是其注重食品安全、流程化管理、健康亲和快乐的品牌形象受到很多消费者的喜欢。较之红塔山香烟，麦当劳的企业道德水平较高。因此当红塔山香烟去赞助社会事业时会导致消费者对其品牌态度更差。而麦当劳既有其道德的一面也有其不道德的一面导致其企业态度无显著性差异。

最后，认知平衡理论与认知失调理论认为在人们的认知系统中存在着某些情感或评价趋于一致的压力，当认知主体一旦失去这种平衡，其态度可以凭借这种不平衡关系而形成或者改变。如企业的商业性质与公益广告及善因广告社会事业的非商业性之间不协调性，易导致消极态度的产生。

二、对产品购买意向的影响

企业与社会事业的匹配度以及企业发布的广告类型对不同品类产品购买意向产生了不一致性的影响。第一个研究中消费者对烟酒产品的购买意向均没有因为匹配度与广告类型的差异而有显著性变化。而第二个研究中采用纸巾与薯片为刺激物,广告类型与匹配度均对消费者品牌购买意向没有产生显著性影响,而唯有在善因广告组别中,低匹配度组的消费者产品购买意向显著高于高匹配组。在第三个研究中以麦当劳与红塔山香烟为刺激物,其结果与第一个研究结果雷同。

总体而言,三个实验表明企业与社会事业的匹配度以及企业发布的广告类型不会对消费者的产品购买意向产生显著性的影响。消费者的购买决策需要衡量各方面的因素,广告类型以及企业与社会事业的匹配度难以对其产生显著性的影响。

但是在第二个研究的善因广告中,当采取有条件的捐赠活动时,匹配度对产品购买意向产生了显著性差异。一方面,企业赞助善因营销会促使消费者更易选择该品牌(Barone, Miyazaki & Taylor, 2000; Pracejus & Olsen, 2002),当企业提出消费者的购买行为可以帮助某项社会事业时,容易促使消费者做出购买决定。另一方面,当消费者购买产品的时候会考虑产品或者服务隐在的风险性(Chang, Chen & Tseng, 2009),对于实验中的争议性企业也是如此,这种潜在的风险性会影响消费者购买意向。加之第二个研究中善因广告采取的有条件的捐赠——消费者购买一定的产品企业向社会捐助一定的资金。拉弗蒂(Lafferty, 2007)指出,当一个酒企提出消费者每购买一件产品将向母亲反酒驾协会(Mothers Against Drunk Driving,简称 MADD)捐助一定的金额时,消费者会认为该行为超出合理的界限,从而不利于企业与社会事业。这种效应也存在于第二个研究中的高匹配度善因广告中,薯片会造成肥胖、纸巾生产会造成森林破坏,而广告却在强调消费者购买活动对该类事业的帮助,这种"不合理性"与"言行不一性"会导致消费者对企业动机的怀疑。而斯克曼等(Szykman et al., 1997)指出消费者对广告主的动机持怀疑态度时会影响到消费者的购买行为。以上两个因素导致了不同的产品购买意向。

本研究使用真实品牌来验证消费者在看完广告与控制组被试的购买意向,发现无论何种广告均没有对消费者的产品购买意向产生显著性的影响。巴伦等(Barone et al.,2000)认为企业赞助社会事业可能会影响消费者的品牌选择,但是仅仅简单的赞助是不够的。

三、消费者对企业动机感知的中介作用

本研究发现不同的企业社会责任传播形式与公益广告中不同匹配度会引起消费者对品牌态度的显著差异,使用回归分析发现在两者对企业态度影响中主要是消费者对企业动机在起中介作用,当加入动机感知这一变量后,企业社会责任传播形式、匹配度与品牌态度的线性回归系数急剧下降。由此可知在企业社会责任传播形式与公益广告中匹配度对品牌态度的影响主要得益于消费者动机感知的影响,进而通过动机感知影响到品牌态度。而在善因广告中匹配度对品牌态度的影响中,伴随着消费者对其动机感知差异的消失,消费者对品牌态度也无显著性差异。

凯伦等(Karen et al.,2006)指出归因理论可用于推测消费者动机归因与后续消费者态度和行为的关系。首先匹配度会影响到消费者的归因(Strahilevitz,2003)。本研究发现对于平时很少见到企业发布公益广告的中国消费者而言,当该类争议性企业发布公益广告会促使消费者进行动机归因。当其选择其造成伤害的高匹配度的社会事业时,消费者对其利他动机归因显著低于低匹配度情境。同时这种动机的归因又会影响到消费者的品牌态度。其次企业社会责任传播形式成为消费者对企业动机归因的重要信息线索。公益广告较之善因广告,前者更能够促进消费者对其利他动机的感知水平。

而在对产品购买意向的影响上,产品购买意向与企业动机感知的线性关系消失,表明在影响消费者产品购买意向方面还有其他更多因素在起作用,而动机感知的解释作用较少。因此尽管不同广告类型以及公益广告中匹配度对消费者的企业动机感知有显著性影响,由于动机感知与产品购买意向之间无显著性相关,因此不同广告类型以及公益广告中匹配度不同组别间的产品购买意向也无显著性差异。

因此,在企业社会责任传播类型以及公益广告匹配度对企业态度的影响

中,消费者对企业动机的感知是重要的中介变量,其会影响两个因素对品牌态度的影响。企业在开展善因营销中消费者对企业动机的感知是企业重点考虑因素。

第七节　本章小结

无论是理论还是实践了解影响企业市场战略成败的一些因素的边界条件非常重要(Lafferty,2007)。而企业与社会事业的匹配度是重要影响因素,成为企业采取活动前必须要考虑的因素(Pracejus & Olsen,2002)。本章节证实对于争议性类企业,其赞助的公益广告时匹配度会对品牌态度产生显著影响,但在善因广告中这种差异性并不存在。此外企业社会责任传播类型也会对品牌态度产生显著性影响,公益广告较之善因广告更易获得良好的品牌态度。因此就生产具有风险性产品的企业而言,其赞助社会事业需要三思而后行。如果赞助公益广告最好选取与其匹配度低的社会事业,而当其选择善因广告时,更适合选择与其匹配度更高的社会事业。

消费者的购买倾向是一个综合性衡量的过程,品牌的购买意向难以被单则广告所影响,消费者需要更多的信息综合加工来确定。消费者对企业动机的感知是重要的中介变量。

除了各因素组别间的差异外,较之控制组也存在着显著差异。吉维尔(Givel,2007)指出争议性企业开展此类活动的重要目的是建立顾客基础,巩固市场和企业利润。本研究证实企业需要谨慎,无论是投放公益广告还是善因广告,较之控制组而言,消费者对企业态度与产品购买意向没有发生显著性的正向转变,甚至在某些情境下产生了显著性的负向影响。

第七章

社交媒体中普通性企业社会责任传播效果研究

第一节 文献综述与研究假设

为了提升企业的形象或者促进社会事业的发展,众多企业投入到企业社会责任传播中(Drumwright & Murphy,2001),而赞助公益广告是其企业社会责任传播的重要方式(周培勤,薛飞,2010;Andreasen,1993)。单就美国每年有 40 多亿的资金投放在公益广告上(Advertising Council,2010),企业赞助的公益广告占所有广告的比例达 15.7%(曾振华、汪青云、熊一坚,2003)。

一、文献综述

斯坦纳(Steiner,1961)将品牌传播效果分为销售效果和沟通效果。而沟通效果指广告或产品信息被注意、了解、接受及造成态度行为改变的程度。拉弗蒂(Lafferty,1996)等采用广告态度、品牌态度及购买倾向测量广告效果,在公益广告中行为意愿成为重要测量指标(Flora & Maibach,1990)。

（一）赞助对广告效果的影响

消费者在加工公益广告时会参考信源(Lee & Robert,2003)。信源会影响到广告说服力与注意力(Craig & McCann,1978),高可信度信源的公益广告能获得更积极的广告态度、品牌态度与购买倾向(Lafferty & Goldsmith,1999;MacKenzie & Lutz,1989)。除了广告中的模特与代言人,企业与广告主也是一种信源(Goldberg & Hartwick,1990)。

当企业赞助社会事业或公益广告,同样的信息较之非营利性赞助者被看作拥有较少的可信性(Szykman,Bloom & Blazing，2004)，消费者对广告态度较为消极，会较少地采取行动(Craig & McCann，1978)，广告也不能很好地激起对品牌的积极态度及购买倾向(Lafferty & Goldsmith，1999；MacKenzie & Lutz，1989)。

企业赞助社会公益事业，是为了建立良好的企业形象，展示企业公民优秀的素质(Belch & Belch，1998；Shimp，1997)。迈克尔·波特认为：企业从事公益事业，表面看是为了博得更多的认同和社会影响，而实质是专注于公司竞争力的增强。

谢克等人(Sheikh et al.,1996)的利润最优化(profit optimization)观点认为，企业承担社会责任是一种"值得的投资"。企业通过赞助将企业与相关的事业或事件建立联系(Ninetto，1998；Quester & Thompson，2001)，这种关联性促使相关消费者将对社会事业积极的感知转嫁到了企业 (Crimmins & Horn，1996)，促使其获得长期或者短期的利益。企业赞助公益事业，消费者会提高对其产品评价，产生更好的品牌态度以及更强的购买倾向(Barone，Miyazaki &Taylor，2000；Brown & Dacin，1997；Sen & Bhattacharya，2001)，同时树立自身形象、提升信誉(Rifon et al.，2003)。国内研究也表明企业赞助公益广告可提高各类组织的美誉度，提高消费者对其的认同感，拉近企业与消费者的距离和沟通情感，提升形象，吸引消费者(曾振华、汪青云、熊一坚,2003)。

但有研究给出不同观点，如赞助活动并没有改变消费者对企业的态度，也没有增加企业声誉。甚至由于消费者对其赞助动机的利己倾向的揣摩，长期而言会给赞助企业带来负面的影响(Szykman，Bloom & Blazing，2004)。

以上研究结果不同，主要有以下因素在起调节作用，如：赞助商与赞助活动的匹配度(Rifon et al.,2003)，赞助商的动机(利己还是利他)(Szykman，Bloom & Blazing，2004；Meenaghan & McDonald，1991)，信息内容(Bator&Cialdini，2000)，消费者对赞助活动的接受度(Osgood & Tannenbaum，1955；Aaker & Brown，1972；Hafstrand，1988；Joyce，1981；Laurent，1990；Kinney & McDaniel，1996)、消费者对活动的卷入程度(Zillman & Paulus，1993；Sloan，1989；Meenaghan，1998；Spinrad，1981)。

（二）卷入度对广告效果的影响

卷入度是信息加工动机的重要指标，卷入度越高信息加工动机愈强（Maheswaran & Sternthal，1990）。卷入度是影响企业赞助社会活动效果的重要因素（Meenaghan，2001），其可以解释为何消费者对不同赞助活动反应截然不同（Meenaghan，2001）。同时卷入度在消费者对赞助商的态度起调节作用，卷入度越高消费者对赞助商态度越积极（Meenaghan，1998）。

许多因素会影响卷入度，如信息与被试间相关性（Eengel & Blankwell，1982；Krugman，1965；Petty & Cacioppo，1979）、消费者对广告刺激物的注意度和理解能力（Celsi & Olson，1988）、相关决定的相对重要性等（Celsia & Olson，1988；Lutz，MacKenzie & Belch，1983；Maheswaran & Sterthal，1990）以及论据强度、说服情境等（Sinclair，Mark & Clore，1994；Petty & Cacioppo，1986）。

（三）论据强度

阿雷尼和卢茨（Areni & Lutz，1988）论据强度指观点的强弱程度，同样字数的论据，强论据能激起消费者积极的品牌认知（Petty & Cacioppo，1986；Petty，Haughtvedt & Smith，1995）与更好的品牌评价（Petty & Wegener，1999），更加令消费者信服更有说服力（Coulter & Pu，2004）。弱论据具有较少说服力（如论据间有矛盾之处）（Petty，Cacioppo & Schumann，1983）或品牌主张（Petty & Cacioppo，1984）。

在高精细加工可能性时，强论据较之弱论据，能够激起更多更显著的态度并促使消费者信念转变（McLallen，Killeya & Levin，2004；Johnson & Eagly，1989；Wood & Quinn，2003）。

二、研究假设

信源与卷入度、论据强度均会影响广告效果，这些因素也会起相互作用。

依据 ELM 模型，在低卷入度的情境下，消费者会对边缘线索加工形成态度，信源（Petty & Cacioppo，1981，1984a，1984b；Petty，Cacioppo & Schumann，1983；Andrews & Shimp，1990）是重要的边缘性线索。信息的可信度与信源的可信度评价相关（Austin & Dong，1994）。当企业赞助社会事业或公益广告,同样的信息较之非营利性赞助者被看作拥有较少的可信性(Szykman, Bloom & Blazing, 2004)。而当信息的可信度比较高的时候,观众对节目的卷入会比较高,产生较强的情感反应(Van der Voort,1986)。

H1a:在低卷入度情境下,消费者对非营利性组织赞助的公益广告卷入度会显著高于企业赞助的广告。

H1b:在低卷入度情境下,消费者对非营利性组织赞助的公益广告的广告态度会显著高于企业赞助的广告态度。

在低加工可能性时,消费者对赞助商或者广告主的认知可能会在一瞬间形成或改变,而该认知包括其赞助的动机以及其信誉度(Rifon et al.,2003)。消费者对其动机或者信誉度的感知会转化为其他的消费者反应(Goldberg & Hartwick, 1990)。

米切尔和奥尔森(Mitchell & Olson, 1981)指出消费者对广告的态度会影响到其对品牌的态度。查托帕迪亚和内杜加迪(Chattopadhyay & Nedungadi, 1992)的研究也证实了在众多背景下,对广告较好的态度容易导致其对广告品牌较好的态度与较强的购买意向。

H1c:在低加工可能性的情况下,消费者由于对企业赞助的公益广告态度较差,受其影响,较之未赞助之前其品牌态度变得消极。

H1d:在低加工可能性的情况下,消费者由于对企业赞助的公益广告态度较差,受其影响,较之未赞助之前其品牌购买意向变得消极。

当消费者处于精细加工可能性时,在信源相同情况下,当论据较强时会产生较强的说服性,而当论据较弱时,其说服力会减弱(Coulter & Punj, 2004)。根据 ELM 模型,在前者时其会根据说服信息形成自己的广告态度,即使是由企业赞助的公益广告。

H2a:在高卷入度情境下,强论据较之弱论据,消费者对前者公益广告的态度会更好。

H2b:在高卷入度情境下,强论据较之弱论据,消费者对前者安全行为意向最高。

在赞助活动时,当消费者对该社会事业有较高的好感时,其也容易对赞助商产生积极的态度(Meenaghan, 2001)。

H2c：在高卷入度的情况下，强论据较之弱论据，消费者对企业的态度较好。

H2d：在高卷入度的情况下，强论据较之弱论据，消费者对品牌购买意向较好。

当被试处于高卷入度的状况下，而论据较弱的时候，其会找出广告中的不合理之处(Petty& Cacioppo，1986)。布洛克沙姆(Bloxham，1998)指出在赞助商、品牌以及所赞助活动之间的匹配度是消费者在评价时的重要衡量标准。尤其当由企业赞助公益广告时，这种匹配度问题常发生在信息与广告主之间(Osgood & Tannenbaum，1955)。金尼和麦克丹尼尔 (Kinney & McDaniel，1996)指出当赞助商与赞助事件不匹配时将会对两者的品牌联想带来负面的效应。在国内企业是以特定利益为目的的经济组织，具有商业性或营利性，广告常被看作是自私的是为了广告主自身的利益着想的(Osgood & Tannenbaum，1955)。而公益广告是以公众谋利益和提高福利待遇为目的，是企业或社会团体向消费者阐明它对社会的功能和责任(王云、冯亦驰，2003)。企业的商业性质与公益广告的社会性质这种不一致，容易导致消费者的消极态度。

H3a：在高卷入度，弱论据说服的情况下，消费者对由企业赞助的公益广告的态度最差。

H3b：在高卷入度，弱论据说服的情况下，消费者对由企业赞助的公益广告的行为意向最差。

H3c：在高卷入度，弱论据说服的情况下，消费者对公益赞助企业的态度最差。

H3d：在高卷入度，弱论据说服的情况下，消费者对赞助企业产品购买倾向最差。

第二节　实验设计

一、实验控制

以360名湖州师范学院学生作为被试，45人一组随机地分成8个小组参加2(论据强弱)×2(卷入度高低)×2(赞助商LOGO：企业与非营利性组织)的实验,被试独立做题,不相互影响。获得有效样本347份。

为了能够控制实验的不确定因素,实验前通过问卷的方式排除了自己、家人、朋友有过车祸等交通意外的同学。同时实验用的广告通过了真假广告测试,通过信息加工能力量表测试,被试间不存在显著差异。

二、变量控制与测量

（一）自变量的操控

1. 卷入度

（1）实验前控制:高卷入度的情况,给被试阅读一份关于当地交通事故的数据与事件资料,让被试相信事故发生的频率较高,唤起安全危机意识,从而控制被试对广告的卷入程度。低卷入的被试组将看一组其他地区水资源危机的相关资料。

（2）实验中控制:高卷入的被试组看到的广告内的信息将出现"当地城市以及几月内近期发布"字样,低卷入的被试组看到的广告内的信息将出现"较远区域以及发布时间在几年以后"字样。

2. 论据强度

通过前测,选出强弱论据,从国内外已经发布的交通安全挑选50条广告论据,采用赵等（Zhao et al.，2011）的公益广告说服质量的七点量表,挑选出强弱论据各3条作为正文,各1条作为广告语。

3. 赞助商

某虚拟汽车企业（锐达汽车）商标（logotype,简称LOGO）与交通局的LOGO作为公益广告的边缘性线索。前者通过了真假测试,将LOGO与中英文名称一起放在广告中,后者也是LOGO加中英文名称。

（二）因变量测试

（1）被试对于公益广告的态度。主要采用托雷斯、塞拉和海瑟（Torres, Sierra & Heiser, 2007）的七点态度量表即:不能打动人的/打动人的;不可信的/可信的;印象不深刻的/印象深刻的;无吸引力的/有吸引力的;不吸引眼球的/吸引眼球的;总体不喜欢/总体喜欢。

（2）安全行为意向。行动意愿的测量采用弗洛拉和迈巴赫（Flora &

Maibach，1990)在艾滋病公益广告中研究所使用的量表:使我想了解更多;使我思考自己的行为;使我想改变自己的行为。

(3)被试对于企业赞助品牌的态度。采用洪瑞云(Swee Hoon Ang，2006)的品牌情感与态度七点量表:不能打动人/能打动人的;无趣的/非常有趣;不喜欢/喜欢;好/坏。

(4)品牌购买倾向。选取杨晋(2008)品牌购买倾向的七点量表:购买可能性;购买同类产品时会优先考虑;愿意以更高的价格来购买。

三、实验操作

将被试随机分成8组,每组被试分别阅读相应的广告册,广告册共12则广告,其中实验广告在位置6,广告册中另有其他两则公益类广告插入。在观看广告后,分发给每位被试调查问卷,要求独立作答,不得前翻。

第三节　数据分析

一、操纵性检验

问卷中设置了七点量表检验论据说服强弱感知"说服力强弱、论据的可信性、令人信服度"暴露于强论据的被试在该题目的得分显著高于弱论据被试组,$t(344)=3.202$, $p=0.001$。

广告内容的记忆度方面,高卷入度组显著高于低卷入度组, $t(344)=8.328$, $p=0.000$,同时使用扎伊科夫斯基(Zaichkowsky，1986)开发的PII量表共20个问题来测量消费者的卷入度,高卷入组的被试在该题目的得分显著高于低卷入被试组, $t(344)=2.458$, $p<0.05$。

卷入度与论据强弱这两个自变量的操作均是成功的。

二、相关变量对广告传播效果的影响

本研究使用MANOVA(多因素方差分析)将广告态度、社会事业的行为意向、品牌态度与购买意向作为因变量,而消费者卷入度作为调节变量、论据强度以及边缘线索(赞助商类型)作为自变量,探究相互之间的关系,研究结果见

表 7-1。

（一）对广告态度的影响

首先，卷入程度×赞助商的类型对广告态度具有显著交互影响，$F(1,343)=5.514$，$p=0.024$。在低卷入度情境下，消费者对非营利性组织赞助的公益广告卷入度（$M=6.581$，$SD=1.040$）会显著高于企业赞助的广告（$M=6.389$，$SD=1.303$），$F(1,171)=4.199$，$p=0.042$，研究假设 H1a 被验证。在低卷入度情境下，消费者对非营利性组织赞助的公益广告的广告态度（$M=4.471$，$SD=1.042$）会显著高于企业赞助的广告态度（$M=4.141$，$SD=1.252$），$F(1,171)=14.579$，$p=0.000$。研究假设 H1b 被验证。

其次，论据强弱×卷入度高低也对广告态度存在着交互作用，$F(1,343)=7.036$，$p=0.008$，在弱论据与低卷入度情况下，产生广告态度最消极（$M=4.403$，$SD=1.142$），而在高卷入度与弱论据的情况下，产生广告态度最积极（$M=4.607$，$SD=1.281$）。研究假设 H2a"在高卷入度情境下，强论据（$M=4.120$，$SD=1.150$）较之弱论据，消费者对其公益广告的态度会更好"未被验证。

最后，卷入程度×论据强弱×赞助商的类型三者对广告态度具有显著交互影响，$F(1,339)=9.501$，$p=0.002$。当赞助商为非营利性组织时，在强论据与高卷入度的情境下，容易促使消费者对广告产生积极的态度（$M=4.487$，$SD=1.162$），而弱论据与高卷入度的情境下，消费者对广告的态度最为消极（$M=4.349$，$SD=1.189$）。而当赞助商为企业时，在弱论据与高卷入度的情境下，容易促使消费者对广告产生积极的态度（$M=4.359$，$SD=1.272$）；而弱论据与低卷入度的情境下，消费者对广告的态度最为消极（$M=3.6339$，$SD=1.207$），其显著低于以上组别。研究假设 H3a"在高卷入度，弱论据说服的情况下，消费者对由企业赞助的公益广告的态度最差"未被验证。

（二）对安全行为意向的影响

首先，卷入程度×论据强弱×赞助商的类型三者对消费者的安全行为意向具有显著交互影响，$F(1,339)=4.209$，$p=0.023$，八组实验组间存在显著差异 $F(1,339)=2.912$，$p=0.006$。当赞助商为企业时，在弱论据与高卷入度的情境下，容易促使消费者产生积极的行为意向（$M=5.806$，$SD=1.092$），而弱论据与低卷入度的情境下,消费者的行为意向最为消极($M=4.681$,$SD=$ 1.352),这点与消费者的广告态度呈现一致性,假设 H3b 未被验证。

其次,卷入程度×论据强弱对行为意向也有显著影响,$F(1,343)=6.740$, $p=0.010$,在高卷入的情况下,弱论据能够产生积极的行为意向,而低卷入度与弱论据的情境下,行为意向最为消极,这与之前的广告态度相一致,假设 H2b 未被验证。

（三）对赞助企业品牌态度的影响

首先,卷入程度×论据强弱×赞助商的类型三者对广告态度具有显著交互影响,$F(1,339)=8.916$,$p=0.003$。当企业赞助公益广告时,高卷入度弱论据的情境下容易促使其对品牌产生积极的态度($M=4.121$,$SD=0.922$),显著高于高卷入度强论据($M=3.578$,$SD=1.004$,$p=0.005$)。研究假设 H3c 未被验证。

其次,当赞助商为企业时卷入程度×赞助商的类型对赞助企业品牌态度并无显著交互影响,$F(1,341)=3.174$,$p=0.076$。在低卷入度情境下,消费者对赞助企业的态度与其他组别并无显著性差异,研究假设 H1c 未被验证。

最后,论据强弱×卷入度高低对赞助企业品牌的态度并无显著交互影响, $F(1,341)=0.137$,$p=0.712$,在高卷入度情境下,论据强度未显著影响被试对企业品牌的态度。H2c 未被验证。

（四）品牌购买倾向

首先,卷入程度×论据强弱×赞助商的类型三者对品牌购买倾向未有显著影响,$F(1,339)=2.682$,$p=0.102$。当企业赞助公益广告时,高卷入度弱论据的情境下容易促使其对品牌产生积极的态度($M=3.264$,$SD=0.982$),其与高卷入度强论据($M=3.185$,$SD=1.108$)下并无显著差异($p=0.741$)。研究假设 H3d 未被验证。

其次,卷入程度×赞助商的类型对赞助企业品牌购买倾向未有显著交互影响,$F(1,341)=1.452$,$p=0.229$。在低卷入度情境下,消费者对赞助企业的购买意向与其他组别并无显著性差异,研究假设 H1d"在低加工可能性的情况下,消费者由于对企业赞助的公益广告态度较差,受其影响,较之未赞助之前其品牌购买倾向变得消极"未被验证。

最后,论据强弱×卷入度高低也对赞助企业品牌态度并无显著交互影响,$F(1,341)=1.053$,$p=0.306$,在高卷入度情境下,论据强度未显著影响被试对企业品牌的购买倾向。H2d"在高卷入度、强论据说服的情况下,消费者具有较强的购买倾向"未被验证。

表 7-1　相关变量对传播效果的影响

	广告态度		安全行为意向		品牌态度		品牌购买意向	
	F	Sig.	F	Sig.	F	Sig.	F	Sig.
卷入程度×论据强弱×赞助商性质	9.501	.002	5.209	.023	8.916	.003	2.682	.102
卷入度×论据强弱	7.036	.008	6.315	.012	0.137	.712	1.053	.306
卷入度×赞助商性质	5.008	.026	3.174	.076	3.615	.076	1.452	.229
论据强弱×赞助商性质	1.929	.116	.030	.862	4.443	.036	0.829	.363

第四节　研究讨论

一、卷入度、论据强度及赞助商性质对广告效果影响

(一) 对广告态度影响

赞助商的性质会显著影响消费者对广告的态度,$F(1,345)=8.698$,$p=0.003$,当赞助商为企业时,消费者对公益广告的态度更为负面。其中在高卷入度的情形下,赞助商的不同并没有造成广告态度的显著差异,$F(1,164)=0.221$,$p=0.639$,这是因为三个自变量具有交互作用,其中论据强度也在起作用。但在低卷入度情形下,企业赞助的公益广告态度会显著低于非营利性组织。根据 ELM 理论在低卷入度的情形下,消费者广告态度来自边缘线索即赞助商的标识,在公益广告方面非营利性组织的可信度高于企业,而高可信度信源的公益广告能获得更积极的广告态度。造成该状况的重要原因:消费者对赞助商动机的判断与怀疑已经成为解释善因营销效果的重要理由(Barone,Miyazaki & Taylor, 2000; Ellen, Mohr & Webb, 2000),消费者对公益广告

的归因以及信息的可信度的感知会因为赞助商性质的不同而有所差异,当赞助商为营利性组织时,该广告信息的利己动机,$t(176)=-2.498$,$p=0.013$ 与可信度 $t(176)=-2.188$,$p=0.029$ 会显著低于非营利性组织。

　　考虑论据强弱因素,三个自变量会对广告态度产生显著交互影响。而当赞助商为营利性的组织时,在弱论据与高卷入度的情境下,容易促使消费者对广告产生积极的态度($M=4.359$,$SD=1.218$),显著高于其他组别;而弱论据与低卷入度的情境下,消费者对广告的态度最为消极($M=3.634$,$SD=1.203$),其显著低于以上组别。前者与 ELM 模型不同,ELM 认为在精细加工的过程中,消费者态度的改变主要取决于其原来的态度及广告的论据说服力,当论据较强时会形成持久的态度。当论据的说服力较弱时,其会努力找出广告中不合理之处形成新的态度。海德(Heider,1958)与费斯廷格(Festinger,1957)提出的认知平衡理论与认知失调理论,在人们的认知系统中,存在着某些情感或评价趋于一致的压力,当认知主体一旦失去这种平衡,其态度可以凭借这种不平衡关系而形成或者改变。如企业的商业性质与公益广告的非商业性之间不协调性,易导致消极态度的产生。但是该实验表明,高卷入度弱论据的情形较之高卷入度强论据的情形,消费者易形成积极的态度。造成此种状况的原因是:①通过对消费者对赞助商利他动机的检测发现,在高卷入度与弱论据说服的情况下消费者对利他动机的感知显著低于高卷入度强论据说服的情况($\Delta M=0.535$,$p=0.037$)。②在该公益广告论据使用中,涉及了恐惧诉求如强论据中的"在国内每年有 10 万人死于车祸",欧文与费什巴赫(Irving& Feshbach,1953)发现在公益宣传中使用恐惧诉求,伴随着恐惧程度的加深,被试采纳劝诫的程度反而不断降低。这一点在随后的消费者访谈中被证实,在强论据中使用的论据会加深消费者的恐惧程度,而这种恐惧加上企业的赞助(如企业在利用这些灾难)反而造成了消费者对广告消极的态度。结合以上两点,企业对社会信息的过度消费引发了消费者消极的态度。

　　根据 ELM 模型,在低加工路径可能性时,消费者会遵从边缘加工路线,此时其广告态度的形成更多地依赖于边缘线索——赞助商的品牌标识,而在赞助公益广告方面商业性企业的可信度要远低于非营利性(Szykman, Bloom & Blazing,2004),此时低可信赖度的信源造成了被试消极的广告态度。

因此,当企业赞助公益广告时,应该尽量避免弱论据与低卷入度的情况,同时尽量选择高卷入度的情境并避免一些恐惧性的诉求。

(二) 安全行为意向的影响

赞助商的性质不同并没有影响到消费者的安全行为意向。卷入程度×论据强弱×赞助商的类型三者对消费者的行为意向具有显著交互影响。而当赞助商为企业时,在弱论据与高卷入度的情境下,容易促使消费者产生积极的行为意向,而弱论据与低卷入度的情境下,消费者的行为意向最为消极,这点与消费者的广告态度呈现一致性。

二、卷入度、论据强度及赞助商性质对赞助企业的影响

在中国目前环境下,商业性组织在发起或者赞助公益广告的时候,需要三思而后行。

(一) 对品牌的态度

消费者并不会因为企业发起赞助活动,而对品牌产生更为积极的态度,$F(1,345)=0.028, p=0.868$。这与斯克曼、布鲁姆和布雷兹(Szykman, Bloom & Blazing, 2004)的研究相一致,其表明"被试会对企业赞助的动机更多地归结为以自我服务为目的,但是对于企业的态度并没有显著影响。但由于被试对于企业动机的负面评价,从长期看企业赞助公益广告对企业态度会产生负面影响"。通过对企业赞助公益广告的动机分来看,在利己动机与利他动机之间存在着显著差异性,$t(1,167)=-13.520, p=0.000$,即消费者更多认为营利性组织赞助公益广告是为了其自身的利益,而非社会大众的利益。

当企业选择赞助公益广告时,在高卷入度弱论据的情况下易获得比强论据更为积极的品牌态度。除了受广告态度影响外,通过访谈得知在高卷入度的情形下消费者对广告信息进行深入的加工,强论据中企业使用的恐惧性诉求会引起消费者的反感,这是由于企业利己的动机以及具有恐吓性死亡的数字,使企业有过度消费社会信息的嫌疑。

(二) 品牌够买意向

消费者并不会因为企业发起这样的活动,而对品牌或者企业产生更为积极的购买意向,$F(1,345)=0.453, p=0.501$。各个组别中该项的平均得分均少

于平均分 3.5 分(七级量表),表明其对该品牌的够买意向较弱。通过后期访谈得知陌生(虚拟)汽车品牌很难调动消费者的购买意向。同时汽车对于中国学生而言,较高的价格与较高的购买风险难以让消费者产生较强的购买欲望。

当企业赞助公益广告时,四个组别之间的品牌购买意向并无显著性差异。究其原因是作为一项大宗的购买物件,品牌的购买意向难以被单则广告所影响,消费者需要更多的信息综合加工来确定。

第五节　本章小结

本研究基于 ELM 探究了作为普通型企业开展公益广告型的企业社会责任传播时,广告中的论据强度以及受众卷入度对传播效果的影响。

公益广告最好由非营利性组织来赞助以此获得消费者对广告正向的态度以及行为意向。当其由企业赞助时,应该选择受众高卷入度的情景下使用弱论据说服,而避开低卷入度弱论据说服的情形。

对赞助企业而言,消费者并不会因为企业发起这样的活动,而对品牌或者企业产生更为积极的态度及购买倾向。这与第六章中的研究结论相似,企业开展公益广告传播,虽然能够表明企业关心社会事业,但是消费者对其很容易产生利己动机归因,认为企业是为了自身的利益来开展公益广告宣传。因此如何在信息传播中有效降低消费者的利己动机归因成为关键,本研究显示当企业选择赞助公益广告时,尽量选择受众高卷入度且弱论据的情形。此时受众会积极进行企业社会责任信息的加工,当企业采用强论据说明社会事业的重要性时,反而会引起消费者的反感,弱论据更能引起消费者对企业的好感。

第八章

企业社会责任信息在社交媒体中的传播实践分析

第一节　弱关系社交媒体中企业社会责任传播研究

一、引言

微博 2021 年第二季度财务报告显示，截至 2021 年 6 月微博月活跃用户达到 5.66 亿，日活跃用户达到 2.46 亿，除了用户数量大规模增长外，微博的广告收入也大幅度提升。这与直播及短视频的发展息息相关。大规模的用户与企业广告的涌入，使企业在社交媒体中的社会责任传播可以获得更多的关注。微博是典型的弱关系社交平台，其更具公共媒体性特征，也更加适合企业进行传播与分享相关信息。因此本章将研究部分对象聚焦于企业的官方微博账号，以争议性企业在微博中进行的企业社会责任传播的真实数据为基础，在精准测量的基础上探究企业社会责任传播现状及影响因素对传播效果的影响。

二、理论基础

信息的丰富程度、消费者对信息卷入程度、消费者信息处理的能力与自我效能感都会影响消费者对相关信息的加工。HSM 模型根据消费者对信息加工的程度将个体的认知加工分为系统式和启发式。系统式加工是个体对所有潜在的相关信息都进行审慎的与有意识的深入加工从而形成态度判断，信息内容与论据强度成为重要线索（Chaiken，1980）。而启发式加工则受"最小认知努力原则"的影响，会在便捷性的线索基础上依赖于直觉进行线索快速形成判断与态度，这些启发式的线索包括背景相似性、生活常识、刻板印象等。从信源的角度而言其要促使消费者进行系统式加工,更多需要在信息的丰富程度、信息内容上着手,而在启发式线索则可以从背景的颜色、图案、信源权威性等方面着手。

三、研究方法

(一) 研究对象

此次研究对象限于官方认证的争议性企业的官方微博。在企业的选择上,主要基于哈德森(Husdon,2008)对争议性企业的定义及其特点,并结合过去研究中所使用的典型争议性行业如烟草行业(Barraelough & Morrow,2008;Richter,2005)、酒类行业(Fam et al.,2009)、垃圾食品行业(Potts & Nelson,2008;Graffeo et al.,2009)、化工行业(Du & Vieira,2012)、核能(Cai et al.2012;Hong & Kacperczyk,2009),最终选取了烟草行业、酒类行业、石油化工行业、垃圾食品、核能等行业的企业为样本。鉴于酒类企业较多选取了中国白酒类企业排名前30名的企业,啤酒企业前8名的企业;而烟草行业则选取了24家烟草企业;化工行业选取了中国石油与中国石化两家。垃圾食品行业选取了世界卫生组织公布的十大垃圾食品,包括油炸类食品、类食品、加工类肉食品(肉干、肉松、香肠、火腿等)、饼干类食品(不包括低温烘烤和全麦饼干)、汽水可乐类饮料、方便类食品(主要指方便面和膨化食品)、罐头类食品(包括鱼肉类和水果类)、话梅蜜饯果脯类食品、冷冻甜品类食品(冰淇淋、冰棒、雪糕等)、烧烤类食品[1]共20家企业;核电企业选取了10家,共计102家企业。这些企业在2009.11.03—2015.11.02六年中官方微博发布的企业社会责任信息被作为研究对象。

(二) 相关类目的建构

由于微博更具有公共媒体的特征,每个账号的粉丝数量好友数量均可以获取,同时在传播效果上可以获得每一条微博的转发量、评论量及点赞量。因此本研究对每一条企业社会责任信息进行编码。类目建构主要从传播影响因素与传播效果展开。扎曼等学者(Zaman et al.,2010)将推特数据分成三类:发布者属性特征(昵称、粉丝数、关注数)、转发者属性特征(昵称、粉丝数、关注数)、文本特征(如文本长度)。同时鉴于 HSM 模型对相关线索的划分以及第三章节中对相关影响因素的梳理,本部分系统式线索主要从传播内容如信息类

---

[1] 李国华.养生长寿红绿灯[M].北京:中医古籍出版社,2012:325-326.

型、社会事业的选择、互动程度等讨论,而启发式线索从信源如企业行业与边缘线索如丰富程度、背景颜色、照片墙、封面照片等展开分析。

1. 信源因素

1)信源(企业微博主)影响力

在王君泽等(2011),陈明亮、邱婷婷和谢莹(2014)与查、哈达迪和贝内文图(Cha,Haddadi & Benevenuto,2010)以及克劳特公司(Klout,是一家衡量用户在 Twitter,Facebook,Google+,LinkedIn,Foursquare,Wikipedia 等社交网络上影响力指数的创业公司)建立的微博主影响力指标体系的基础上,本研究提出"关注用户数量""粉丝数量""微博数量""微博使用时间"等作为企业微博主的影响力的指标。

在综合比较了选取样本的粉丝数量的基础上,将微博主的粉丝数量分为以下五类,分别为:1—粉丝数量最少,粉丝数量小于 10000;2—较少,即粉丝数量介于 10001~100000;3—中等,粉丝数量介于 100001~500000;4—较多,粉丝数量介于 500001~1000000;5—最多,粉丝数量高于 1000000。

好友数量则按照 1—0~100;2—101~300;3—301~500;4—500~900;5—900 以上划分为 5 个等级,依次用数字 1~5 来表示。

鉴于新浪于 2009 年开通,2010 年微博呈现井喷趋势甚至 2010 年被称为微博元年,因此将 2009 年开通官方微博归为最早,2010 年为较早,而在 2014 年微信快速发展,微博用户量呈现下降趋势,因此将 2014 年及以后开通的归为较晚,2015 年以后为最晚,而在 2011—2013 年开通为中等(依次用 1~5 表示时间先后)。因此微博开通时间按照由早到晚 5—2011,4—2012,3—2013,2—2014,1—2015 分为 5 类。

2)企业的行业

虽然所选取的企业均属于争议性企业,但是企业争议性程度是不同的,如消费者普遍认为烟草企业的争议性程度要远高于一般的垃圾食品行业,也因此在国际上各类禁烟运动甚嚣尘上,而反对垃圾食品的活动则少之又少。因此对选取样本的行业进行了编码:1—烟草行业、2—酒类行业、3—石油化工行业、4—垃圾食品行业、5—核能行业。

2. 传播内容因素

(1)社会责任的形式:科特勒和李(Kotler & Lee,2008)将企业的社会责任分为以下六类：①企业公益事业宣传（cause promotion/ sponsorship）；②企业关联营销（cause-related marketing）；③企业社会营销（corporate social marketing）；④企业慈善行为（corporate philanthropy）；⑤社区志愿者活动（community volunteering）；⑥对社会负责的社会实践（socially responsible business practices)（具体操作定义见附录1）。

鉴于争议性企业开展活动的现状，在本研究中只选取了前五类，并依次对其进行编码：1—企业公益事业宣传、2—企业公益事业关联营销、3—企业社会营销、4—企业慈善行为、5—社区志愿者活动。

（2）企业社会责任宣传的主题：尼尔森与汤姆森（Nielsen & Thomsen，2007）曾在分析企业社会责任报告时将社会事业分为：员工类、当地社区类、环境类、社会类、企业管理与财务类、评估类等。科恩（Cone，2007，2008）则将其分为教育、健康与疾病、环境三类。王和乔杜里（Wang & Chaudhri，2009）则指出其可以分为环境保护、节能减排、灾难救济、职业健康和安全、消费者权益，共计五类。

由于本研究采用的是狭义的社会责任定义，因此综合以上分类方法将社会事业的主题分为：1—环境问题，2—教育问题，3—健康疾病问题，4—其他问题。

（3）企业与社会事业的匹配：企业与社会事业的匹配可以从横向与纵向两个方面来讨论，横向匹配分为形象匹配与功能匹配（Alcañiz et al.，2010；Trimble & Rifon，2006）。而纵向则根据强度分为高匹配度与低匹配度（Sen & Bhattacharya，2001）。

在本研究中将横纵两类匹配分别进行编码，匹配类型：1—形象匹配，2—功能匹配，匹配程度则按照李克特五点量表的方法：1——点儿不匹配，2—有点儿匹配，3——般匹配，4—较为匹配，5—非常匹配。

（4）企业与社会事业的突出性：根据企业与社会事业在企业社会责任传播中的所占的比例，当社会责任的内容以企业为主时，主要强调企业与自身的产品（Menon & Kahn，2003）；而以社会事业为主时，主要强调社会事业的重要性（Samu& Wymer，2014）。在此将其编码为：1—社会事业为主，2—企业与产品为主，3—企业与社会事业相当。

（5）企业的争议来源与社会事业的相关性：在争议性企业中很多企业会倾

向于选择与其争议来源相关的社会事业,以此改变自己争议性的刻板印象或者实现合法化(Du & Vieira,2012),将争议性企业的争议来源与社会事业的相关性分为:1—不相关,2—相关。

(6)社会事业内容的侧重点:企业对社会责任的传播可以根据事情的进展程度而有显著差异,如突出其在该社会事业中取得成果或者其在该项事业的进程,在此将其分为三类:1—侧重成果,2—侧重过程,3—兼而有之。

(7)社会事业的区域性:企业针对的社会事业具有一定的区域性。格罗和福尔斯(Grau & Folse,2007),格罗扎、普朗辛斯克和沃克(Groza,Pronschinske & Walker,2011)指出,根据社会事业针对空间区域性(有的是宽泛的针对全国性的消费者,有的则更具区域性)可以将企业的社会责任分为区域性与全国性。瓦拉达拉杰和梅农(Varadarajan & Menon,1988)首先提出其会显著影响企业社会责任效果。本研究也根据区域性将其分为:1—全国性,2—区域性。

3. 传播策略因素

(1)社会责任传播沟通战略。主要参考莫尔斯与舒尔茨(Morsing & Schulz,2006)对企业在社交媒体中的传播形式分类法:发布信息式、简单回应式、卷入式互动,将社会责任传播沟通战略的进行编码为:1—信息通知型,2—被动回应式,3—主动卷入式。

(2)内容的丰富程度。媒介丰富性理论(media richness theory,简称MRT)指出,在媒介融合的背景下,多媒体的运用可以有效增加企业社会责任信息的传播效果(Saat & Selamat,2014)。一个网站具有视觉形象、符号、声音和导航功能等交互作用的方式会被认为是具有媒体丰富性(Allen,Mahto & Otondo,2007),在一些研究中媒介具有文字、图片、声音、视频被认为是富媒介,而仅有文字或者文字与图片被称为手媒介瘦媒介(Cho et al.,2009;Jiang & Benbasat,2007;Simon & Peppas,2004)。

在此研究的编码中将有图片、gif 动画、视频、网页连接分别记为 1 分,最终得分是将以上因素加以叠加。在此将其编码为:1—单纯的文字,2—有以上一种,3—有以上两种,4—有以上三种,5—有以上四种。

(3)信息框架。同样的事情可以采用正面与负面两类截然不同的框架进行阐述,而信息框架也会影响到传播效果。正如负面偏见所指出的公众会更加关注负面消息(Rozin & Royzman,2001),同时负面消息比正面消息更易被接受(Jonge et al.,2004;Swinnen,McCluskey & Francken,2005)。在此将信息框架分为:1—积极,2—消极,3—中性。

(4)热点时事背景。企业选择当前具有热点时事背景的社会事业,更易获得消费者的关注与较高的卷入度,在此将其简单地分为两类:1—无,2—有。

(5)公益性的信息标签。在消费者信息加工动机较低的时候,信息标签成为其快速阅读的重要线索。在此根据标签的公益性将其分为两类:1—无公益性标签,2—有公益性标签。

4. 背景性因素

主要从封面照片、背景颜色、照片墙三方面讨论,封面照片按照类型的不同分为三类:1—无,2—企业或者产品,3—其他。背景颜色也分为四类:1—蓝色,2—红色,3—产品相关色,4—其他。照片墙也是如此:1—无,2—单位,3—其他。

5. 传播效果

在微博传播中,转发量、评论量、点赞量成为衡量某条信息传播效果的重要衡量指标。转发量表明参与到信息的二次传播中的人数,是口碑传播在线上的重要表现形式。而评论量则表现了在深入加工的基础上表达自己的态度与意见的消费者数量。点赞量则表示对该条信息的认同的消费者数量。

本研究在参考企业社会责任传播的实际转发量的基础上,将其分为五个等级:1—0～50条,2—51～100条,3—101～500条,4—501～1000条,5—1000条以上。而评论量也是按照1—0～50条,2—51～100条,3—101～500条,4—501～1000条,5—1000条以上的规则进行编码。由于点赞量整体偏低,在此将其按照1—0～50条,2—51～100条,3—101～200条,4—201～300条,5—300条以上的方式进行编码。

(三)编码员的选择

上海某高校的三名传播学硕士被选作此次的编码员,在正式编码之前进行统一的培训。编码员要对相关类目有充分而一致的认识与理解,编码完成之后对有疑问的内容按照少数服从多数的原则来确定最后的答案。

四、争议性企业在微博中的企业社会责任传播现状分析

（一）基本概况

五个较具代表性的行业中的 102 家企业 2009.11.03—2015.11.02 共计六年的微博内容被作为研究对象，研究发现共有 53 家企业开通了官方微博，微博开通率为 51.96%，表明众多争议性企业已经认识到微博等社交媒体对于其信息分享、品牌传播与顾客关系管理的重要性，将微博作为重要的信息平台。但是仅有 33 家企业发布了企业社会责任的微博内容，在所有开通官方微博的企业占 62.26%，表明一多半的企业开始将微博作为其进行企业社会责任传播的重要载体。这 33 家争议性企业共发布了 395 条企业社会责任微博，平均每家企业发布超过 10 条。

其中有两家企业汾酒与洋河酒业分别建立以自身品牌命名的公益基金会——汾酒公益基金会、梦之蓝基金会，并利用公益账号分布相关的信息，表明企业对公益事业的重视。

33 家争议性企业微博中有 25 家企业发布了少于 10 条的企业社会责任信息，有 6 家发布了多于 30 条的企业社会责任信息，2 家发布了 10~20 条微博信息。

（二）信源

本部分主要从信源影响力与企业的行业来进行。鉴于"关注用户数量""粉丝数量""微博数量""微博使用时间"均使用了五级量表，因此采用四个因素的均值来体现每个企业微博主的影响力。

从表 8-1 中可以看出，使用微博发布企业社会责任信息的争议性企业在行业分布并不均匀。5 个行业中酒类企业在微博中开展企业社会责任的数量最多，尽管一方面是由于在样本选择中酒类的样本就比较多有 36 个样本，但是就行业开通比例而言酒类企业的比例也远高于其他行业，达到 58.33%。其次是垃圾食品行业有 5 家企业在微博中开展企业社会责任传播。而烟草企业最少，只有广东中烟。而石油化工由于只选择了 2 家样本，最后只有中国石油开通了官方微博。

在开通时间上，大部分争议性企业集中选择了在微博发展较稳的 2011—2013 年开通自己的官方微博，其次是 2014 年有 5 家开通了官方微博，而微博

崭露头角的时候仅有 2 家企业开通。

　　在好友数量方面,33 家企业分布相对较为均匀,在好友数量 101～300 的较多有 11 家企业。而在粉丝数量方面,粉丝数量介于 10001～100000 占了较多的数量有 12 家,其余的也分布较为均匀。

　　而在微博发布数量方面,在 1001～5000,5001～10000 两个档次中最多,分别有 17 家与 11 家,说明这 33 家对微博较为重视且使用较为充分。

表 8-1　企业微博主的影响力与行业分析

编码	行业分类		开通时间		好友量		粉丝量		微博量	
	数量	百分比（%）	数量	百分比（%）	数量	百分比（%）	数量	百分比（%）	数量	百分比（%）
1	1	3.03	1	3.03	7	21.21	5	15.15	2	6.06
2	21	63.63	1	3.03	11	33.33	12	36.36	2	6.06
3	1	3.03	26	78.79	4	12.12	7	21.21	17	51.51
4	5	15.15	5	15.15	5	15.15	5	15.15	11	33.33
5	3	9.09	0	0	6	18.18	4	12.12	1	3.03

（三）信息内容

　　信息内容是消费者在高卷入度或者加工动机较强时重要的加工线索,本研究在前人研究以及微博传播特点的基础上主要从企业社会责任形式、社会事业的主题类型、社会事业的区域性、企业与社会事业的匹配类型与匹配度、企业的争议来源与社会事业的相关性、企业与社会事业的突出性等几方面来分析。

　　从表 8-2 中可以看出,企业社会开展的企业慈善行为最多有 153 例,占到了 38.73%,其次是企业公益事业宣传,最少的是与企业的销售有直接关系的企业社会营销以及社区志愿者活动。而社会事业的主题类型方面教育类与健康疾病类占据了重要位置分别有 111 条与 115 条,这两类同时也是当前社会关注度较高的社会事业。同时其他类有 151 条,这是因为众多企业选择在微博中宣传其在社会责任与公益方面做出的成就,其中很多是较为宽泛的陈述。而企业与社会的匹配度方面,众多企业选择了与其匹配度较高的社会事业,大于等于中间值 3 的占 98.23%。而在社会事业的区域性,大部分企业选择了全国性的社会事业,有 312 例,占到 78.99%,仅有 83 例是区域性的社会事业。

表 8-2　企业在微博社会责任传播中社会事业基本情况

编码	企业社会 责任形式	社会事业的 主题类型	企业与社会 事业匹配度	社会 事业的区域性
1	101	25	6	312
2	24	111	1	83
3	87	115	198	
4	153	151	104	
5	30		86	

从表 8-3 中可以看出,大部分企业选择了与其具有形象匹配的社会事业,有 279 例,占 70.63%,有 116 例企业选择了与其具有功能性匹配的社会事业。同时在企业争议来源与社会事业的相关性上绝大部分规避与其争议来源息息相关的社会事业,有 338 例不相关的社会事业,占 85.57%。在企业社会责任信息宣传中,企业会更加侧重于宣传企业为社会事业付出的过程,占了 47.09%,而宣传企业在履行社会责任成果方面占了 40.25%。在宣传中突出强调社会事业还是企业方面,两者相差较少,有 40.76% 过于突出强调企业自身或者相关的产品。

表 8-3　争议性企业在微博社会责任传播中企业与社会事业的关系

编码	企业与社会事业 匹配类型	企业的争议来源与 社会事业的相关性	企业社会责 任的侧重点	企业或社会事业 的突出性
1	279	338	159	193
2	116	57	186	161
3			50	41

（四）传播策略

从表 8-4 中可以得知,在沟通战略上有 339 例（85.82%）选择了信息通知型,由此可见大多数企业将微博作为单向信息传播媒介,仅仅单向地向消费者传播其履行企业社会责任的情况或者简单向消费者表明自己对某项社会事业所持的观点。但是也有部分企业开始利用微博双向互动的特点与消费者进行互动,甚至有 28 例(7.09％)开始主动与消费者沟通,并促使消费者卷入到相应的社会事业中。

在海量信息的背景下,媒介的丰富性可以有效吸引消费者的注意力并促使其对信息进行深加工,本研究发现除了极为少数(仅有 3 例)简单地使用了文字,绝大部分的企业在文字阐释的基础上会更喜欢配上一些现场的图片(330家,占 83.54％),而使用 gif 动画、视频、网页则相对不多,全部使用的也只有 1例。因此多媒体信息在微博中的使用依然较少。

在信息框架上,大多数的企业社会责任传播选择使用积极正面的信息框架来阐释企业的社会责任行为,有 241 例(61.01％),而有 83 例(21.01％)使用负面性的信息框架,也有 71 例(17.97％)则是使用中性的信息框架。

在热点时事背景方面,有 124 例(31.39％)企业社会责任传播选择了当前具有热点时事背景的社会事业,但是大多数企业社会责任传播(68.60％)还是按部就班地开展或者宣传企业的社会责任行为。

在公益性信息标签的使用上,众多的企业社会责任传播开始使用公益性信息标签(151 例,占 38.23％),但是绝大部分的企业社会责任传播没有使用(244例,占 61.77％)。

表 8-4　争议性企业在微博社会责任传播中的传播策略

编码	沟通战略	内容丰富程度	信息框架	热点时事背景	公益性信息标签
1	339	3	241	271	244
2	28	330	83	124	151
3	28	37	71		
4		24			
5		1			

(五) 背景性因素

由表 8-5 可知,争议性企业在封面照片上主要是选择了企业或者产品相关的照片,共有 28 家(84.85％),只有 3 家企业(9.09％)没有选择封面照片,2

家(6.06%)选择了无关的照片。在背景颜色方面,13 家企业(39.39%)选择了中国人偏爱的红色,其次是蓝色(10 家企业,30.30%),再次是与产品包装或产品本身相近的颜色(7 家企业,21.21%),最后有 3 家企业选择了其他的颜色。而在照片墙方面都选择了企业或者产品相关的图片(28 家企业,84.85%),仅有 5 家企业没有选择照片墙,占 15.15%。

表 8-5　争议性企业在微博社会责任传播中的背景性因素

编码	封面照片	背景颜色	照片墙
1	3	10	5
2	28	13	28
3	2	7	
4		3	

（六）传播效果

由表 8-6 中可以看出,企业社会责任传播的效果可谓不尽如人意,转发量、评论量、点赞量在"极少"的等级即少于 50 条的占了绝大部分,分别为 283 例(71.65%)、332 例(84.05%)、382 例(96.71%)。在转发量中,101 条到 500 条的有 45 例,占 11.39%,其次是转发量在 1001 条以上的,有 34 例,占了 8.61%,接下来依次是 51～100 条,以及 501～1000 条的。

在评论量方面,除了最少等级的占据了绝大部分外,其次是 101～500 条共有 28 例(7.09%),然后是 51～100 条的共有 22 例(5.57%),而在 501 条以上总计有 13 例,占了 3.29%。

在点赞量上,较之评论量与转发量,其更呈现极化现象,即主要集中于少于 50 条,其他的分布较为均衡,但是加起来总计 13 条。

表 8-6　争议性企业在微博社会责任传播效果

编码	转发量	评论量	点赞量
1	283	332	382

（续表）

编码	转发量	评论量	点赞量
2	25	22	6
3	45	28	2
4	8	3	3
5	34	10	2

五、相关线索对传播效果的影响分析

（一）各个变量之间的相关性分析

使用皮尔逊相关系数来检验各个自变量与因变量之间的相关性，明确变量之间的关系。

1. 信源特征与争议性企业社会责任信息传播效果相关性分析

微博主影响力采取"关注用户数量""粉丝数量""微博数量""微博使用时间"四项的均值。无论是微博主影响力还是下面的四个维度以及企业的行业都与评论量、转发量以及点赞量有着部分显著性的相关关系（见表8-7），表明信源会影响争议性企业在微博中的社会责任传播效果，适合进行回归分析。

表8-7 信源与传播效果相关因素的均值、标准差与相关系数

	均值	标准差	1	2	3	4	5	6	7	8
1 好友数量	3.482	1.383								
2 微博总数量	3.625	0.549	−0.017							
3 粉丝数量	3.638	1.208	0.192**	−0.070						
4 微博使用时间	3.148	4.392	0.139**	0.294**	0.212**					
5 企业行业	2.265	0.741	−0.279**	−0.189**	−0.267**	0.115*				
6 微博主影响力	3.473	0.555	0.751**	0.257**	0.689**	0.473**	0.115**			
7 评论量	1.322	0.843	−0.038	0.136*	0.113*	0.215**	−0.035	0.114**		
8 转发量	1.696	1.264	0.046	0.100*	0.320**	0.305**	−0.117*	0.288**	0.788**	
9 点赞量	1.068	0.425	−0.204**	−0.064	−0.036	−0.218**	0.063	−0.206**	−0.314**	0.218**

注：* 为在 0.05 水平（双侧）上显著相关，** 为在 0.01 水平（双侧）上显著相关。

2. 信息内容与核心企业社会责任信息传播效果相关性分析

表8-8显示了争议性企业社会责任传播的信息内容与传播效果三个维度

表8-8　信息内容与传播效果相关因素的均值、标准差与相关系数

	均值	标准差	1	2	3	4	5	6	7	8	9	10
1 企业社会责任形式	2.967	1.333										
2 主题类型	2.990	0.940	-0.241**									
3 侧重点	1.544	0.676	0.034	0.085								
4 突出性	1.615	0.667	0.091	0.034	0.899**							
5 匹配类型	1.294	0.456	-0.205**	-0.035	-0.116*	-0.153**						
6 匹配程度	3.666	0.870	-0.119*	0.201**	-0.074	-0.122*	0.658**					
7 争议源与社会事业相关性	1.144	0.352	-0.028	-0.072	-0.246**	-0.293**	0.637**	0.581**				
8 社会事业的区域性	1.210	0.408	0.153**	-0.008	0.210**	0.214**	0.022	-0.088	-0.123*			
9 评论量	1.322	0.843	0.003	0.043	-0.143**	-0.185**	0.282**	0.303**	0.331**	-0.071		
10 转发量	1.696	1.264	0.078	-0.101*	-0.189**	-0.199**	0.292**	0.268**	0.447**	-0.171**	0.778**	
11 点赞量	1.068	0.425	-0.014	0.034	-0.112*	-0.095	0.119*	0.117*	0.087	0.005	0.314**	0.218**

注：* 为在 0.05 水平（双侧）上显著相关，** 为在 0.01 水平（双侧）上显著相关。

之间的相关性,结果显示,企业社会责任的侧重点、企业与社会事业的突出性、企业与社会事业的匹配类型、匹配度、企业的争议来源与社会事业的相关性、社会事业的区域性都与评论量、转发量显著相关。此外,主题类型也与转发量及点赞量显著相关,匹配类型、匹配度与点赞量显著相关。

　　3. 传播策略与争议性企业社会责任信息传播效果相关性分析

　　表8-9表明了沟通战略、内容丰富程度、信息框架、热点时事背景以及公益性信息标签与争议性企业的社会责任传播效果的三个维度评论量、转发量以及点赞量之间的相关关系。除了信息框架,其他因素均与评论量显著相关,同时所有的因素均与转发量显著相关,而只有沟通战略、公益性信息标签与点赞量显著相关。

表8-9　传播策略与传播效果相关因素的均值、标准差与相关系数

	均值	标准差	1	2	3	4	5	6	7
1 沟通战略	1.213	0.557							
2 内容丰富程度	1.220	0.561	0.411*						
3 信息框架	1.570	0.779	0.024	−0.189**					
4 热点时事背景	1.315	0.465	0.241**	0.230**	0.022				
5 公益性标签	1.382	0.487	0.158**	0.351**	0.094	0.264**			
6 评论量	1.322	0.843	0.308**	0.499**	−0.067	0.175**	0.349**		
7 转发量	1.696	1.264	0.334**	0.657**	−0.118*	0.378**	0.396**	0.778*	
8 点赞量	1.068	0.425	0.099*	0.022	−0.080	−0.006	0.143**	0.314**	0.218**

注:* 为在0.05水平(双侧)上显著相关,** 为在0.01水平(双侧)上显著相关。

　　4. 背景性因素与争议性企业社会责任信息传播效果相关性分析

　　表8-10显示,在三个背景性因素中只有照片墙的内容类型与转发量及点赞量显著相关,而其他两类因素封面照片类型、背景颜色都与传播效果的三个构成要素无显著相关性。

表 8‑10　边缘性线索与传播效果相关因素的均值、标准差与相关系数

	均值	标准差	1	2	3	4	5
1 封面照片类型	2.018	0.181					
2 背景颜色分类	2.069	0.626	−0.214**				
3 照片墙内容类型	1.972	0.165	0.187**	0.019			
4 评论量	1.322	0.843	−0.038	−0.028	−0.063		
5 转发量	1.696	1.264	−0.055	0.090	−0.040	0.778**	
6 点赞量	1.068	0.425	−0.016	0.030	−0.335**	0.314**	0.218**

注：* 为在 0.05 水平（双侧）上显著相关，** 为在 0.01 水平（双侧）上显著相关。

（二）各因素与传播效果之间的回归分析

1. 启发式线索对传播效果的影响

由于在 HSM 模型中信源与其他一些与信息说服无直接关系的背景性因素都被称之为启发式线索，在此将信源与背景性线索统一分析。

使用多元线性回归方法来确认各个因素对转发量、评论量以及点赞量的影响大小以及作用方向（结果见表 8‑11）。首先将"关注用户数量""粉丝数量""微博数量""微博使用时间"置入线性回归方程中，结果显示只有微博的开通年限与粉丝数量会显著正向影响转发量，而微博开通年限也会正向影响评论量，而好友数量与开通年限则会负向显著影响点赞量。然后将背景性线索也置入模型，显示只有照片墙的类型会显著影响到消费者的转发量与评论量，而信源特征的相关因素对转发量、评论量以及点赞量的影响与之前相同。

最后为了进一步确认微博主影响力对转发量、评论量以及点赞量的影响，取以上四个维度的平均值作为"微博主影响力"将其纳入回归方程中，结果显示微博主影响力会正向显著影响其企业社会责任信息的评论量（$\beta = -0.174$，$t(393) = -2.264$，$p = 0.024$），$F(1, 393) = 5.126$，$R^2 = 0.013$，正向显著影响企业社会责任信息的转发量（$\beta = -0.657$，$t(393) = 5.937$，$p = 0.024$），$F(1, 393) = 35.213$，$R^2 = 0.083$，负向显著影响企业社会责任信息的点赞量（$\beta = -0.158$，$t(393) = -4.150$，$p = 0.000$），$F(1, 393) = 17.219$，$R^2 = 0.042$。

表 8-11　启发式线索对传播效果影响的回归分析结果

| | 转发量 | | | | 评论量 | | | | 点赞量 | | | |
| | 模型 1 | | 模型 2 | | 模型 3 | | 模型 4 | | 模型 5 | | 模型 6 | |
	系数	t 值	系数	t 值	系数	t 值	系数	t 值	系数	t 值	系数	t 值
好友数量	-0.037	-0.844	-0.030	-0.651	-0.056	-1.754	-0.041	-1.252	-0.057***	-3.684	-0.034*	-2.113
粉丝数量	0.295***	5.779	.262***	4.832	0.057	1.503	0.059	1.540	0.015	0.814	0.012	0.631
微博数量	0.114	1.003	0.082	0.628	0.113	1.342	0.098	1.051	-0.004	-0.108	0.044	0.976
开通年限	0.681***	4.682	.885***	5.646	0.374***	3.459	0.453***	4.054	-0.194***	-3.778	-0.151**	-2.2786
所属行业	-0.161	-1.767	-0.116	-1.252	-0.055	-0.843	-0.045	-0.679	0.035	1.073	0.036	1.135
封面照片			-0.505	-1.422			-0.223	-0.878			0.163	1.326
底面颜色			0.090	0.832			-0.031	-0.404			0.045	0.227
照片墙			-0.996**	-2.597			-0.619*	-2.264			-0.735	-5.546
R^2	0.172		0.196		0.066		0.083		0.083		0.152	

注：* 为 $p<0.05$，** 为 $p<0.01$，*** 为 $p<0.001$。

2. 传播内容对传播效果的影响

传播内容是系统式加工中的重要线索,其主要作用于高卷入的消费者,在相关分析中企业社会责任的形式与转发量、评论量及点赞量均无显著相关性,在回归分析中将其剔除,仅仅保留其余七项因素作为自变量。同样使用线性回归的方式来验证传播内容相关变量对因变量的影响。

先将主题类型、企业与社会事业的匹配类型、匹配度、企业的争议来源与社会事业的相关性等社会事业相关的因素投入到线性回归方程中,表 8 - 12 的结果显示,所有变量中只有企业的争议来源与社会事业的相关性与转发量及评论量存在显著性的正向关系,即企业的争议来源与社会事业的相关性越强,消费者的转发意愿与评论意愿越高。

然后将其他的变量如社会事业的区域性、企业与社会事业的突出性、企业社会责任的侧重点等相关因素也投入到线性回归中,结果显示依然只有企业的争议来源与社会事业的相关性正向影响消费者对企业社会责任信息的转发量与评论量。

3. 传播策略对传播效果的影响

将沟通战略、内容丰富程度、信息框架、热点时事背景以及公益性信息标签等因素作为自变量,而转发量、评论量与点赞量作为因变量,使用线性回归的方式检测传播内容各个因素对传播效果的影响。表 8 - 13 的结果显示内容丰富程度、热点时事背景以及公益性信息标签都会正向影响转发量,而沟通战略、热点时事背景以及公益性信息标签也都会正向影响消费者的评论量,而在点赞量方面,则是沟通战略以及公益性信息标签正向影响点赞量,而信息框架负向影响点赞量即积极的信息框架更能提升点赞量。

六、分析与讨论

社交网络中信息的传播研究必然涉及传播过程各因素的分析,很多研究都是在传播过程理论的基础上展开的。本研究采用了较具代表性的争议性企业在微博中的企业社会责任传播为样本,在传播过程理论与系统启发式模型的基础上探究了争议性企业在微博中的社会责任传播中的各个影响因素的采用情况以及这些因素对企业社会责任传播效果的影响。

表 8 - 12　传播内容对传播效果影响的回归分析结果

| | 转发量 | | | | 评论量 | | | | 点赞量 | | | |
| | 模型 1 | | 模型 2 | | 模型 3 | | 模型 4 | | 模型 5 | | 模型 6 | |
	系数	t 值	系数	t 值	系数	t 值	系数	t 值	系数	t 值	系数	t 值
主题类型	-0.107	-1.664	-0.101	-1.571	0.031	0.689	0.028	0.615	0.011	0.472	0.015	0.624
匹配类型	-0.023	-0.125	0.053	0.284	0.104	0.808	0.115	0.887	0.074	1.067	0.071	1.016
匹配度	0.065	0.678	0.051	0.631	0.126	1.874	0.129	1.914	0.028	0.776	0.034	0.934
争议来源与社会事业相关性	1.510***	6.805	1.369***	6.972	0.532***	3.436	0.437**	2.724	0.006	0.073	-0.022	-0.260
社会事业的 区域性			-0.339*	-2.346			-0.036	0.721			-0.030	0.555
侧重点			-0.121	0.033			0.085	0.630			0.011	-1.482
突出性			0.007	-0.626			-0.209	-1.506			0.042	0.567
R^2	0.206		0.223		0.130		0.142		0.017		0.030	

注：* 为 $p<0.05$，** 为 $p<0.01$，*** 为 $p<0.001$。

表 8‑13　传播策略对传播效果影响的回归分析结果

	转发量		评论量		点赞量	
	模型 1		模型 3		模型 4	
	系数	t 值	系数	t 值	系数	t 值
沟通战略	0.096	1.060	0.184*	2.547	0.100*	2.357
内容丰富程度	1.199***	12.391	0.564*	7.320	−0.081	−1.782
信息框架	−0.060	−1.002	−0.019	−0.402	−0.065*	−2.310
热点时事背景	0.562***	5.440	0.014	0.082	−0.055	−1.139
公益性信息标签	0.392***	3.819	0.343***	4.199	0.163***	3.407
R^2	0.506		0.296		0.047	

注：* 为 $p<0.05$，** 为 $p<0.01$，*** 为 $p<0.001$。

(一)信源方面：公益账户与微博主影响力

1. 专门公益账户的设立

信源是影响信息传播效果的重要影响因素(Hovland，1951)，信源的可靠性和专业性(Liu et al.，2012)对信息传播具有正向影响。本研究证实在微博中信源依然是影响企业社会责任传播效果的重要因素。莫雷诺和卡普里奥蒂(Moreno & Capriotti，2009)指出众多企业对在推特中发布企业社会责任信息都持谨慎态度，规避利益相关者的批评以及对争取宣传的合法的怀疑。其中设立专门的账户是避免以上劣势的重要手段(Etter，2012)。这种专门的账户较之普通账户不仅可以发布更多的社会责任信息，还具有更多的互动性等优势，如通过互动及时回应各种质疑(Briones et al.，2011)，进而与利益相关者建立更好的关系(Etter & Fieseler，2010)。本研究发现除了汾酒集团与洋河大曲的梦之蓝设立了专门的公益账户外，大部分的争议性企业依然是采用企业的官方微博进行企业社会责任信息的传播，企业社会责任信息与其他信息一起在微博中出现。这可能一是由于企业对专门设立公益账户的认识不足；二是由于发布的企业社会责任信息相对较少，33 家企业总计发布了 395 条信息，平均每家企业只有 10 条信息，而这么少的信息无疑难以与消费者进行长期的沟通以及关系的维护；三是企业的官方微博拥有较大的粉丝数量与好友数量，利用官方微博进行企业社会责任传播可以最大程度的影响更多的消费者。因此争议性企业应在建立专门公益账号的基础上,进一步加强与消费者的沟通。

2. 微博主影响力

研究显示,微博主的影响力会正向影响消费者对企业社会信息的转发量、评论量以及点赞量,即当争议性企业的官方微博在微博中的影响力越大,其发布的企业社会责任信息越易获得消费者的转发、评论以及点赞。

微博主影响力由"关注用户数量""粉丝数量""微博数量""微博使用时间"四个维度构成。徐等(Suh et al.,2010)的研究证实社交媒体中账户的粉丝数量、好友数量以及开通年限都会影响到二次传播。郭等(Kwak et al.,2010)的研究结果则与之相反,其认为粉丝数量并不能影响信息的二次传播。本研究则证实在争议性企业的企业社会责任传播中,粉丝数量与微博开通年限是影响传播效果的重要变量。造成这种情况的原因有:企业的官方微博拥有较大的粉丝数量作为基础,可以保证其发布的企业社会责任信息被更多的消费者接收到,粉丝数量庞大的官方微博在信息传播流中扮演着意见领袖的作用,进而导致其发布的信息更值得信赖。同时其开通官方微博的时间比较久以及保持较高的微博发布频率可以进一步加强消费者与企业官方微博之间的关系强度,并增强其对企业微博的用户黏性,促使消费者对企业官方微博发布的社会责任信息表现出较强的二次传播行为。

(二)传播内容:争议来源与社会事业相关性

研究显示,争议来源与社会事业相关性成为传播内容中影响消费者最终转发与评论的最重要的因素,回归分析显示企业选择与其争议来源息息相关的社会事业时较之相关性较低的社会事业反而更易获取消费者积极的转发与评论。这与尹等(Yoon et al.,2006)的观点正好相反。造成这种现象的原因有:一方面受极端值的影响,在百威啤酒的官方微博中开展了各类禁止酒驾与理性饮酒的企业社会责任宣传,该类宣传中启用了众多受欢迎程度较高的明星如姚明等,而明星的参与可以有效提高信息的关注度,同时百威啤酒的官方微博有上千万的粉丝,以这个庞大的基数为优势更易使其发布的相关信息得到转发与评论。另一方面是该类企业选择与争议来源程度较高的社会事业,表明企业力图将企业对社会造成的负面或者消极影响降为最低的决心,这促使消费者对该类信息产生积极的转发与评论行为。

（三）传播策略：互动性、丰富性、标签化、热点化、正面性

同样的企业社会责任信息内容，争议性企业采用不同的信息传播策略会取得截然不同的传播效果。本研究发现沟通战略、内容丰富程度、热点时事背景、信息框架以及公益性信息标签都会影响到传播效果。

1. 沟通战略

在沟通战略上企业采用被动回应式与积极主动卷入式等具有一定互动性的信息更能够正向影响评论量与点赞量，这与蒋和斯科特（Jiang & Scott，2010）的观点相同。这是由于在此类传播活动中企业本身采用激励的方式促使消费者进行积极的转发，同时企业与消费者进行互动的同时使消费者感觉自身受到了重视，进而增加他们正面体验（Coyle & Gould，2002），建立起良好的关系（Blackston，2000；Chang & Chieng，2006）。

因此在社交媒体中进行企业社会责任传播时，应该尽力避免将社交媒体当作简单的单向信息传播工具，而是应该利用微博互动的优势与消费者进行互动沟通。

2. 内容丰富性

与普通的媒体不同，微博成为多媒体融合的典范，其非常便于丰富的内容传播。本研究证实在争议性企业的社会责任传播中内容丰富程度会正向影响转发量。扎雷拉（Zarrella，2009）与徐等（Suh et al.，2010）也已经证实推特上拥有 URL（uniform resource locator，统一资源定位器）链接的信息很容易被二次传播，这是由于其可以满足消费者的信息获取欲望。除了 URL 链接外，图片、gif 动画、视频等传播载体在提供丰富信息的同时，也用更加丰富的内容、富有吸引力的方式吸引着消费者，促使消费者对相关信息进行注意、理解、认同，进而进行转发。

3. 公益信息标签

徐等（Suh et al.，2010）指出拥有信息标签的信息更容易被转发。本研究则显示当社会责任信息带有公益性信息标签时更易获得转发、评论以及点赞。带有公益性标签一方面更易获得消费者的关注，使消费者在面对海量信息时进行启发式加工，快速获知该信息的公益性。另一方面带有标签的信息更易获得在首页上推荐。因此企业可以在传播中适当的使用公益性标签。

4. 热点时事背景

鉴于社交媒体中海量信息使消费者应接不暇,而利用热点时事背景可以巧妙地借助消费者对热点时事的注意力,使其关注点落在企业的社会责任传播上。此外,热点时事之所以能成为当下的热点,多是由于该事件具有突发性或者当时的节日相关联。此时企业履行与其相关的企业社会责任,更易获得消费者的认同,进而获得其积极的二次传播。

5. 信息框架

研究显示,在企业社会责任传播中信息框架负向影响点赞量即积极的信息框架更能促使消费者的点赞。这与汉森等(Hansen et al.,2011)的结论不同,但也有共通之处,其指出信息情绪会影响信息的传播,在新闻性消息中消极的情绪更能促进传播,而非新闻性消息中积极的情绪则更能促使传播。当企业用积极的信息框架阐述其企业社会责任时,可以强化自身对社会事业的贡献,进而获得消费者的点赞。

微博作为社交媒体的重要组成部分,本章节以微博平台为研究对象,选取了具有代表性的争议性企业在微博中的社会责任传播为样本,使用内容分析法分析了企业在各个影响因素的应用情况,同时借助线性回归有效检验了各个因素对企业社会责任传播效果的影响。

第二节　强关系社交媒体中企业社会责任传播研究

一、引言

据企鹅智酷数据分析,有 55.2％的用户平均每天打开微信 10 次以上,近四分之一的人属于微信重度用户,他们每天打开微信的平均次数超过 30 次。近半数用户使用移动终端每天超过 3 小时,超过 5 小时的用户有 26.6％[①]。庞大的用户与高依赖度与高黏性的消费者使微信成为众多企业的信息传播平台,企业相继开通官方微信公众账号,试图通过微信平台加强与消费者的沟通。因此微信公众平台的数量快速增长,截至 2014 年底,微信公众平台申请数量接近

---

① 腾讯科技,企鹅智酷,中国信息通信研究院政策与经济研究所.微信平台首份数据研究报告［EB／OL］.［2015－01－27］.http：／／tech.qq.com／a／20150127／018482.htm.

1000万个,每天仍以 2 万个的规模在递增。有近80％的微信用户关注了微信公众平台,73.4％ 的企业与媒体的微信公众平台是主要的被关注对象[①]。由此可见,微信已成为众多企业与消费者进行沟通的重要媒介。

较之微博,微信除了用户数量的优势外(微信和 WeChat 的月活跃账户数达到 6.50 亿),其信息推送到达率高达 100％,实现了信息传播精准化与全面化。微信相对封闭性与私密性强,企业可以与消费者进行深度沟通。同时微信去中心化的传播特点方便企业与消费者建立强关系,进而加强企业社会责任传播效果。

虽然微信有以上众多的优势,争议性企业仍需加强平台建设,充分利用微信平台的特征,满足目标消费者的信息的需求,提高企业社会责任传播的公信力。本章节将以争议性企业在微信中的企业社会责任信息为研究对象,探究在微信平台中争议性企业对相关因素的应用以及相关因素对传播效果的影响。帮助企业微信平台获得粉丝的关注与支持,并促使消费者阅读相关的企业社会责任信息并主动进行二次传播。

二、理论基础

(一) 品牌识别理论

品牌识别理论由大卫·艾格(1998)提出,其比较系统地整合了广告创建品牌理论的思想内核,指出企业应该在顾客分析、竞争者分析以及自我分析的基础上建立品牌识别系统,通过品牌产品、品牌组织背景、品牌的人格对品牌进行界定与识别,然后通过识别系统建立与消费者的关系,进行品牌形象传播,获得消费者的体验。

其中品牌的视觉识别系统成为品牌识别的重要的组成部分,一般情况下包括企业名称、企业标志、企业标准字、标准色彩、象征图案、标语口号、企业吉祥物、专用字体。而在微信中争议性企业的一些识别信息,成为消费者与企业进行接触的首要要素,如微信开通时间、微信的昵称、组织的形象标识、组织信息、联系方式、信息公开透明和影音文字图片等指标。这些信息能提高消费者对组织的认可度与信任度,帮助消费者与组织间建立良好的关系纽带。

[①] 冀芳,张夏恒. 微信公众平台传播效果评价研究[J]. 情报理论与实践,2015,38(12):77 - 81.

（二）议程设置

议程设置理论是关于传播效果的重要理论，由麦克姆斯和肖于 1972 年提出，该理论认为虽然不能决定人们对某一事件或意见的具体看法即大众媒介无法改变消费者的态度，但可以通过提供给信息和安排相关的议题来有效地左右人们关注哪些事实和意见影响消费者的关注视野，左右消费者关注的事实、意见和事件的先后顺序。

企业微信在获得消费者的关注的同时，并不意味着企业发布的每一条信息都会有效获得消费者的关注，进而实现其有效阅读。因此企业借助当前热点事件顺应当前的媒介已经设置好的议程或者自己积极主动地创造相关议题，引导消费者对事件关注与信息阅读。

三、研究方法

（一）研究对象

同上个部分相同，本部分也在采用内容方法获得相关影响因素以及传播效果等每个变量值的基础上，采用相关分析与线性回归的方法验证相关因素对传播效果的影响。

研究样本也与上一节相同，选取了 46 家酒类企业、24 家烟草企业、2 家石油化工企业、20 家垃圾食品企业、10 家核电企业共计 102 家企业 2011.11.03—2015.11.02 期间共计四年的微信内容为样本，对争议性企业社会责任传播的各个要素及传播效果进行分析。

（二）类目的建构

冀芳、张夏恒（2015）在针对微信公众平台传播效果评价体系建构中，将公众平台、粉丝、传播内容与传播方式等几个方面作为影响因素。其中公众平台分为账号的辨识度、账号的真实性、账号的功能设置；粉丝则分为粉丝数量、粉丝的活跃度、粉丝的可控性、粉丝的依赖性；内容则分为内容的真实性、内容的丰富性、内容的及时性、内容的针对性；而传播方式分为传播的及时性、传播的私密性、传播的到达率、传播的曝光率、传播的互动性等维度。本研究在以上研究的基础上以及鉴于微信传播的特殊性——订阅号与粉丝之间是私密的，其信息传播和互动都是一对一的，将从企业社会责任传播效果、微信公众平台的品牌识别系统、传播标题以及传播内容、传播策略的呈现等几个方面分别建构研究类目。

1. 传播效果

与微博传播可以有效获得相应信息的评论量、点赞量与转发量不同,由于无法获取微信后台信息,企业在微信中发布的企业社会责任信息的传播效果只能通过阅读量与点赞量来体现,而在留言功能只有极少数的企业微信公众号才提供,因此本研究将以企业社会责任信息的阅读量与点赞量作为传播效果的重要指标。

阅读量按照数量的由少到多依次分为以下 5 类,分别为:1—最少,阅读数量小于 100;2—较少,阅读数量介于 101～500;3—中等,阅读数量介于 501～1000;4—较多,阅读数量介于 1001～5000;5—最多,阅读数量高于 5000 以上。由于整体样本的点赞量都非常低,在此也是按照由少到多依次分为 5 个等级,分别为:1—1～20,2—21～50,3—51～100,4—101～500,5—500 以上。

2. 信源的品牌识别系统

消费者要成为企业微信公众平台账号的粉丝,企业的品牌识别系统成为其首先接触的信息,该识别系统会影响到消费者对该企业微信平台的评价。

在此将识别系统分为账号的辨识度(即与品牌之间的差异性)、昵称的亲切度、头像中企业标识组成、组织信息提供等四个方面来分析,其中具有明确辨识度的账号可以有效与其他品牌形成区隔,提升消费者的品牌认知,账号的辨识度分为三类:1—账号内有企业名称,2—账号有企业标志性的产品名称,3—无明确企业相关信息。亲切度高的企业微信昵称可以有效拉近企业与消费者的心理距离,在此将昵称分为两类:1—亲切度高,2—亲切度低;丰富多彩的企业微信标识既可以表明企业对该平台的重视同时有效建构组织的品牌识别度,头像标识分为三类:1—纯图案,2—纯文字,3—图文结合;明确详细的组织信息提供可以增强消费者对企业的认可度与信任度,组织信息提供分为两类:1—提出服务宗旨、服务对象、服务领域,2—无相关介绍。

3. 传播标题

传播标题是消费者在朋友圈中获得企业社会责任信息时的首要接触点,其决定了相关信息能否得到消费者的点击阅读。本研究将从标题字体的大小、标题是否配有图片、标题是否是当日企业微信发布的头条三个维度来讨论。标题字体的大小是相对而言的,当企业在微信平台发布众多消息时,突出的字体可以有效抓住消费者的注意力,促使消费者进行点击阅读。在此将其分为:1—小字体标题,2—大字体标题。标题中在文字的基础上配上图片可以有效地吸引消费者的注意,在此也将其分为:1—单纯文字,2—文字配图片。企业微信账号在一天之内可能发布的信息超过一条,此时在企业公众账号中当天处于头条位置的新闻也更能吸引消费者的注意力,同时也表明企业对该信息的重视,在此将其分为两类:1—非头条位置,2—头条位置。

此外内容推送时间段也会影响消费者的阅读,"腾讯分析"指出 12:00—13:00,22:00—23:00 两个时间段为每日移动互联网流量最高峰。因此将推送时间段分为:1—12:00—13:00,2—22:00—23:00,3—除以上时间段的其他时间。

4. 传播内容

传播内容是在消费者点击具体标题后,与消费者进行沟通的重要工具。在这方面与微博传播内容具有共同之处,在此主要借鉴上一节的类目构建。

社会责任形式:1—企业公益事业宣传,2—企业公益事业企业社会责任,3—企业社会营销,4—企业慈善行为,5—社区志愿者活动。

宣传主题:1—环境问题,2—教育问题,3—健康疾病问题,4—其他问题。

企业与社会事业的匹配:①匹配类型:1—形象匹配,2—功能匹配;②匹配程度:1—一点不匹配,2—有点匹配,3—一般匹配,4—较为匹配,5—非常匹配。

企业的污名源与社会事业的相关性:1—不相关,2—相关。

社会事业内容的侧重点:1—侧重成果,2—侧重过程,3—兼而有之。

企业与社会事业的突出性:1—社会事业为主,2—企业与产品为主,3—企业与社会事业相当。

社会事业的区域性:1—全国性,2—区域性。

除此之外,鉴于众多企业在微信信息发布的结尾添加企业标识或者其他企业宣传信息,当该类信息出现在企业社会责任信息中往往会引起消费者对企业动机的怀疑,进而影响企业社会责任信息传播的效果。在此将其分为两类:1—无企业相关信息,2—有企业相关信息。

5. 传播策略

社会责任传播沟通战略:1—信息通知型,2—被动回应式,3—主动卷入式。

内容的丰富程度:有图片、gif 动画、视频、网页连接分别记为 1 分,最终得分是将以上因素加以叠加。1—单纯的文字,2—有以上一种,3—有以上两种,4—有以上三种,5—有以上四种。

信息框架:1—积极,2—消极,3—中性。

热点时事背景:企业选择当前具有热点时事背景的社会事业,更易获得消费者的关注与较高的卷入度,在此将其简单地分为两类:1—无,2—有。

(三)编码员的选择

浙江某高校的三名广告学本科生被选作此次的编码员,在正式编码之前进行统一的培训,使其要对相关类目有充分而一致的认识与理解,编码完成之后对有疑问的内容按照少数服从多数的原则来确定最后的答案。

四、争议性企业在微信公众平台中的企业社会责任传播现状

(一)基本概况

102 家争议性企业 4 年间在微信公众号发布的社会责任信息被作为研究对象,研究显示 79 家开通了企业微信公众号,开通率为 77.45%。开通时间主要集中在 2013 年及以后,其中 2013 与 2014 年开通的分别有 27 家(34.18%),而 2015 年开通的有 25 家(31.65%)。

79 家争议性企业只有 25 家在官方微信公众平台发布了企业社会责任信息,在所有开通官方微信的企业仅占了 31.65%,表明仅有不足三分之一的企业会将微信平台作为其企业社会责任信息发布的媒体。这 25 家争议性企业共发布了 111 条企业社会责任相关的微信信息,平均每家企业不足 5 条。与整体开通微信时间相一致,25 家企业大部分开通时间在 2013 年与 2014 年,其中 2013 年有 12 家(48%),在 2014 年开通的也有 12 家,2015 年及以后只有 1 家。

(二)传播效果

从表 8-14 可以看出,在阅读量方面,阅读数量介于 101~500 的最多,有 39 篇企业社会责任的信息被阅读,占 35.14%,其次是阅读数量介于 1001~5000,有 34 篇占 30.63%,再次是阅读数量介于 501~1000,有 20 篇占18.02%。

最后处于两个极端的是最少与最多,阅读量超过 5000 的有 12 篇,占 10.81%,阅读量不足 100 的只有 6 篇,占 5.41%。

就点赞量而言,整个争议性企业的社会责任传播的点赞量非常不乐观,点赞量低于 20 的占了绝大部分,有 85 篇,占到了 76.58%;其次是点赞量在21～50 有 17 篇,占 15.32%,而接下来 50 以上的总计才有 9 篇,其中 500 以上的才有 2 篇占 1.80%。

表 8-14　争议性企业在微信公众平台中的企业社会责任传播效果

编码	阅读量	点赞量
1	6	85
2	39	17
3	20	3
4	34	4
5	12	2

（三）信源的品牌识别系统

由表 8-15 可以看出,在账号辨识度方面,绝大多数的企业选择了账号内有企业的名称作为自身的微信公众账号的名称,其中除了直接用企业名称作为公众账号,还有一些企业在本身名称的基础上加上了品牌的定位与称号,如国酒茅台、国密董酒等,此外还有部分企业使用了自身的简称如中国广东核电使用了中广核。25 家企业中只有江西烟草使用其主打品牌"金圣"的形象词"金色圣地"。

在企业昵称的亲切程度方面,96%的企业（24 家企业）选择了直接使用自身的企业名称作为发布主体,因此其亲切程度较低,只有五粮液使用了亲切程度较高的昵称"五掌柜"。

在企业微信头像中,企业标识在纯图案、纯文字、图文结合的三个分类分布较为平均,纯图案与纯文字都分别有 8 家企业,分别占 32%,而图文结合的则相对较多有 9 家企业,占到 36%。

在组织信息的提供方面,仅有 10 家企业在微信平台介绍中指出服务宗旨、服务对象、服务领域,占到了 40%,而 60%的企业（15 家）仅仅表明其是该企业的官方微信账号,再无其他介绍。

表 8-15　争议性企业在微信平台中的品牌识别系统

编码	账号的辨识度	企业微信昵称的亲切度	微信标识组成	组织信息的提供
1	24	1	8	10
2	1	24	8	15
3	0		9	

（四）信息的传播标题

由表 8-16 可知,标题字体的大小与是否与该信息是否属于当日的头条信息基本一致,结果显示只有 29 条信息属于较小的字体（26.13%）,占比为 73.87%的企业社会责任信息（82 条）均使用较大的字体。同样只有 32 条企业社会责任信息（28.83%）处于非头条的位置,有 79 条（71.17%）作为头条出现。

在标题文图搭配上,全部的企业社会责任信息均是以文字标题搭配图片的形式。当其是作为头条信息时,往往都是以图片为底面,在图片上以突出的文字来吸引消费者的注意力,而当其处于非头条信息时,则是左边是文字,右边是较小的图片。

在时间推送方面,12:00—13:00、22:00—23:00 是微信使用的高峰期,前者是上班上学族的休息时间,而后者则是大多数人睡眠前时间。鉴于这两个时间段也是企业非正常工作时间,因此在 111 条企业社会责任信息中,仅有 8 条（7.21%）是在 12:00—13:00 时间段内发布,而 22:00—23:00 时间段内发布的企业社会责任信息仅有 3 条（2.70%）,绝大部分不是这个时间段发布的（100 条,90.09%）。

表 8-16　争议性企业在微信平台中的企业社会责任信息的标题情况

编码	标题字体大小	标题图文搭配	是否头条	推送时间
1	29	0	32	8
2	82	111	79	3
3				100

（五）传播内容

由表 8-17 可看出,在社会责任形式方面,企业的慈善行为最多有 49 条

（占44.14％），其次是企业社会营销有23家（占20.72％），而企业公益事业宣传与社区志愿者活动分别为21条与11条，最少的企业公益事业关联营销这种与企业的销售直接关联的企业社会责任形式，只有7家占6.31％。

在宣传主题方面，除了环境问题所占据的比例较少，仅有8例占了7.21％。其他的三类教育、健康疾病以及其他问题相差不大，分别为34、39与30例。

更多的企业选择与其具有形象匹配的社会事业，有75例，占据了67.57％，而选择功能匹配的只有36例，占32.43％。而在匹配度的分布上，匹配度一般及以上的占据了绝大部分，分别为59、21、25例，总计占了94.59％。说明在社会事业的选择上，匹配度成为众多企业考虑的重要因素，其会力求选择与其匹配度较高的社会事业。

而在社会事业的区域性，大部分企业选择了全国性的社会事业，有65例，占到58.55％，有46例是区域性的社会事业。众多企业选择了与其污名源无关的社会事业，有96例占86.49％，仅有15例企业选择与其污名源相关度较高的社会事业，其中以酒类企业选择"理性饮酒""禁止酒驾"等社会事业为主。

在宣传中，较多的企业侧重于企业履行企业社会责任的过程（64例，57.66％），有41例（36.94％）侧重于成果，仅有6例是过程与结果兼而有之。同时，以社会事业为主与以企业与产品为主的宣传相差无几，分别为52例与57例（46.85％与51.35％）。

在企业的社会责任信息传播中有45例（40.54％）会在信息的末尾添加企业的标识或者其他的宣传内容，有66例（59.46％）无企业相关信息，这与每个企业的宣传风格有显著相关性，部分企业如可口可乐更倾向于不添加企业的相关信息，而部分企业如五粮液等则习惯于在每条信息之后添加企业的相关信息。

表 8–17　争议性企业在微博社会责任传播中传播内容

编码	社会责任形式	社会事业主题类型	企业与社会事业匹配类型	企业与社会事业匹配度	社会事业的区域性	争议源与社会事业相关性	社会事业内容的侧重点	企业或社会事业的突出性	结尾处是否企业标识或企业宣传
1	21	8	75	0	65	96	41	52	66
2	7	34	36	6	46	15	64	57	45
3	23	39		59			6	2	
4	49	30		21					

（续表）

编码	社会责任形式	社会事业主题类型	企业与社会事业匹配类型	企业与社会事业匹配度	社会事业的区域性	争议源与社会事业相关性	社会事业内容的侧重点	企业或社会事业的突出性	结尾处是否企业标识或企业宣传
5	11			25					

（六）传播策略

从表 8‑18 可以得知,在沟通战略上绝大部分的企业社会责任信息采用单向的信息传播方式(98 例,88.29%),即将微信作为简单的信息发布平台,仅仅单向地向消费者传达企业在履行社会责任的情况,或者简单向消费者表明自己对某项社会事业的观点。但是也有部分企业开始利用微信的双向传播的特点与消费者进行互动,甚至有 5 例(4.50%)主动与消费者沟通,并将消费者卷入到相应的社会事业中。

在媒介的丰富性方面,本研究发现除了极为少数(仅有 2 例)简单地使用了文字,绝大部分的企业在文字阐释的基础上会更喜欢配上一些现场的图片(107家,96.40%),而更多地使用 gif 动画、视频、网页的则相对不多。多媒体信息在微信平台中的使用依然较少。

在信息框架上,大多数的企业社会责任传播选择使用积极正面的信息框架来阐释企业的社会责任行为,有 78 例(70.27%),而有 17 例(15.32%)使用负面性的信息框架,也有 16 例(14.41%)则是使用中性的信息框架。

在热点时事背景方面,有 87 例(78.38%)企业社会责任传播选中与当前热点时事背景紧密相关,仅有 24 例(21.62%)与热点无关。

表 8‑18　争议性企业在微博社会责任传播中的传播策略

编码	沟通战略	内容丰富程度	信息框架	热点时事背景
1	98	2	78	87
2	8	107	17	24
3	5	2	16	
4		0		
5		0		

五、微信公众平台中相关因素对传播效果的影响分析

为了进一步探究争议性企业在微信平台中相关因素对传播效果的影响,首先使用皮尔逊相关理论探究各个因素与传播效果之间的相关性,然后再使用回归的方式进一步探究各个因素对传播效果的影响。

(一)因素的相关性分析

1. 品牌识别系统与传播效果的相关性

通过表 8 - 19 中品牌识别系统下的相关因素与传播效果的皮尔逊相关系数及显著性的分析可以发现。相关因素中账号辨识度与微信昵称亲切度显著相关,但是由于账号辨识度仅有 1 家企业辨识度低(江西中烟—金色圣地),而在昵称亲切度方面也仅有一家(五粮液—五掌柜)亲切度较高,这是造成两者显著相关性的重要原因。

品牌识别系统下的四个因素与阅读量均不存在显著相关性,而在点赞量上微信昵称亲切度以及企业的标识组成均与其存在显著的负向相关关系,适宜进行线性回归分析,而阅读量与点赞量也存在正向相关性,即阅读量越高该类信息的点赞量也会更高。

表 8 - 19　品牌识别系统与传播效果相关因素的均值、标准差与相关系数

变量名称	均值	标准差	1	2	3	4	5
1 账号辨识度	1.009	0.949					
2 微信昵称亲切度	1.964	0.187	−0.493**				
3 标识组成	2.117	0.783	0.108	0.153			
4 组织信息提供	1.595	0.493	−0.115	0.234*	−0.394**		
5 阅读量	3.0631	1.146	−0.089	−0.159	0.002	−0.147	
6 点赞量	1.387	0.855	−0.043	−0.196*	−0.381**	0.009	0.634**

注: * 为在 0.05 水平(双侧)上显著相关,** 为在 0.01 水平(双侧)上显著相关。

2. 企业社会责任信息的传播标题与传播效果的相关性

通过表 8-20 可以看出，在标题呈现下的四个因素中图文搭配度、推送时间与阅读量及点赞量均无显著相关性，这与标题的图文搭配 111 条均是采用图文搭配有关。在推送时间上，不在微信使用高峰期推送的信息占据了 100 条，这可能是造成以上不相关的重要因素。

标题字体的大小与是否处于头条位置则均与阅读量及点赞量存在显著相关性，两者适宜进行线性回归分析。

表 8-20　标题呈现与传播效果相关因素的均值、标准差与相关系数

变量名称	均值	标准差	1	2	3	4	5
1 字体大小	1.739	0.441					
2 图文搭配度	2.009	0.949	0.057				
3 是否头条	1.712	0.455	0.482**	−0.150			
4 推送时间	2.829	0.537	0.040	0.031	−0.018		
5 阅读量	3.063	1.146	0.536**	−0.089	0.541**	−0.189	
6 点赞量	1.387	0.855	0.223*	−0.043	0.243*	−0.131	0.634**

注：* 为在 0.05 水平（双侧）上显著相关，** 为在 0.01 水平（双侧）上显著相关。

3. 传播内容与传播效果的相关性

由表 8-21 可以看出信息内容下的因素如企业社会责任的形式、匹配类型、匹配程度以及是否有企业的标识或者宣传等几个因素具有一定的相关性。此外对传播效果的影响上，阅读量与企业社会责任形式、传播主题类型、企业与社会事业的匹配类型与程度、企业与社会事业的突出地位均具有显著相关性。而在点赞方面，传播内容主题、企业与社会事业的匹配类型与程度、社会事业的区域性具有显著的相关性，因此适宜进行线性回归分析。

表 8 – 21　信息内容与传播效果相关因素的均值、标准差与相关系数

	均值	标准差	1	2	3	4	5	6	7	8	9	10
1 企业社会责任形式	3.198	1.278										
2 主题类型	2.820	0.917	−0.249**									
3 突出性地点	1.685	0.572	−0.250**	0.151								
4 突出性	1.549	0.535	0.065	−0.111	−0.082							
5 匹配类型	1.324	0.470	−0.214**	0.052	0.249**	−0.281**						
6 匹配度	3.586	0.899	−0.284**	0.206*	0.186	−0.184	0.772**					
7 争议源与社会事业相关性	1.135	0.343	−0.041	0.020	0.173	−0.358**	0.571**	0.536**				
8 社会事业的区域性	1.414	0.495	0.185	−0.114	−0.144	0.093	0.081	0.042	−0.172			
9 是否有企业宣传	1.405	0.493	−0.085	−0.038	0.200*	−0.197*	0.212*	0.054	0.371**	−0.434**		
10 阅读量	3.063	1.146	−0.251**	0.270**	0.128	−0.220*	0.350*	0.334**	0.117	0.002	0.019	
11 点赞量	1.387	0.855	−0.071	0.206*	−0.008	−0.112	0.318**	0.282**	−0.056	0.197*	−0.139	0.634**

注：* 为在 0.05 水平（双侧）上显著相关，** 为在 0.01 水平（双侧）上显著相关。

4. 传播策略与传播效果的相关性

由表 8-22 可以看出,在传播策略中,除了沟通战略与信息框架两者具有显著的相关性外,其他变量之间并无相关性。其中除了信息框架,其他三个要素均与阅读量有显著相关性,同时除了内容丰富程度其他三个因素即沟通战略、信息框架、事件的热点时事背景与点赞量也都具有显著相关性,说明其适宜进行线性回归分析。

表 8-22　传播策略与传播效果相关因素的均值、标准差与相关系数

变量名称	均值	标准差	1	2	3	4	5
1 沟通战略	1.189	0.416					
2 内容丰富程度	2.000	0.191	0.115				
3 信息框架	1.441	0.735	-0.187^*	0.000			
4 热点时事背景	1.216	0.414	0.024	-0.115	0.042		
5 阅读量	3.063	1.146	0.432^{**}	0.208^*	0.021	0.259^{**}	
6 点赞量	1.387	0.855	0.508^{**}	0.112	-0.217^*	0.224^*	0.634^{**}

注：* 为在 0.05 水平(双侧)上显著相关，** 为在 0.01 水平(双侧)上显著相关。

(二) 各因素与传播效果之间的回归分析

1. 各因素与阅读量之间的线性关系

从以上部分的相关性分析中可以发现,部分因素与传播效果即转发量与评论量并无显著相关性,因此其该类因素将不会被置入线性回归方程中。为了更好地明确企业识别系统、标题特征、传播内容、传播策略,本研究将使用多层线性回归的方式。

鉴于企业识别系统的四个因素均与阅读量无显著相关性,因此在线性回归模型中识别系统不进入方程中,仅有其他三个类别的与阅读量有显著相关性因素的进入方程中。首先将标题呈现的两个因素字体大小与是否头条置入线性回归中作为自变量而阅读量作为因变量,结果显示两个因素均会正向影响阅读量,即争议性企业在微信平台中将企业社会责任信息置于头条位置或者使用较大字体的标题可以有效增强企业社会责任信息的阅读量。

　　然后将传播内容的四个因素置入线性回归方程中作为自变量,而阅读量作为因变量,结果显示仅有社会事业的主题类型会显著正向影响信息的阅读量。其他几个因素并不会对消费者的阅读量产生显著的影响。

　　再将传播策略的三个因素置入线性回归方程中作为自变量,结果显示三个因素都会对阅读量产生显著的正向影响。在沟通战略方面,企业越积极主动地与消费者进行互动沟通,消费者对企业社会责任信息的阅读量越高,内容越为丰富多彩,也越能促使消费者进行阅读,同样企业社会责任的信息越能与当下的时事热点相联系越能吸引消费者的阅读。

　　最后将以上所有的因素置入线性回归方程中作为自变量,回归方程的 R 方与调整后的 R 方较之单独某项因素置入都有了很大的提高(见表 8-23)。可以发现,字体大小、是否头条、企业与社会事业的匹配度、沟通战略、内容丰富程度以及热点时事背景等因素都会影响消费者对争议性企业社会责任信息的阅读量。

表 8-23　相关因素对阅读量的回归分析结果

影响因素		阅读量							
		模型 1		模型 2		模型 3		模型 4	
		系数	t 值	系数	t 值	系数	t 值	系数	t 值
标题呈现	字体大小	0.932***	4.189					.596**	2.844
	是否头条	0.926***	4.292					.753***	3.770
传播内容	社会责任形式			−0.114	−1.377			0.012	0.178
	主题类型			0.255*	2.206			0.095	1.021
	突出性			−0.240	−1.229			−0.078	−.505
	匹配类型			0.594	1.709			−0.327	−1.047
	匹配度			0.060	0.331			0.360*	2.357

（续表）

影响因素		阅读量					
传播策略	沟通战略			1.113***	4.901	0.794***	3.560
	内容丰富程度			1.160*	2.327	0.953*	2.302
	热点时事背景			0.751***	3.291	.407*	2.051
F		34.692	5.671	14.199		12.357	
R^2		0.391	0.213	0.285		0.553	
$\triangle R^2$		0.380	0.175	0.265		0.508	

注：* 为在 0.05 水平（双侧）上显著相关，** 为在 0.01 水平（双侧）上显著相关。

2. 各因素与点赞量之间的线性关系

阅读量能表明消费者对相关信息审阅的习惯，却无法显示其对该类信息的态度，而点赞量则可以表明消费者对争议性企业社会责任信息的态度。

同相关因素对阅读量的影响分析过程相同，本部分也是采用多层线性回归的方式（结果见表 8－24）。首先将品牌识别系统的两个因素置入第一层的回归分析中，使用昵称亲切程度、微信的标识组成作为自变量而点赞量作为因变量，结果显示微信头像标识组成会影响点赞量。

其次将标题呈现的因素置入第二层线性回归中作为自变量而同样将点赞量作为因变量，结果显示两个因素均不会显著影响消费者对相关信息的点赞量。然后将传播内容下的四个因素置入第三层线性回归中，结果显示社会事业的主题、企业与社会事业的匹配类型以及社会事业的区域性都会显著地影响消费者的点赞量。再将传播策略三个因素也同样置入线性回归方程中，结果显示沟通战略与热点时事背景都会显著影响消费者的点赞量，在沟通战略中企业越使用互动性强的方式越能获得消费者点赞，同样企业社会责任信息若能与当前的热点时事背景相关联，也更能获得消费者的点赞。

表 8 - 24 相关因素对点赞量的回归分析结果

影响因素		点赞量								
		模型 1		模型 2		模型 3		模型 4		模型 5	
		系数	t 值	系数	t 值	系数	t 值	系数	t 值	系数	t 值
品牌识别系统	昵称亲切程度	−0.644	−1.585							−0.469	−1.327
	微信的标识组成	−0.392***	−4.035							−0.390***	−4.155
标题呈现	字体大小			0.266	1.300					0.043	0.254
	是否头条			0.199	1.674					0.367*	2.258
传播内容	社会事业的主题					0.197*	2.293			0.074	1.017
	匹配类型					0.510*	1.988			−0.183	−.753
	匹配度					0.013	.092			0.237*	1.968
	社会事业的区域性					0.342*	2.223			0.085	0.641
传播策略	沟通战略							1.014***	6.097	0.690***	3.636
	内容丰富程度							0.361	0.988	0.390	1.192
	热点时事背景							0.457**	2.732	0.423*	2.582
F		10.626		4.288		5.641		15.965		8.967	
R^2		0.164		0.074		0.176		0.309		0.499	
$\triangle R^2$		0.149		0.056		0.144		0.290		0.443	

注：* 为在 0.05 水平（双侧）上显著相关，*** 为在 0.01 水平（双侧）上显著相关。

最后将以上所有的因素一起置入线性回归方程中,回归方程的 R 方与调整后的 R 方较之单独某项因素置入都有了很大的提高,表明点赞量受以上各个因素共同的影响,这些因素一起能更好地解释点赞量。其中微信的标识组成、信息是否置于头条的位置、企业与社会事业的匹配度以及沟通战略、热点时事背景的选择共同影响消费者对争议性企业发布的企业社会责任信息的点赞量。

由于点赞量与阅读量之间存在较强的相关性($r=0.634$,$p<0.001$),同时在阅读与点赞上存在明显的先后顺序,即只有消费者在阅读了相关信息的基础上才会产生点赞行为,因此会导致某些因素对消费者的点赞量的影响造成一定的假象。

当将阅读量也与以上的影响因素一起作为自变量而将点赞量作为因变量置入线性回归中,结果发现除了阅读量($\beta_{阅读量}=0.376$,$t=5.196$)外,仅有企业与社会事业的相关性($\beta_{相关性}=-0.642$,$t=-2.591$)、匹配类型($\beta_{匹配类型}=0.478$,$t=2.068$)、沟通战略($\beta_{沟通战略}=0.434$,$t=2.467$)、热点时事背景($\beta_{热点时事}=0.295$,$t=1.996$)四个因素会对消费者的点赞量产生显著性影响,$F=12.628$,$R^2=0.607$,$\triangle R^2=0.559$,其余因素的作用都变得不显著。其中阅读量越高越易促使消费者进行点赞,同时企业实施与其污名源相关性越低的事业、互动性更强的沟通战略并紧随热点时事开展企业社会责任活动也能获得消费者的点赞。进一步使用 ANOVA 分析,将社会事业的主题类型作为自变量而阅读量作为因变量,与线性回归结果相同该结果显示主题类型会显著影响阅读量,$F(3,107)=8.156$,$p=0.000$,其中健康疾病类的主题最能获得消费者的点击阅读($M=3.615$,$SD=0.963$),其次是其他问题($M=3.167$,$SD=1.262$),再次是环境问题($M=2.625$,$SD=1.302$),最后才是教育问题($M=2.441$,$SD=0.860$)。在匹配度上,同样采用 ANOVA 的单因素方差分析,结果显示功能型匹配($M_{功能匹配}=1.778$,$SD=1.222$)较之形象型匹配($M_{形象匹配}=1.200$,$SD=0.520$)更能获得消费者的点赞量,$F(1,109)=12.255$,$p=0.001$,即当企业的产品可以适用于社会事业中时,消费者更易对企业社会责任信息点赞。

六、分析与讨论

2013—2014 年众多争议性企业在微信开设公众账号,微信成为企业传播企业社会责任传播并与消费者沟通的重要平台。消费者面临微信中海量信息如何接受并阅读企业的社会责任信息并进而对该类信息产生好感成为重要的研究问题。本研究在传播效果中集中于阅读量与点赞量两个方面,在影响因素中则分为企业识别系统、传播标题、传播内容以及传播策略等四个方面。通过相关与回归分析发现以上四个方面都会影响到企业社会责任传播的效果。

（一）微信平台中企业识别系统的建立与维护

与冀芳、张夏恒(2015)指出的微信公众平台的设置非常重要的观点不同,其认为公众平台的设置(账号辨识度、账号真实性及功能设置)是影响微信传播效果的重要因素,本研究使用相关分析与线性回归方程的方式发现企业识别系统下的四个因素如账号的识别度、微信昵称的亲切度、微信标识的图文组成以及企业相关信息的提供并不能有效影响企业社会责任信息的阅读量与点赞量。造成该研究结论的一个重要因素就是本研究选取争议性企业的样本在这四个要素方面的差异度都比较小,如在账号的识别度基本都是以企业或者产品的名字命名而在昵称亲切度也因为都是直接选择本企业或者产品的名称(96%)。

但是争议性企业在微信平台中建立与维护企业识别还是非常重要的。企业微信平台只有不断地获取粉丝,才能在厚积薄发之后为企业社会责任信息二次传播创造条件。而公众账号的企业识别系统是消费者首先接触的内容,清晰有辨识度、具有亲切感的昵称同时提供图文并茂的企业信息的账号可以有效拉近企业与消费者的距离,同时树立良好的企业形象,将企业相关信息传达给消费者,加强消费者的品牌意识。

（二）社会责任信息以头条标题大字体呈现,并紧随社会热点

本研究发现,当争议性企业社会责任信息在企业微信公众平台中以头条形式或者加大的字体呈现的时候能够有效增加该条信息的阅读量。在当前海量信息时代,并不是所有信息都能获得消费者的注意并促使其阅读。不断有学者指出现在已经进入读图时代或者读标题时代(张洪忠,2006),在注意力有限的时候,只有有效抓住消费者眼球的标题才有可能获得消费者的阅读,进而与消费者进行良好的沟通。当争议性企业以头条的形式或者以较大的字体传播企业履行社会责任信息时,可以在众多信息中以突出的形式有效获得消费者的注意力,进而促使消费者阅读,达到传播的目的。

而标题中的图文搭配以及整条微信推送时间并没有显著影响消费者对企业社会责任信息的阅读量及点赞量产生显著性影响。造成这个情况的一个重要原因是选取的样本在标题中均使用了图文搭配的方式。而在推送时间上，虽然在消费者使用微信高峰期的时候推送相关信息能增加被消费者关注的概率，但是消费者是否会点击并阅读还是受内容、策略或者标题等其他因素的影响，推送时间并不会影响消费者最后的阅读行为。

除了标题形式上以突出的形式吸引消费者的眼球，企业社会责任内容（即企业所支持的社会事业）紧随社会热点也非常重要。信息如果无法捕捉住粉丝眼球，会被其他信息快速覆盖，从而失去了传播的价值。这与议程设置理论具有共通之处，消费者的注意力往往受媒体报道或者当前热点事件的影响，当企业开展与其相关的社会责任活动更易获得消费者的关注。如衡水老白干在天津爆炸案发生后发布了支持消防员的企业社会责任传播，获得了 7137 次阅读量，远高于其他的信息，五粮液在雅安地震发生后为灾区的捐助活动也获得了较高的阅读量与点赞量。

（三）在传播策略上加强互动性与内容丰富性

本研究发现，企业在传播策略上提高互动性尤其是提高主动卷入式的互动能有效提高企业社会责任信息的阅读量与点赞量，而使用丰富的内容形式可以增强阅读量。

在微信平台中消费者不单是简单的信息接收者，同时也是信息的信源。如果企业仅仅将微信平台作为简单的信息发布平台进行内容推送，不仅无法吸引到消费者关注该账号，更无法与之建立强有力的用户黏性并保持账号的高粉丝量，也无法进一步获得消费者对组织的高认可度和信任度。

一方面保持与消费者线上的互动，在积极回复用户提问的同时，积极采取主动卷入式的互动方式。加强企业与消费者的互动沟通，可以使消费者们更加进一步了解企业社会责任的相关信息，也提高消费者对企业社会责任活动的认同感，同时这种互动也提高了消费者的活跃度与参与度。然后可以让消费者有被重视的感觉，满足消费者的情感需求，增加消费者对企业的认可度，加强企业与消费者的黏性。最后在与消费者互动的过程中，相关信息可以起到二次传播的作用，使更多的用户关注到。如泸州老窖以互动的形式开展"过年回家"的公益宣传,引发了消费者在朋友圈的激烈讨论与转发,相关信息的阅读量与点赞量也都非常高。

　　另一方面开展线上与线下一起互动。企业在发布企业社会责任信息与消费者间的互动并不仅仅限于企业与消费者的线上互动,还应该包括线上与线下一起互动。微信公众平台的消费者具有明确的信息需求,只有感兴趣的内容与话题才会促使消费者成为该平台的活跃用户。此时将简单线上活动与线下相结合,既可以借助线下的活动帮助企业的公众账号吸引消费者,扩大微信公众平台的影响力与知名度。同时也可以将企业线上宣传的企业社会责任活动,通过线下活动进一步增强消费者的参与感,无形中提升企业社会责任传播的效果。如五粮液开展的理性饮酒活动,不仅在线上进行传播,还主动在线下开展相应的宣传,让更多消费者参与进来(Chung, Gao & Leung, 2020)。

　　除了互动性,传播形式的丰富多彩也十分重要。作为区别于普通媒体的一个重要特征,微信是一个典型具有媒介融合特征的富媒体,除了文字,图片、GIF动画、音频、视频都成为其传播的重要介质,这些介质可以有效释放消费者的感官。只有内容丰富、实用性强、趣味性强、语言简洁精炼、发布及时的微信公众平台,才能够吸引与留住消费者,进而提升企业社会责任传播效果。但是当前不少争议性企业仅仅将微信作为企业网站等WEB1.0的媒体,简单的图文搭配的内容向消费者进行传播,GIF动画、音频、视频三者的利用很少。这样很难引起消费者阅读的兴趣,企业的社会责任传播也会沦为自说自话。因此企业需要充分地调动以上的媒介形式进行积极的传播。在此可口可乐的净水活动宣传,充分利用了以上各个媒介形式增加内容的丰富性,使活动取得了良好的传播效果。

（四）在传播内容上注意社会事业的选择

　　本研究发现,在传播内容中企业选择社会事业的主题类型、企业与社会事业的匹配甚至社会事业的区域性都会影响到企业在微信平台中的企业社会责任活动效果。

　　在对企业社会责任信息阅读量的影响上,结果显示只有社会事业的主题类型起着显著作用。主要是由于消费者首先通过标题来确认是否点击阅读该类信息,标题是否头条或者字体是否更醒目仅仅是引起消费者的注意力,消费者对社会事业类型的关注度则成为其是否点击阅读该类信息的重要原因。其中健康疾病类的主题最能获得消费者的点击阅读,这可能是由于消费者对该类问题的关注度更高,也更加希望获得此类信息的资讯。其次是其他主题。其他主题之所以也能获得较高的阅读量,是因为其更多的是紧随时事热点,如在地震时发布与之相关社会责任信息或者在相关节日背景下开展应景的活动,如在重阳节开展关爱老人活动等。再次是环境问题,最后才是教育问题,这两类问题较之前面主题消费者的关注度可能没有那么高,导致其阅读量较低。因此企业可以根据以上活动主题根据企业自身的优势或者发展战略选择相应的社会事业主题。

对点赞量的影响上,社会事业的主题、企业与社会事业的匹配类型以及社会事业的区域性都会显著影响点赞量。这其中由于社会事业的主题会显著影响消费者的阅读量,同时阅读也是点赞的前提,因此将阅读量也置入结构方程,发现仅有企业与社会事业的匹配类型以及企业争议源与社会事业的相关性会影响到消费者的点赞量。其中企业争议源与社会事业的相关性越强,消费者的点赞量越低,这与企业在微博传播中虽然略有出入(在微博中相关性越强,消费者的转发与评论量越高,但是对点赞量无显著性影响),但是鉴于转发量与评论量中没有对消费者的态度进行分析,因此本章中的结论更能展现消费者的态度。其表明企业在社会事业的选择中应该尽量避开与其争议源紧密相关的社会事业。

此外与金等(Kim et al., 2005)观点相同,企业与社会事业的匹配类型会影响到消费者对企业社会责任的态度。但是对于功能型匹配与形象型匹配的作用比较并无一致性的结论,这是由于其还受其他一些调节变量的影响(田虹,袁海霞,2013)。本研究显示在匹配类型上,功能型匹配更能获得消费者的点赞,即当企业的产品可以适用于社会事业中时,消费者更易产生点赞行为。在选取的样本中功能型匹配往往是企业的产品可以直接应用于其所支持的社会事业如康师傅方便面在地震中直接向灾民提供自身产品,这使消费者认为这种行为更加合理。

第三节　本章小结

　　企业在微博与微信中进行企业社会责任传播的影响因素的研究结论具有众多共通之处,同样还存在一些细微的差别。由于微信中信源影响力(如粉丝数量)的不可获取性同时在微博传播中标题作用的弱化,因此仅就传播内容与传播策略部分进行简单的比较。在影响因素上两类载体中争议性企业的争议源与社会事业的相关性、内容丰富程度、沟通战略以及热点时事背景四个影响均会影响到传播效果,但是在微信传播中企业与社会事业的匹配类型也会影响到点赞量。其他三个因素内容丰富程度、沟通战略以及热点时事背景对传播效果的影响基本一致。而在争议性企业的争议源与社会事业的相关性对传播效果的作用方向并不相同,在微博中其正向影响转发量与评论量,而不会影响点赞量,而在微信中其会负向影响点赞量。造成这种情况的原因,一方面是由于样本选取有限,其容易受到一些极端值的影响,另一方面在实际情境中并不会出现某个因素单独对传播效果起作用,其受到其他一些变量的影响。

第九章
社交媒体环境下企业社会责任的传播创新策略

第一节　传播前——信源的提升以及选择合适的社会事业

习近平总书记在国内外多个场合公开提出对企业以及企业家承担社会责任的要求，如"只有富有爱心的财富才是真正有意义的财富，只有积极承担社会责任的企业才是最有竞争力和生命力的企业"。这意味企业承担企业社会责任不仅是企业的个体行为，还是国家与社会对企业的要求。这也昭示着企业社会责任已成为我国全面步入高质量发展的全新阶段的指导思想之一。

社交媒体的快速发展为企业社会责任传播提供了无限的机遇与挑战，企业需要充分考量各类因素，以实现在社交媒体环境更好地扬长避短实现社会利益与企业利益平衡。本研究以传播机制与传播效果为落脚点分别探究了相关的影响因素。首先，为了适应社交媒体的特征，将转发意愿作为因变量，运用实验法探究了相关影响因素的传播机制，确认了社会事业选择、企业社会责任传播的信源以及信息的条件性等自变量及其交互作用对转发意愿的影响。然后，以品牌态度与购买意向为传播效果指标，分别以争议性企业与普通性企业为企业社会责任履行的主体探究其社会责任传播的影响因素以及影响机制。探究了争议性企业的信源的公益性、图片中信息对社会事业或者企业的突出性、信息中说服的一面性与两面性等因素及其交互作用对品牌态度与购买意向的影响；再从企业社会责任传播类型的视角，从信誉度较低的争议性企业到信誉度较高的争议性企业，分别探究了企业开展的公益广告与善因广告、企业与社会事业的匹配度在动机归因中介作用下对品牌态度与购买意向的影响；以普通性企业为企业社会责任传播主体,探究了企业社会责任传播中论据强度、传播主体类型在卷入度调节作用下对品牌以及广告的影响。最后,基于传播学经典的5W模型,即构成传播过程的五种基本要素:Who(谁)Says What(说了什么)In Which Channel(通过什么渠道)To Whom(向谁说)With What Effect(有什么效果),获取微博与微信中企业社会责任传播企业社会责任传播的真实数据,探究信源、传播内容、传播策略、传播载体下的各个影响及其共同作用对传播效果的影响。

在以上分析的基础上,本研究认为企业社会责任信息要在社交媒体中得到良好的传播效果,应主要从传播前、传播中以及传播后几个方面加以提升。先来讨论传播前。

一、不断提升信源的吸引力

企业在社交媒体中进行企业社会责任传播主体主要有两类——关键的意见领袖与企业官方账号。当传播主体为意见领袖时,企业需要充分考虑意见领袖的领域、粉丝群的特征,当意见领袖是在企业或者企业所选择社会事业所在的领域中具有较强的权威性的时候,或者其粉丝群体与企业社会责任传播的目标具有较强的重合性时更容易取得较好的传播效果。

企业官方账号往往成为企业主动进行传播时的重要的信源。虽然企业可以通过有偿营销的方式获得社交媒体平台的推送,直接到达消费者。然而该类信息更具有传统广告传播的特点,即消费者是被迫而非主动阅读,同时消费者与企业账户并非是关注账户,仅仅是由于推送造成的微弱的联结,该类信息往往会被消费者忽略甚至会引起消费者的反感,取得适得其反的传播效果。因此企业对于该类强制性传播应该慎重。

除了强制性的传播,企业要在社交媒体中取得良好的企业社会责任传播效果,就需要提升自身信源的影响力。凭借自身较高的影响力,才能获得尽可能多的粉丝数量,进而与该部分消费者建立较强的关系,借助该部分消费者的二次传播尽可能实现影响更多的消费者。企业要提高自身信源的影响力,可以从线上与线下两个方面着手。

(一)线上加强内容建设与互动开展

粉丝量是衡量社交媒体中账号影响力的重要的指标。粉丝也是企业信息传播的重要的对象,同时也是企业社会责任相关信息引起转发、评论或者点赞的基础。使用与满足理论指出消费者接触媒介是基于一定的需求,媒介只有满足消费者需求的基础上才能获得消费者的持续关注。不同的社交媒体中受众媒介接触的动机与目的性略有差异,受众接触微博的主要动机有获得信息、宣泄与表达、娱乐消遣、参与公共事务等,接触微信的主要动机有社会交往、获取新闻、功能性体验(韩晓宁、王军、张晗,2014),接触短视频平台则更多的是出于轻松娱乐、获取信息、社交互动的动机(杨慧,2019),其中媒介的感知易用性与有用性又进一步促进了受众对社交媒体的使用。

在受众社交媒介接触动机的背景下,企业首先需要在线上不断提高传播内容的质量,即以内容为王,增强传播内容的时效性与趣味性。根据粉丝的特点为其精准提供新鲜及时的资讯,满足其信息的需求,借此与消费者建立起较强的联系。促使消费者对相关信息进行二次传播,进而凭借信息的核裂式传播获得尽可能多的粉丝。此外需要加强信息的趣味性与娱乐性,促进消费者进行二次传播。

除了内容上的提升外,企业还需要与消费者加强互动,依次加强粉丝对相关内容的关注、转发与评论。雷巴尔科和塞尔泽(Rybalko & Seltzer, 2010)认为社交媒体上的沟通传播要遵循有用信息原则、与访问者对话原则和促使访问者再访问。通过企业回应式的互动与主动卷入式互动以此来提高原有消费者对企业的满意度与新的消费者的适应性(Kohler et al., 2011;Van Dolen et al., 2007)。这是由于企业回应式的互动虽然只是企业对消费者的提问进行简单的回应,但是其可以展示企业对消费者的关心与重视,有效增强消费者对品牌的信任(Coyle, Smith & Platt., 2012)。而企业主动进行卷入式互动时,一方面企业可以主动设置议程,使消费者的注意力集中于企业提出的议题,另一方面可以促使消费者的积极参与,在参与中进一步加强消费者对企业社会责任行为的了解,进而促使消费者对其产生好感。此外在适当的条件下(企业账号主动发布),借助互动性的优势,可以有效消除条件性信息引起的消费者对企业的伪善感知,进而提升其二次转发意愿。

(二)线下与线上活动相呼应

企业仅仅简单依靠线上的活动来巩固与吸引粉丝数量是不够的,还需要与线下活动相配合。首先在线下开展企业社会责任活动时,将企业的微博账号或者微信账号、抖音快手短视频放在显眼的位置,采取一定的鼓励措施如"关注有礼"促使线下活动的消费者成为其粉丝,扩大粉丝数量。如某食品企业通过"微信支付 1 分钱送礼"活动一周时间增长了 9 万多名粉丝①。然后线下活动不仅可以有效增加新粉丝,同时也是企业账户维系新粉丝的有力武器。企业在线上传播企业社会责任信息的同时,可以将相关内容与线下活动相结合,促使消费者参与其中,进一步加强消费者与企业的黏性。

二、选择合理的社会事业

企业在进行企业社会责任传播时,社会事业成为消费者获取企业社会责任传播信息的一个重要接触点。社会事业的主题、消费者对社会事业的卷入程度、企业与社会事业的匹配度都会影响到消费者对相关企业社会责任信息的态度、转发意愿或者对品牌态度与产品购买意向。

（一）消费者卷入高的社会事业

金(Kim,2014)指出社会事业的卷入度会对企业与社会的匹配度对企业社会责任态度或者行为意向起到重要的调节作用。但是本研究却着重指出社会事业卷入度会在争议性企业的争议源与社会事业的相关性的调节作用下对转发意愿产生影响。

本研究显示企业选择消费者卷入度较高的社会事业,可以借助社会事业的影响力使其对企业社会责任信息进行深加工,并借助受众对社会事业的高卷入度有效促进企业社会责任信息的二次传播。一方面不同的消费者在主观上对不同主题的社会事业(如健康疾病类、环境保护类、捐资助学类等)有着不同的卷入度,企业在选择社会事业时需要明确其企业社会责任信息传播的重要目标消费者,明确该群体卷入度较高的事业,进而选择该类社会事业。另一方面客观上当企业紧随社会热点,选择相应的社会事业也会有效提高消费者对社会事业的卷入度。如在天津爆炸事件、雅安地震后企业选择与之相关的社会事业,或者企业在相应的节日选择应景的社会事业如在重阳节期间选择帮扶孤寡老人等。

---

① 寇尚伟,刘侠威. 如何让粉丝飞到你的碗里来[J]. 销售与市场,2015 (22):81 - 83.

对于争议性的企业在选择高卷入度的社会事业时,还需要充分考虑争议源与社会事业的相关性。当相关性较高时高卷入度的社会事业反而会加重受众对企业利用与消费社会事业的认知,怀疑企业的这种"善行"是受不明动机的驱使或另有所图,认为企业的这种行为是利己的。进而对企业的社会责任信息产生排斥,不愿意对其进行转发。只有当争议源与社会事业的相关性较低时,受众对社会的高卷入度才能有效激发受众的转发意愿。

(二) 合适匹配度的社会事业

本研究显示企业选择社会事业时需要充分考虑企业与社会事业的匹配度,这与过去的研究持相同的观点(Samu & Wymer,2009,2014)。对于普通型的企业,企业无论选择形象型或者功能型匹配的社会事业,高匹配度更容易被消费者认可,进而产生良好的效果。

作为争议性的企业,当其选择与其争议来源息息相关的社会事业时消费者会感知到更高的匹配度,这种匹配度对传播效果的影响具有不一致性。虽然整体而言企业选择与其争议来源相关程度较高的社会事业不是非常明智的选择,但是企业与其他因素相结合,也可以在选择与其相关程度较高的社会事业时取得良好的传播效果。如在企业主动传播时选择具有转发条件的信息或者在企业被动传播时使用非转发条件的信息。此外在善因广告传播中,争议性企业选择与该类匹配度较高的社会事业时,消费者也会感知到企业为自己的错误进行弥补的真心,对其态度也较为积极。在公益广告中,争议性企业则应该尽量避开此类高匹配度的社会事业,消费者会认为企业是在利用该社会事业。

第二节　传播中——传播策略的改进

当企业拥有了具有一定影响力的社交媒体账号,同时选择了恰当的社会事业,如何通过恰当的方式将企业社会责任信息传播给消费者成为重要的问题。当前企业进行企业社会责任传播面临的重要问题就是对消费者的忽视,即未注意到企业社会责任信息,以及消费者对企业进行利己动机归因或者认为企业是伪善的,而适当传播策略的运用可以有效降低以上风险。

一、充分运用多媒体，增强丰富性

本研究发现社交媒体中企业社会责任信息的丰富程度会提升信息传播效果，如图片与影音较之单纯的文字会增加信息的阅读、点击与传播，这与谢耘耕、荣婷（2013）的研究结论相同。在社交媒体传播中，消费者掌握着更多阅读的主动权，因此对目标用户的吸引变得非常重要。伴随着媒体技术的发展，消费者的阅读习惯也不断变迁，由最初的文字阅读进入读图时代直到现在的视频浏览时代。消费者在海量信息中，阅读越来越省力也越来越快捷。要吸引消费者的眼球，在标题上除了使用突出的字体外，还可以适时配上相应的图片，以此吸引消费者的进一步阅读。而在具体内容上，目前众多企业在社交媒体中的信息传播依然停留在大篇幅的文字搭配几张图片的形式，这种内容很难吸引消费者的注意力，也无法引导消费者进行深度阅读。这就需要企业在企业社会责任信息传播中，加入更多的视频或者 gif 图片，同时尽量使用简短的文字介绍，以增强信息内容的丰富性与感染力，满足消费者个性化的需求。实现让消费者在较短的时间内获得丰富的信息内容。

二、使用正面性信息的同时，适当加入负面性信息

本研究显示在企业社会责任传播中，当前企业更加喜欢使用正面性信息，同时这种正面性信息更易获得受众的点赞。一味地夸赞自己在社会事业中做出的贡献，对于争议性企业不是一项好的传播策略。适当地指出其在社会事业中的不足或者小闪失更能使其社会责任信息获得受众的信任，同时促使受众认为企业是诚实的，其在社会事业的贡献是真实的。但是企业在社会化媒体中的账户名称也需要与信息说服特征保持一致，公益性较强的信源更加适合进行一面性信息传播，凸显企业的贡献，而企业自身的账户发布时，两面性信息的效果更好。

但是在适当的时候企业可以加入一点无关紧要的负面性信息，尤其企业在使用自身账号进行企业社会责任传播时。一方面这类信息可以在众多企业社会责任传播一面性倒向正面性信息中独树一帜，抓住受众的眼球，让其充分接受企业的社会责任信息传播。另一方面争议性负面性刻板印象已经形成，点到

即止的负面性信息会让受众认为企业更加诚实,降低受众对企业的伪善感知,增强传播的说服力。

三、恰当运用公益性标签,尽量突出社会事业

在海量信息传播中,公益标签的使用既可以有效吸引受众的眼球,又可以实现同类信息的聚合使信息结构化,有效区别于普通的企业宣传,同时还可以方便受众及时找到社会化媒体该标签领域内的权威人士与网络成员。通过标签的使用,有效地进行相关议题的议程设置,扩大信息的影响力。

但是当企业在企业社会责任信息传播中使用了该标签后,应该在信息内容中尽量突出社会事业,而不是喧宾夺主一味地强调企业自身,引起受众对企业利己动机的归因或者认为企业是伪善的。在社会化媒体传播中,快速的信息加工成为常态。图片成为吸引受众注意的重要线索,在图片中应尽量突出社会事业而非企业自身。只有这样受众才会认为企业是在真的想帮助该社会事业,而不是简单地利用或者剥削社会事业。同时企业在社会化媒体中的账户名称也需要重视,并不是企业账户直接加上公益基金等就可以取得好的效果,当企业使用此类公益性质较强的名称时,更加应该注意在图片中突出社会事业。

四、选择的合适企业社会责任传播方式

传播方式的选取与企业开展的企业社会责任活动类型息息相关。当企业对某一社会事业较为关心时,可以以广告主的身份通过公益广告的形式向公众进行宣传与呼吁以影响受众的观念与言行,此外企业还可以开展善因营销或者进行捐赠活动,为相应的社会事业提供物资或者金钱的帮助。对于大多数的普通型企业善因广告的效果更好,此时企业可以突出企业对社会事业的有效帮助性。在公益广告中企业应该尽量将自身信息隐身化,不过于突出自身企业信息,同时在广告宣传中不断使用论据较强的信息,提升信息的说服力。就争议性企业而言公益广告的效果要高于善因广告,这主要是因为后者有剥削与利用社会事业的嫌疑。此外传播效果还受到匹配度的影响,争议性的企业赞助公益广告最好选取与其匹配度低的社会事业,而当其选择善因广告时,更适合选择与其匹配度更高的社会事业。

　　善因广告还可以进一步考虑条件性。社交媒体中转发条件的信息整体的转发意愿显著高于无条件性信息，这与传统媒体环境下受众排斥条件性善因的情形截然相反。这是因为转发条件的信息充分适应了社会化媒体的特征，既强调了企业与受众的互动性，有效提高受众在帮助社会事业中的自我效能。因此在社交媒体中可以开展有条件性的善因活动，同时此类条件应该充分调动受众的参与性，使受众在轻易互动中达到企业善因的条件。

　　此外传播中互动性沟通战略的使用、紧随热点时事背景在信源提升与社会事业选择中已经阐释，不再赘述。

第三节　传播后——意见领袖的调动

　　企业的社会责任传播并不是简单地将信息传播出去就意味着传播行为的结束。本研究发现企业运用公益性强与弱的信源进行企业社会责任传播时会取得截然不同的效果。较之企业自身的账户，一些公益性较强的账户或者意见领袖的账户传播同样的争议性企业的社会责任信息更有利于降低消费者对企业的伪善感知。与其他传播信源相比意见领袖具有"草根性""平等性"与"权威性""广泛性"等特征，其在信息的两级传播发挥着重要角色，是大众传播效果的形成过程的中介或过滤的环节。较之企业自身账户的传播，意见领袖的传播可以有效降低消费者的戒备心理，更容易接受相关信息。

　　企业要充分调动意见领袖参与到企业社会责任信息的传播中，需要从以下几个方面着手。首先，精准确认意见领袖。当前大 V、网红们拥有众多的粉丝，对粉丝具有较深的影响力，企业需要根据其企业社会责任传播的具体内容，有选择性地选择意见领袖。然后，与意见领袖积极互动。通过互动建立与意见领袖较强的黏性关系，使其关注到企业社会责任的相关信息，并说服其进行主动转发与传播。最后，加强内容的互动性，如转发一条信息企业会捐赠相应数额的金钱与物品，促使意见领袖们乐于分享企业的社会责任信息。

　　企业在社交媒体中进行企业社会责任传播是一个系统的工程，需要企业在传播前、传播中、传播后的各个环节进行充分的考量，细致地考虑每个因素对传播效果的影响，有效降低消费者的利己动机归因与伪善感知，同时充分利用社交媒体传播的特点推动着企业社会责任行为的开展与传播。

第四节　研究局限与未来研究展望

本研究聚焦于企业的社会责任传播,从传播学的视角重点关注了在社交媒体背景下影响传播效果的因素,重要因素的传播机制以及相关因素对传播效果的影响。既肯定了过去针对一般性企业的社会责任的一些影响因素如社会事业或者企业在信息传播中的突出性,也指出了争议性企业所独具的某些因素如争议来源与社会事业的相关性,同时还将伪善感知这个中介变量引入企业社会责任传播效果中,丰富了相关的理论研究,并为企业的社会责任传播提供了一定的实践启示。

但是由于研究能力、研究经费和时间等众多因素和条件的制约与限制,本研究仍存在诸多研究不足和研究的局限性,需要在以后的研究中加以修订与发展。

(1)研究样本的局限。这主要体现在第八章中,虽然在时间纵向上囊括了微博与微信诞生后所有时间段研究的样本,但是在横向上本研究主要选择了部分典型性的争议性企业。此外在第四章与第五章研究中主要使用了学生群体为样本,在以后的研究中可以进一步使用成年人群体为研究样本。

(2)研究方法的局限。在第八章研究样本的获取上,主要是人工手动获取,而在内容分析中虽然为了有效避免个人分析偏差带来的负面影响,最后使用了三名编码员进行编码,但是难免会带有一定的个人主观性。在第四到第七章主要采用的是实验法,虽然在消费者行为领域该方法已经被广泛使用,细致地规范与控制了其他的变量,而在实际的情境中往往还存在更多的因素在共同起作用,因此需要在以后的研究中探究更多的因素。

(3)实验刺激物的局限。为了有效消除现有品牌的固有形象对研究结果的影响,本研究使用的均是虚拟品牌。要进一步提高研究结论的外部效度,以后的研究中可以进一步使用真实的品牌加以验证。本研究的研究背景均是在社交媒体的环境,本研究在实验过程中也极力为被试营造社交媒体的氛围,但是毕竟与实际情景还是有一定差距。在以后的研究中可以与一些品牌进行相应的合作,请他们在社交媒体按照研究者的意图投放相应的社会责任信息,以获得更加真实的数据。

（4）研究内容的局限性。在第四章中,在购买条件或者转发条件的信息中,企业的捐赠数量会影响到企业的动机归因(Folse et al.，2010)以及品牌态度(Hajjat，2003；Chang，2015)。当捐赠数量或者捐赠比例如何控制时可以有效降低消费者的利己归因? 在以后的研究中可以进一步操纵该数量或者比例验证其对企业社交媒体环境中的企业社会责任信息传播的影响。

在未来研究中除了要积极弥补以上的研究局限之外,还可以从以下两方面进行深入的研究。一方面,同一争议性行业中不同的企业会因产品质量、企业规模导致品牌信誉度是不同的,而品牌信誉度是在企业社会责任信息对品牌影响中重要的调节变量(Lai et al.，2010),本研究并没有关注这一变量,在以后的研究中可以进一步探究品牌信誉度这一变量的作用。另一方面,不同行业的争议性企业,消费者对其争议来源造成危害的风险感知是不同的,如有人认为吸烟是造成肺癌的最主要原因(Hirayama，2000),而部分人则认为这两者之间并无直接的关联性,肺癌患者之所以患癌症是自身免疫力或者周围环境污染造成的。这种关联程度也会进一步影响到消费者对企业相关社会责任传播的信息加工,这一变量在以后的研究中将进一步探索。

附　录

附录一　六类企业社会责任操作定义

企业公益事业宣传指的是企业提供现金、非现金捐助或者其他的企业资源，以促进公众对某项社会事业的了解与关心，或者为某项公益事业的募捐活动、参与和志愿者招募提供支持，以促进消费者对社会公益事业的关心与了解，说服性沟通是该类活动的显著性标志。而公益事业关联营销，是一家企业基于产品的销售额来捐助某项特殊的公益事业或者向其捐献一定比例的营业收入，与产品销售相关联是该类活动的显著性特征。企业的社会营销是指企业针对特定的主题通过该活动改善公共健康、安全、环境或者社区福利，其以行为改善为中心。而企业的慈善行为是企业对慈善机构或者公益事业直接做出的贡献，如捐款等。而社区志愿者活动则是企业支持或者鼓励员工与商业伙伴志愿风险自己的时间来支持当地的社区组织和公益事业。对社会负责的商业实践是企业采纳和实施支持社会公益事业的自主的商业实践和投资。

附录二 一面性信息与两面性信息介绍

一面性信息:安达石油/冰可汽水近十年来一直关注并赞助环境保护/牙齿健康的社会事业,平均每年花费近 500 万人民币在该社会事业中,用以宣传提高消费者意识或者促进基础设施的建设,以此推进环境保护/牙齿健康社会事业的发展。

两面性信息:安达石油/冰可汽水近十年来一直关注并赞助环境保护/牙齿健康的社会事业,平均每年花费近 500 万人民币在该社会事业中,以此推进环境保护/牙齿健康社会事业的发展;但是受客观因素的影响今年在宣传中出现一点小失误,导致没有达到预期效果。

参考文献

[1] 阿德金斯. 善因营销:推动企业和公益事业共赢[M]. 逸文,译. 北京:中国财政经济出版社,2006.

[2] 班纳吉. 企业社会责任:好的、坏的和丑陋的[M]. 肖红军,许英杰,译. 北京:经济管理出版社,2014.

[3] 曹忠鹏,代祺,赵晓煜. 公益事件营销中企业—消费者契合度和宣传侧重点影响效果研究[J]. 南开管理评论,2013 (6):62-71.

[4] 陈明亮,邱婷婷,谢莹. 微博主影响力评价指标体系的科学构建[J]. 浙江大学学报:人文社会科学版,2014 (2):53-63.

[5] 陈晞,王振源. 微博中的品牌危机信息转发意愿研究[J]. 国际新闻界,2015,37(5):125-137.

[6] 程鹏飞. 关系强度,发送方专业知识与口碑影响力——信任的中介效应[J]. 软科学,2013,27(5):66-69.

[7] 范典,梁雨捷,支秋人. 争议性行业的企业社会责任研究述评[J]. 现代商业,2015 (24):252-253.

[8] 冯梅,魏钧,曹辉,王晓玲.企业社会责任概论[M]. 北京:经济科学出版社,2017.

[9] 傅安琪. 互联网企业社会责任的传播效果研究[D].广州:暨南大学,2019.

[10] 韩晓宁,王军,张晗. 内容依赖:作为媒体的微信使用与满足研究[J]. 国际新闻界,2014,36(4):82-96.

[11] 李东进,金玉华,秦勇. WOM 信息依赖性及其影响因素的实证研究——以我国消费者为例[J]. 管理学报,2005,2(1):90-97.

[12] 牟宇鹏,汪涛,王波.企业慈善战略为何适得其反?——消费者感知企业伪善研究[J].珞珈管理评论,2012,2:56-67.

[13] 田虹,袁海霞.企业社会责任匹配性何时对消费者品牌态度更重要——影响消费者归因的边界条件研究[J].南开管理评论,2013,16(3):101-108.

[14] 田敏,陈艺妮,范黎娜.CSR 信息方式对消费者感知价值和品牌认同的影响——信息传递方式与信息呈现方式的作用[J].软科学,2019,33(01):140-144.

[15] 王佳炜.企业虚伪:社交媒体时代企业社会责任传播中的显著矛盾[J].广告大观(理论版),2020,(01):67-72.

[16] 王静一,王海忠.企业社会责任活动中感知伪善的结构与量表开发[J].心理科学进展,2014,22(7):1075-1083.

[17] 谢耘耕,荣婷.微博传播的关键节点及其影响因素分析——基于 30 起重大舆情事件微博热帖的实证研究[J].新闻与传播研究,2013(3):5-15.

[18] 薛可,王丽丽,余明阳.卷入度,论据强度及赞助商对公益广告效果的影响研究[J].新闻与传播研究,2013(7):100-110.

[19] 袁海霞,田虹.企业社会责任匹配性能否提升外群体品牌态度?——基于消费者心理距离的中介作用研究[J].经济管理,2014(4):82-93.

[20] 赵玲,张静.微博用户使用动机影响因素与结构的实证研究[J].管理学报,2014,11(8):1239-1245.

[21] 张文祥,李新颖.企业社会责任传播[M].北京:社会科学文献出版社,2014.

[22] 朱翊敏.慈善营销中契合类型与信息框架对消费者响应的影响[J].南开管理评论,2014(4):128-139.

[23] AHN H Y, WU L, KELLY S, et al. A qualitative study of college student responses to conflicting messages in advertising: anti-binge drinking public service announcements versus wine promotion health messages [J]. International journal of public health, 2011, 56(3): 271-279.

[24] ALCAIZ E B, CACERES R C, PEREZ R C. Alliances between brands

and social causes: The influence of company credibility on social responsibility image [J]. Journal of business ethics, 2010, 96(2): 169 – 186.

[25] AMALADOSS M X, MANOHAR H L. Communicating corporate social responsibility—A case of CSR communication in emerging economies [J]. Corporate social responsibility and environmental management, 2013, 20(2): 65 – 80.

[26] ANDREU L, CASADO-DÍAZ A B, MATTILA A S. Effects of message appeal and service type in CSR communication strategies[J]. Journal of business research, 2015, 68(7): 1488 – 1495.

[27] ATKIN J L, MCCARDLE M, NEWELL S J. The role of advertiser motives in consumer evaluations of 'responsibility' messages from the alcohol industry [J]. Journal of marketing communications, 2008, 14 (4): 315 – 335.

[28] BAE J, KIM S. The influence of cultural aspects on public perception of the importance of CSR activity and purchase intention in Korea [J]. Asian journal of communication, 2013, 23(1): 68 – 85.

[29] BARONE M J, MIYAZAKI A D, TAYLOR K A. The influence of cause-related marketing on consumer choice: does one good turn deserve another? [J]. Journal of the academy of marketing science, 2000, 28 (2): 248 – 262.

[30] BHATTACHARYA C B, SEN S. Doing better at doing good: When, why, and how consumers respond to corporate social initiatives [J]. California management review, 2004, 47(1): 9 – 24.

[31] BATSON C D, COLLINS E, POWELL A A. Doing business after the fall: The virtue of moral hypocrisy [J]. Journal of business ethics, 2006, 66(4): 321 – 335.

[32] BECKER-OLSEN K L, CUDMORE B A, HILL R P. The impact of perceived corporate social responsibility on consumer behavior [J].

Journal of business research, 2006, 59(1): 46 – 53.

[33] BIGNÉ-ALCAÑIZ E, CURRÁS-PÉREZ R, RUIZ-MAFÉ C, et al. Cause-related marketing influence on consumer responses: The moderating effect of cause—brand fit [J]. Journal of marketing communications, 2012, 18(4): 265 – 283.

[34] BIGNÉ- ALCAÑIZ E, CURRÁS-PÉREZ R, SÁNCHEZ-GARCÍA I. Brand credibility in cause-related marketing: the moderating role of consumer values [J]. Journal of product & brand management, 2009, 18(6): 437 – 447.

[35] BLOMBÄCK A, SCANDELIUS C. Corporate heritage in CSR communication: a means to responsible brand image? [J]. Corporate communications: an international journal, 2013, 18(3): 362 – 382.

[36] BOLTON L E, MATTILA A S. How does corporate social responsibility affect consumer response to service failure in buyer—seller relationships? [J]. Journal of retailing, 2015, 91(1): 140 – 153.

[37] CAI Y, JO H, PAN C. Doing well while doing bad? CSR in controversial industry sectors [J]. Journal of business ethics, 2012, 108(4): 467 – 480.

[38] CAPRIOTTI P. Communicating corporate social responsibility through the internet and social media [J]. The handbook of communication and corporate social responsibility, 2011: 358 – 378.

[39] CASTELO BRANCO M, DELGADO C, SÁ M, et al. Comparing CSR communication on corporate web sites in Sweden and Spain [J]. Baltic journal of management, 2014, 9(2): 231 – 250.

[40] CHAIKEN S. Heuristic versus systematic information processing and the use of source versus message cues in persuasion [J]. Journal of personality and social psychology, 1980, 39(5): 752.

[41] CHAIKEN S, LIBERMAN A, EAGLY A H. Heuristic and systematic information processing within and beyond the persuasion context[M].

New York: Guilford, 1989.

[42] CHANG C T. Missing ingredients in cause-related advertising: The right formula of execution style and cause framing [J]. International journal of advertising, 2012, 31(2): 231 – 256.

[43] CHANG C T. To donate or not to donate? Product characteristics and framing effects of cause – related marketing on consumer purchase behavior [J]. Psychology & marketing, 2008, 25(12): 1089 – 1110.

[44] CHANG C T. Missing ingredients in cause-related advertising: The right formula of execution style and cause framing [J]. International journal of advertising, 2012, 31(2): 231 – 256.

[45] CHEN S, CHAIKEN S. The heuristic-systematic model in its broader context [J]. Dual-process theories in social psychology, 1999: 73 – 96.

[46] CHÉRON E, KOHLBACHER F, KUSUMA K. The effects of brand-cause fit and campaign duration on consumer perception of cause-related marketing in Japan [J]. Journal of consumer marketing, 2012, 29(5): 357 – 368.

[47] CHO C H, PHILLIPS J R, HAGEMAN A M, et al. Media richness, user trust, and perceptions of corporate social responsibility: An experimental investigation of visual web site disclosures [J]. Accounting, auditing & accountability journal, 2009, 22(6): 933 – 952.

[48] CHU S C, CHEN H T, GAN C. Consumers' engagement with corporate social responsibility (CSR) communication in social media: Evidence from China and the United States [J]. Journal of business research, 2020, 110: 260 – 271.

[49] CHUNG C D, GAO L, LEUNG D. Corporate social responsibility communications on social media and consumers' brand engagement: A case study of hotels in Hong Kong [J]. Journal of china tourism research, 2020, 16(4): 547 – 565.

[50] COLLEONI E. CSR communication strategies for organizational

legitimacy in social media [J]. Corporate communications: an international journal, 2013, 18(2): 228 – 248.

[51] COYLE J R, SMITH T, PLATT G. "I'm here to help" How companies' microblog responses to consumer problems influence brand perceptions [J]. Journal of research in interactive marketing, 2012, 6 (1): 27 – 41.

[52] DAWKINS J, LEWIS S. CSR in Stakeholde Expectations: And Their Implication for Company Strategy [J]. Journal of business ethics, 2003, 44(2 – 3): 185 – 193.

[53] DEAN D H. Consumer perception of corporate donations effects of company reputation for social responsibility and type of donation[J]. Journal of advertising, 2003, 32(4): 91 – 102.

[54] DU S, BHATTACHARYA C B, SEN S. Maximizing business returns to corporate social responsibility (CSR): The role of CSR communication [J]. International journal of management reviews, 2010, 12(1): 8 – 19.

[55] DU S, VIEIRA JR E T. Striving for legitimacy through corporate social responsibility: Insights from oil companies [J]. Journal of business ethics, 2012, 110(4): 413 – 427.

[56] DU S, BHATTACHARYA C B, SEN S. Corporate social responsibility and competitive advantage: Overcoming the trust barrier [J]. Management science, 2011, 57(9): 1528 – 1545.

[57] DUNN K, HARNESS D. Communicating corporate social responsibility in a social world: The effects of company-generated and user-generated social media content on CSR attributions and scepticism[J]. Journal of marketing management, 2018, 34(17 – 18): 1503 – 1529.

[58] ETTER M, PLOTKOWIAK T. CSR communication strategies for Twitter [C]. The 61th annual conference of the international communication association. 26 – 30 May 2011. Boston, USA.

［59］ETTER M. Broadcasting, reacting, engaging—three strategies for CSR communication in Twitter ［J］. Journal of communication management, 2014, 18(4): 322 – 342.

［60］FASSIN Y, BUELENS M. The hypocrisy-sincerity continuum in corporate communication and decision making: A model of corporate social responsibility and business ethics practices ［J］. Management decision, 2011, 49(4): 586 – 600.

［61］FOREH M R, GRIER S. When is honesty the best policy? The effect of stated company intent on consumer skepticism ［J］. Journal of consumer psychology, 2003, 13(3): 349 – 356.

［62］GASIOREK A. The importance of involvement with a cause in a Cause-Brand Alliance when consumers evaluate fit ［D］. Master of Business Studies University of Amsterdam, 2011.

［63］GIDER D, HAMM U. How do consumers search for and process corporate social responsibility information on food companies' websites? ［J］. International food and agribusiness management review, 2019, 22 (2):267 – 289.

［64］GIVEL M. Motivation of chemical industry social responsibility through Responsible Care ［J］. Health policy, 2007, 81(1): 85 – 92.

［65］GODFREY P C. The relationship between corporate philanthropy and shareholder wealth: A risk management perspective ［J］. Academy of management review, 2005, 30(4): 777 – 798.

［66］GÓMEZ-CARRASCO P, GUILLAMÓN-SAORÍN E, GARCIA OSMA B. Stakeholders versus firm communication in social media: the case of Twitter and corporate social responsibility information［J］. European accounting review, 2021, 30(1): 31 – 62.

［67］GOMEZ L M, CHALMETA R, SOSA-VARELA J C. Usage and Importance of Social Media for Corporate Communication and Stakeholder Dialogue ［M］//Thriving in a New World Economy.

Springer International Publishing, 2016: 56 - 59.

[68] GOMEZ L M, CHALMETA R. The Importance of Corporate Social Responsibility Communication in the Age of Social Media [C]//16th International Public Relations Research Conference, Miami, 2013.

[69] GRAU S L, FOLSE J A G. Cause-related marketing (CRM): The influence of donation proximity and message-framing cues on the less-involved consumer [J]. Journal of advertising, 2007, 36(4): 19 - 33.

[70] GREENING D W, TURBAN D B. Corporate social performance as a competitive advantage in attracting a quality workforce [J]. Business & society, 2000, 39(3): 254 - 280.

[71] GROZA M D, PRONSCHINSKE M R, WALKER M. Perceived organizational motives and consumer responses to proactive and reactive CSR [J]. Journal of business ethics, 2011, 102(4): 639 - 652.

[72] GUPTA S, PIRSCH J. The company-cause-customer fit decision in cause-related marketing [J]. Journal of consumer marketing, 2006, 23 (6): 314 - 326.

[73] HARTMANN P, APAOLAZA-IBÁÑEZ V. Consumer attitude and purchase intention toward green energy brands: The roles of psychological benefits and environmental concern[J]. Journal of business research, 2012, 65(9): 1254 - 1263.

[74] HAWKINS R. Shifting conceptualizations of ethical consumption: Cause-related marketing in India and the USA [J]. Geoforum, 2015 (67): 172 - 182.

[75] HAWS KL, WINTERICH KP, NAYLOR RW: Seeing the world through GREEN-tinted glasses: green consumption values and responses to environmentally friendly products [J]. Journal of consumer psychology, 2014 (24):336 - 354.

[76] HAZEL D, KANG J. The contributions of perceived CSR information substantiality toward consumers' cognitive, affective, and conative

responses: The hierarchy of effects model approach[J]. Clothing and textiles research journal, 2018, 36(2): 62 - 77.

[77] HEIDER F. The psychology of interpersonal relations [J]. The Journal of marketing, 1958 (56): 322.

[78] HESS D. The three pillars of corporate social reporting as new governance regulation: Disclosure, dialogue, and development [J]. Business ethics quarterly, 2008, 18(04): 447 - 482.

[79] HETZE K, WINISTÖRFER H. CSR communication on corporate websites compared across continents [J]. International journal of bank marketing, 2016, 34(4).

[80] HOOGHIEMSTRA R. Corporate communication and impression management—new perspectives why companies engage in corporate social reporting [J]. Journal of business ethics, 2000, 27 (1 - 2): 55 - 68.

[81] HSU K T. The advertising effects of corporate social responsibility on corporate reputation and brand equity: Evidence from the life insurance industry in Taiwan[J]. Journal of business ethics, 2012, 109 (2): 189 - 201.

[82] HUDSON B A. Against all odds: A consideration of core-stigmatized organizations[J]. Academy of Management Review, 2008, 33 (1): 252 - 266.

[83] HUR W M, KIM H, WOO J. How CSR leads to corporate brand equity: Mediating mechanisms of corporate brand credibility and reputation [J]. Journal of business ethics, 2014, 125(1): 75 - 86.

[84] IHLEN Ø, BARTLETT J, MAY S. (Eds.). The handbook of communication and corporate social responsibility [M].New Jersey:John Wiley & Sons, 2011.

[85] JAMALI D, MIRSHAK R. Corporate social responsibility (CSR): Theory and practice in a developing country context [J]. Journal of

business ethics, 2007, 72(3): 243 - 262.

[86] JAMALI R, MOSHABAKI A, KORDNAEIJ A. The competitiveness of CSR communication strategy in social media [J]. International Journal of business information systems, 2016, 21(1): 1 - 16.

[87] JANIS I L, HOVLAND C I. An overview of persuasibility research [J]. Personality and persuasibility, 1959: 1 - 26.

[88] JANNEY J J, GOVE S. Reputation and corporate social responsibility aberrations, trends, and hypocrisy: Reactions to firm choices in the stock option backdating scandal [J]. Journal of management studies, 2011, 48(7): 1562 - 1585.

[89] JO H, NA H. Does CSR reduce firm risk? Evidence from controversial industry sectors [J]. Journal of business ethics, 2012, 110 (4): 441 - 456.

[90] JOIREMAN J, SMITH D, LIU R L, et al. It's All Good: Corporate Social Responsibility Reduces Negative and Promotes Positive Responses to Service Failures Among Value-Aligned Customers [J]. Journal of public policy & marketing, 2015, 34(1): 32 - 49.

[91] KAO D T. Message sidedness in advertising: The moderating roles of need for cognition and time pressure in persuasion [J]. Scandinavian journal of psychology, 2011, 52(4): 329 - 340.

[92] KESAVAN R, BERNACCHI M D, MASCARENHAS O A J. Word of mouse: CSR communication and the social media [J]. International management review, 2013, 9(1): 58.

[93] KILIAN T, HENNIGS N. Corporate social responsibility and environmental reporting in controversial industries [J]. European business review, 2014, 26(1): 79 - 101.

[94] KIM H, HUR W M, YEO J. Corporate Brand Trust as a Mediator in the Relationship between Consumer Perception of CSR, Corporate Hypocrisy, and Corporate Reputation [J]. Sustainability, 2015, 7(4):

3683 – 3694.

[95] KIM J. The roles of cause involvement and cause acts in a social marketing campaign [J]. Journal of global scholars of marketing science, 2014, 24(4): 426 – 440.

[96] KIM S, FERGUSON M T. Public expectations of CSR communication: What and how to communicate CSR [J]. Public relations journal, 2014, 8(3): 2.

[97] KIM Y. Strategic communication of corporate social responsibility (CSR): Effects of stated motives and corporate reputation on stakeholder responses [J]. Public relations review, 2014, 40 (5): 838 – 840.

[98] KIM S, FERGUSON M T. Dimensions of effective CSR communication based on public expectations[J]. Journal of marketing communications, 2018, 24(6): 549 – 567..

[99] KIM S, LEE Y J. The complex attribution process of CSR motives [J]. Public relations review, 2012, 38(1): 168 – 170.

[100] KOSCHATE-FISCHER N, STEFAN I V, HOYER W D. Willingness to pay for cause-related marketing: The impact of donation amount and moderating effects [J]. Journal of marketing research, 2012, 49(6): 910 – 927.

[101] KOTLER P, LEE N. Corporate social responsibility: Doing the most good for your company and your cause [M]. New Jersey: John Wiley & Sons, 2008.

[102] KRUGMAN H E. The impact of television advertising: Learning without involvement [J]. Public opinion quarterly, 1965, 29 (3): 349 – 356.

[103] KUO A, RICE D H. The impact of perceptual congruence on the effectiveness of cause-related marketing campaigns [J]. Journal of consumer psychology, 2015, 25(1): 78 – 88.

[104] LA COUR A, KROMANN J. Euphemisms and hypocrisy in corporate philanthropy [J]. Business ethics: a european review, 2011, 20(3): 267 – 279.

[105] LAFFERTY B A, EDMONDSON D R. Portraying the cause instead of the brand in cause-related marketing ads: does it really matter? [J]. Journal of marketing theory and Practice, 2009, 17(2): 129 – 144.

[106] LAFFERTY B A. Selecting the right cause partners for the right reasons: The role of importance and fit in cause - brand alliances[J]. Psychology & marketing, 2009, 26(4): 359 – 382.

[107] LAI C S, CHIU C J, YANG C F, et al. The effects of corporate social responsibility on brand performance: The mediating effect of industrial brand equity and corporate reputation[J]. Journal of business ethics, 2010, 95(3): 457 – 469.

[108] LASAROV W, MAI R, KRAUSE J S, et al. Too Cold to be Skeptical: How Ambient Temperature Moderates the Effects of CSR Communication[J]. Ecological economics, 2021, 183: 106943.

[109] LANDMAN A, LING P M, GLANTZ S A. Tobacco industry youth smoking prevention programs: protecting the industry and hurting tobacco control[J]. American journal of public health, 2002, 92(6): 917 – 930.

[110] LEE S Y, ZHANG W, ABITBOL A. What makes CSR communication lead to CSR participation? Testing the mediating effects of CSR associations, CSR credibility, and organization—public relationships [J]. Journal of business ethics, 2019, 157(2): 413 – 429.

[111] LII Y S, LEE M. Doing right leads to doing well: When the type of CSR and reputation interact to affect consumer evaluations of the firm [J]. Journal of business ethics, 2012, 105(1): 69 – 81.

[112] LIN Y C, CHANG C C A. Double standard: The role of environmental consciousness in green product usage[J]. Journal of marketing, 2012,

76(5)：125 - 134.

[113] LIU Z, LIU L, LI H. Determinants of information retweeting in microblogging [J]. Internet research, 2012, 22(4)：443 - 466.

[114] LOUREIRO S M C, LOPES J. How corporate social responsibility initiatives in social media affect awareness and customer engagement [J]. Journal of promotion management, 2019, 25(3)：419 - 438.

[115] LUCKE S, HEINZE J. The Role of Choice in Cause-related Marketing—investigating the Underlying Mechanisms of Cause and Product Involvement [J]. Procedia-social and behavioral sciences, 2015, 213：647 - 653.

[116] MCWILLIAMS A, SIEGEL D S, WRIGHT P M. Corporate social responsibility：Strategic implications [J]. Journal of management studies, 2006, 43(1)：1 - 18.

[117] MENON S, KAHN B E. Corporate sponsorships of philanthropic activities：when do they impact perception of sponsor brand? [J]. Journal of consumer psychology, 2003, 13(3)：316 - 327.

[118] MOHR L A, WEBB D J, HARRIS K E. Do consumers expect companies to be socially responsible? The impact of corporate social responsibility on buying behavior [J]. Journal of consumer affairs, 2001, 35(1)：45 - 72.

[119] MORENO A, CAPRIOTTI P. Communicating CSR, citizenship and sustainability on the web [J]. Journal of communication management, 2009, 13(2)：157 - 175.

[120] MORSING M, SCHULTZ M. Corporate social responsibility communication：stakeholder information, response and involvement strategies[J]. Business ethics：A european review, 2006, 15 (4)：323 - 338.

[121] MORSING M, SPENCE L J. Corporate social responsibility (CSR) communication and small and medium sized enterprises：The

governmentality dilemma of explicit and implicit CSR communication [J]. Human relations, 2019, 72(12): 1920 - 1947.

[122] MYERS B, KWON W S, FORSYTHE S. Creating effective cause-related marketing campaigns: The role of cause-brand fit, campaign news source, and perceived motivations [J]. Clothing and textiles research journal, 2012(8): 1 - 15.

[123] MYERS B, KWON W S. A model of antecedents of consumers' post brand attitude upon exposure to a cause—brand alliance [J]. International journal of nonprofit and voluntary sector marketing, 2013, 18(2): 73 - 89.

[124] NIELSEN A E, THOMSEN C. Corporate social responsibility (CSR) management and marketing communication: Research streams and themes [J]. Hermes—journal of language and communication in business, 2012 (49): 49 - 64.

[125] ÖBERSEDER M, SCHLEGELMILCH B B, MURPHY P E. CSR practices and consumer perceptions [J]. Journal of business research, 2013, 66(10): 1839 - 1851.

[126] ÖBERSEDER M, SCHLEGELMILCH B B, GRUBER V. "Why don't consumers care about CSR?": A qualitative study exploring the role of CSR in consumption decisions[J]. Journal of business ethics, 2011, 104(4): 449 - 460.

[127] OH J, KI E J. Factors affecting social presence and word-of-mouth in corporate social responsibility communication: Tone of voice, message framing, and online medium type[J]. Public relations review, 2019, 45 (2): 319 - 331.

[128] OLSEN M C, SLOTEGRAAF R J, CHANDUKALA S R. Green claims and message frames: how green new products change brand attitude[J]. Journal of marketing, 2014, 78(5): 119 - 137.

[129] PALAZZO G, RICHTER U. CSR business as usual? The case of the

tobacco industry [J]. Journal of business ethics, 2005, 61（4）：387 – 401.

[130] PARK J, LEE H, KIM C. Corporate social responsibilities, consumer trust and corporate reputation: South Korean consumers' perspectives [J]. Journal of business research, 2014, 67(3)：295 – 302.

[131] PATEL J D, GADHAVI D D, SHUKLA Y S. Consumers' responses to cause related marketing: moderating influence of cause involvement and skepticism on attitude and purchase intention[J]. International review on public and nonprofit marketing, 2016：1 – 18.

[132] PERKS K J, FARACHE F, SHUKLA P, et al. Communicating responsibility-practicing irresponsibility in CSR advertisements [J]. Journal of business research, 2013, 66(10)：1881 – 1888.

[133] PETTY R E, CACIOPPO J T. The elaboration likelihood model of persuasion [M]. New York：Academic Press. Inc, 1986.

[134] PLANKEN B, VERHEIJEN S. Quid pro quo? Dutch and German consumer responses to conditional and unconditional corporate giving initiatives in advertising. [M] Bradford: Emerald Group Publishing Limited, 2014.

[135] POMERING A, DOLNICAR S. Assessing the prerequisite of successful CSR implementation: are consumers aware of CSR initiatives? [J]. Journal of business ethics, 2009, 85(2)：285 – 301.

[136] PRACEJUS J W, OLSEN G D, BROWN N R. On the prevalence and impact of vague quantifiers in the advertising of cause-related marketing (CRM)[J]. Journal of advertising, 2003, 32(4)：19 – 28.

[137] PRACEJUS J W, OLSEN G D. The role of brand/cause fit in the effectiveness of cause-related marketing campaigns [J]. Journal of business research, 2004, 57(6)：635 – 640.

[138] RIM H, SONG D. "How Negative Becomes Less Negative": Understanding the Effects of Comment Valence and Response

Sidedness in Social Media [J]. Journal of communication，2016(1)：
1 - 21.

[139] ROBINSON S R，IRMAK C，JAYACHANDRAN S. Choice of cause
in cause-related marketing [J]. Journal of marketing，2012，76(4)：
126 - 139.

[140] SAAT R M，SELAMAT M H. An Examination of Consumer's
Attitude towards Corporate Social Responsibility (CSR) Web
Communication Using Media Richness Theory[J]. Procedia-social and
behavioral sciences，2014 (155)：392 - 397.

[141] SAAT R M，SELAMAT M H. The impact of corporate social
responsibility information richness on trust[J]. Issues in social and
environmental accounting，2014，8(2)：67 - 81.

[142] SAEIDI S P，SOFIAN S，SAEIDI P，et al. How does corporate social
responsibility contribute to firm financial performance? The mediating
role of competitive advantage，reputation，and customer satisfaction
[J]. Journal of business research，2015，68(2)：341 - 350.

[143] SAMU S，WYMER W. The effect of fit and dominance in cause
marketing communications [J]. Journal of business research，2009，62
(4)：432 - 440.

[144] SAMU S，WYMER W. Cause marketing communications：Consumer
inference on attitudes towards brand and cause [J]. European journal of
marketing，2014，48(7/8)：1333 - 1353.

[145] SCHRÖDER P，Corporate social responsibility (CSR) communication
via social media sites：evidence from the German banking industry[J].
Corporate communications，2021,26(3).

[146] SEN S，BHATTACHARYA C B，KORSCHUN D. The role of
corporate social responsibility in strengthening multiple stakeholder
relationships：A field experiment [J]. Journal of the academy of
marketing science，2006，34(2)：158 - 166.

[147] SEN S, DU S, BHATTACHARYA C B. Corporate social responsibility: a consumer psychology perspective[J]. Current opinion in psychology, 2016 (10): 70 - 75.

[148] SEN S, BHATTACHARYA C B,. Does doing good always lead to doing better? Consumer reactions to corporate social responsibility[J]. Journal of marketing research,2001 (5): 225 - 243.

[149] SEOK SOHN Y, HAN J K, LEE S H. Communication strategies for enhancing perceived fit in the CSR sponsorship context [J]. International journal of advertising, 2012, 31(1): 133 - 146.

[150] SHIM K, KIM J N. The impacts of ethical philosophy on corporate hypocrisy perception and communication intentions toward CSR[J]. International journal of business communication, 2017, 58 (3): 232 - 247.

[151] SIMMONS C J, BECKER-OLSEN K L. Achieving marketing objectives through social sponsorships [J]. Journal of marketing, 2006, 70(4): 154 - 169.

[152] SKARMEAS D, LEONIDOU C N. When consumers doubt, watch out! The role of CSR skepticism [J]. Journal of business research, 2013, 66(10): 1831 - 1838.

[153] SPARKS B A, PERKINS H E, BUCKLEY R. Online travel reviews as persuasive communication: The effects of content type, source, and certifications on consumer behavior[J]. Tourism management, 2013 (39): 1 - 9.

[154] STRAHILEVITZ M. The effects of prior impressions of a firm's ethics on the success of a cause-related marketing campaign: Do the good look better while the bad look worse? [J]. Journal of nonprofit & public sector marketing, 2003, 11(1): 77 - 92.

[155] TAO W, FERGUSON M A. The overarching effects of ethical reputation regardless of CSR cause fit and information source [J].

International journal of strategic communication, 2015, 9(1): 23 – 43.

[156] TATA J, PRASAD S. CSR Communication: An Impression Management Perspective[J]. Journal of business ethics, 2015, 132(4): 765 – 778.

[157] TOMASELLI G, MELIA M. The role of interactive technologies for CSR communication [J]. Publications in international scientific publications: economy & business journal, 2014, 8(1): 324 – 340.

[158] TORUGSA N A, O'DONOHUE W, HECKER R. Proactive CSR: An empirical analysis of the role of its economic, social and environmental dimensions on the association between capabilities and performance [J]. Journal of business ethics, 2013, 115(2): 383 – 402.

[159] WAGNER T, LUTZ R J, WEITZ B A. Corporate hypocrisy: Overcoming the threat of inconsistent corporate social responsibility perceptions [J]. Journal of marketing, 2009, 73(6): 77 – 91.

[160] WANDERLEY L S O, LUCIAN R, FARACHE F, et al. CSR information disclosure on the web: a context-based approach analysing the influence of country of origin and industry sector [J]. Journal of business ethics, 2008, 82(2): 369 – 378

[161] WANG L, XUE K. YU Y, et al, Effect of CSR Communication on the Core- stigmatized Business [C]. 2016 International communication association, 2016.

[162] WESTBERG K, POPE N. Building brand equity with cause-related marketing: A comparison with sponsorship and sales promotion [J]. Journal of marketing communications, 2014, 20(6): 419 – 437.

[163] WU H M, LIN F, LIN S. The Influence of CSR Communication on firm's Socially Responsible Competitiveness-A research from the perspective of synergy [J]. Journal of convergence information Technology, 2013, 8(10): 914.

[164] YOON Y, GÜRHAN-CANLI Z, SCHWARZ N. The effect of

corporate social responsibility (CSR) activities on companies with bad reputations [J]. Journal of consumer psychology, 2006, 16 (4): 377 – 390.

[165] ZAMAN T R, HERBRICH R, VAN GAEL J, et al. Predicting information spreading in twitter [C]//Workshop on computational social science and the wisdom of crowds, nips. Citeseer, 2010, 104 (45): 17,599 – 601.

[166] ZANG D. The impact of two-sided messaging on brand attitude: An attribution theory approach. [D]. Ames: Iowa State University of Science and Technology, 2014.

[167] ZHANG D, MAHMOOD A, ARIZA-MONTES A, et al. Exploring the impact of corporate social responsibility communication through social media on banking customer e-wom and loyalty in times of crisis [J]. International journal of environmental research and public health, 2021, 18(9): 4739.

[168] ZHAO M. How do leading companies in Greater China communicate CSR through corporate websites? A comparative study of mainland China, Hong Kong and Taiwan[J]. Media asia, 2020, 47(1 – 2): 47 – 74.

索　引